JN151005

「言語文化」の学習指導考究

米田　猛

溪水社

まえがき

「言語文化」をどうとらえるかについては諸説あるが、いま次の三つを措定する。

① 言語そのもの―すべての文化の基盤であるところの言語。
② 言語生活―言語を駆使して営まれる私たちの生活。
③ 言語による生産物―古典作品はもちろんのこと、近現代の様々な作品群。

平成二〇年版学習指導要領において、〔伝統的な言語文化と国語の特質に関する事項〕が新設されて以来、主として、右記③の指導について（とりわけ、古典教材の指導について）活発な論議や実践が繰り広げられてきた。しかし、①②については、その重要性は意識されながら、単元や教材の開発、指導内容や指導方法の問題など、課題も多く、また「伝統的な言語文化」と「国語の特質に関する事項」との関係も曖昧であった。さらに言えば、国語科を担当する教員自身が、①②について関心がなかったり、授業として構想しようとは思わなかったりする現状もある。

本書は、そのような状況に鑑み、次の提案をするものである。

「第一部　言語単元の学習指導研究」で取り上げた「言語単元」とは、表現指導（表現学習）の話題・題材そのものに右記の①②を取り上げ、内容的価値としての「言葉をみつめる」学習を通じて、表現能力育成としての「言葉を鍛える」学習を行う二重構造の単元である。従来から散発的には実践研究が進められてきたものの、多くは、「理解指導（特に、言語を題材とする文章を「読むこと」の指導）」であったり、「理解指導との関連指導」であったりして、「表現指導」として正面から取り組まれたことはなかったようである。

読者諸賢には、内容的価値としての「言語そのもの」や「言語生活」についての考察に学習者を導く指導資料や言語分析・言語操作とともに、表現能力育成としての指導方法や具体的な授業の在り方についても、お読みいただければ幸いである。

「第二部　言語文化の学習指導研究」は、右記③を取り上げ、古典教材はもちろんであるが、「郷土教材」としての言語文化の開発についても多くを述べた。それはすなわち「言語文化」が、学習者が生きる場に厳然として存在していることを強く意識した結果である。換言すれば、「言語文化」とは、学習者の生活そのものなのである。「伝統的な」という言葉にとらわれて、古典教材指導さえしていればよいなどという時代ではない。過去の言語文化を継承し、未来の言語文化を創造する「言語文化の担い手」を育てる言語文化の授業（国語科の授業）であってほしいと強く願うものである。国語（日本語）に興味・関心を抱き、その国語（日本語）によって形成されている「言語文化」を継承し、創造する学習者の育成は、国語科の本質的な役目である。

なお、本書の刊行にあたり、溪水社社長・木村逸司様、同社・宇津宮沙紀様には、何かとご高配を賜りました。記してお礼申し上げます。

二〇一八年九月一七日

米田　猛

目次

「言語文化」の学習指導考究

第一部　「言語単元」の学習指導研究

第一章　「言語単元」基礎論

第一節　「言語単元」の可能性（付・「言語単元」系統表）

一　言語単元と表現指導

言語単元とは、「言葉」を話題・題材とする単元のことである。田近洵一（一九九二）は「単元の種類」の一つとして「言語単元＝言語研究単元」を示している。そこではまた「ことばを調べる単元」とも述べ、言葉に関する調査・考察を学習する単元と位置付けている（六〇ページ）。

言語活動の観点からみると、「理解（聞く・読む）」活動を行う単元、「表現（話す・書く）」活動を行う単元、両者が融合した単元などが考えられるが、本稿では、「表現」活動を中心とした単元について言及する。プロセスとしては「理解」活動も当然あり得るが、育成すべき言語能力としては、「表現能力」を目指す単元である。

二　「言葉」を表現単元の話題・題材にすることの意義

(1)　日本語に関する知識・興味・関心の育成と文化との結び付き

平成二〇年版中学校学習指導要領「国語」に〔伝統的な言語文化と国語の特質に関する事項〕が新設された。「伝統的な言語文化に関する事項」についての試行は多く見られるが、「国語の特質に関する事項」については、従前の「言語事項」と変化がないという認識が大勢をしめているようである。「国語の特質」を学ぶことは、単に文字や語句、音声に関する知識等を増やすだけの学習ではなく、言語が語る文化の特質を学ぶものである。それは、通時的には、国語が日本の文化を形成する大きな役割を担ってきたこと、共時的には、私たちのさまざまな言語現象が今の文化を支えていることに対する理解であり、国語科教育がそのような内容を扱うことは、国語科固有の内容的価値として重要な位置を占めている。

(2)　無意識な言語使用の意識化

国語科教育の目標の一つに「無意識な言語使用」の意識化を図ることが挙げられる。言語を話題・題材とすることは、言語を直接の学習内容とするだけに、学習者は言語について深く考えざるを得ない。例えば、助詞の「が」と「は」とを無意識に使い分けている学習者にとって、昔話の語り出しの使い分けや三好達治の詩「大阿蘇」における使い方の違いは、文法的な興味だけでなく、理解や解釈を促進する働きがあることを知れば、たった一字の助詞にも意識が向くことは間違いない。学習指導要領で「教科の目標」に掲げる「言語感覚」を磨くことにもなる。

(3)　学習者の「言語に対する関心」の高さ

学習者は、意外に「言語に関する関心」が高い。もしくは、指導によって高められやすい。学習当初は関心が低いこともあるが、関心の高まり度合いが、他の話題・題材に比べて急である。そのためには、指導者が準備する資料〔学習者の「言語に対する関心」を刺激する資料〕の質が課題となる。例えば、ら抜き言葉を扱うとき、一九七〇年代、一九八〇年代、一九九〇年代の記事を比較させることで、ら抜き言葉が社会的にどのように受けとめられてきたかが分かる。指導者側の不断の情報収集が求められる。

(4)　学習者の言語経験の普遍性

言語の問題は、学習者の日常的な経験であり、特別な経験や価値ある経験を必要としないものである。学習者自身が自分の経験を通しているので、実感をもって、課題に取り組むことができる。しかも多くの学習者の共通経験であるために、取材活動等において共同学習が設定しやすいし、課題をめぐる論議もしやすいものとなる。

(5)　指導者の知識の豊かさや資料準備の容易さ

表現指導の話題・題材が授業者のよく知らない内容である場合、指導は困難を伴う。国語科教員の知識の豊かな領域と言えば、言語に関する内容ということになろう。資料も豊富に準備できるし、手元になくても、検索方法や入手方法は知っている。ただ残念なことに国語科教員でありながら、日本語の知識に自信のない者もいることは事実であり、不断の努力が求められる。

三　表現指導における言語単元指導上の留意点

(1)　なるべく学習者の言語生活の中から学習課題や学習資料を提示すること。

言語単元のよさはここに集約される。すなわち、特別な経験はなくとも、学習者の生活に存在する題材であり、多くは、共通経験が期待できる。共通経験は、共同学習を可能にする。

(2)　言語操作（言語処理）のモデルを指導者が示し、学習方法や考察方法を指導すること。

課題となる言語現象を解明するためには、一定の言語操作（言語処理）が必要である。例えば、例文の作り方、データの取り方等は、学習者の限界を承知して、指導者が範例を示したり、学習者個々の課題に応じたりする必要がある。

(3)　結論的に知識をすぐに与えるのではなく、学習者が考えたり調べたりする時間を保障すること。言語単元の趣旨は知識を与えることではない。複雑な言語現象の解釈やそれへの対応を調べたり考えたりすることにある。結論の出しにくいものもあるし、二つ以上の考え方を導くこともある。

四　指導過程のモデルと各段階で育成すべき能力や態度

言語単元を表現指導として取り組む場合、次のような指導過程を経るのが一般的である。ただし、各プロセスは一方通行ではなく、逆行することもあるし、並行して行われることもある。また、各指導過程では、次に示すような能力や態度が養われることが考えられる。

(1)　課題や疑問の発見・提示……言語への関心や正誤・適否・美醜の言語感覚が養われる。言語単元の場合、日常的に、言語への関心と、言語現象に対する言語感覚が求められる。指導者が学習者に対し、日頃、言葉への関心を喚起しているかが問われる。

(2)　日常の言語生活の振り返り……言語を客観的に見る能力・態度が養われる。(1)でとらえた課題について、日常の言語生活の実情を客観的に振り返り、問題点を整理する必要がある。特に、言葉の問題は身近であるだけに、先入観を排除する客観的な態度が求められる。

(3)　言語現象についての調査・分析・考察……言語操作力、言語現象の分析力、言語を客観的に見る能力・態度が養われる。分析の視点をもち、課題を解決するために必要な言語操作（言語処理）を行う。言語現象は複雑で例外的なものもあるので、学習者の限界が予想される。適切な指導で、課題解決に直結する分析や考察をさせたい。

(4)　調査・分析・考察の表現化……表現機能に即した表現能力が養われる。調査・分析や考察の結果は、報告・説明・意見等（音声表現・文字表現ともに含む）の表現様式で表現されることが多くなろう。それぞれの表現様式に合わせて、表現化させたい。

(5)　自分の言語生活への活用・応用……課題となった言語現象の理解力や表現能力の活用力・応用力が養われる。解明された内容を自分の言語生活にあてはめてみることで、言語現象の意味や理由が分かり、言葉に対する意識が学習以前に比べ高まる。

五　言語単元の系列

(1)　言葉で遊ぶ系列……言葉のもつ「楽しさ」「おもしろさ」などを体験的に学習する系列。単元例「感字を作ろう」「君も名作家――作家の文体をまねる――」など。

(2)　言葉の仲間を考える系列……言葉を集めて分類するなどの作業を通して、似て非なるものの微妙な違いを考えさせる系列。単元例「ニギルとツカムはどうちがう?」「心の世界を表す言葉」など。

(3)　言葉のきまりを考える系列……体系的な知識を与えるよりも、現実の言葉の問題を文法・語法の視点からどのようにとらえたらよいかを考える系列。「むかし、むかし、おじいさんとおばあさん□ありました――「が」と「は」――」「ほたるは何処に?――「に」「へ」「を」――」など。

(4)　言葉の生活を考える系列……言語生活やコミュニケーションの問題を扱う系列。新鮮な問題を取り上げて教材化する必要がある。単元例「ちょっと気になるこんな日本語」「『ら抜き言葉』を考える」など。

(5)　言葉の歴史を考える系列……主に国語史に関する問題を取り上げる系列。現代の言葉とつながるような単元設定にすることも大切な視点となる。単元例「五十音図の謎――五十音図は50音か――」「『おとなしい』の意味変化――古今異義語はなぜ生まれる?――」など。

六　〔伝統的な言語文化と国語の特質に関する事項〕との関連

文部科学省（二〇〇八）『中学校学習指導要領解説国語編』では、「言語文化」を「文化としての言語」「文化的な言語生活」「多様な言語芸術や芸能」などを指すものとしている。特に、「文化としての言語」は、「我が国の歴史の中で創造され、継承されてきた」ものであるから、「国語の特質」はその歴史の中ではぐくまれてきたものであり、現在から未来へ私たちが継承している「特質」である。このように、「言語文化」は「国語の特質」と不即不離の関係にあるのであり、新設のこの事項が「言語文化」と「国語の特質」とに分けてとらえられる傾向のあることに、危惧を覚えるものである。言語単元がその危惧を解消するものであることは間違いない。言葉がもつ大いなる魅力に学習者を導いてほしいものである。

次ページ以降の表1は、小学校初級、小学校上級、中学校、高等学校の段階別「言語単元」例である。指導目標と主な学習活動を示した。また、表2は、表1の「言語単元」例を、内容別・表現形態別に系統化したもの、表3は、表2をさらに国語教室で使いやすくするための系列に分類し、単元配当を系統化したものである。

文献

田近洵一（一九九二）「単元学習の構成」『ことばの学び手を育てる国語単元学習の新展開Ⅰ　理論編』東洋館出版社

表1－1【小学校初級】八単元案（音声表現六、作文二）

題材名	分野	表現形態	主な指導目標 (言)＝言語に関わる目標 (能)＝表現能力に関わる目標	主な学習活動
よくにた字 ーひらがなー	文字	音 説明	(言)よく似た字形（書き誤りやすい字形）のひらがなを取り上げ、説明することを通して、字形認識を養う。 (能)比較の手法、陥りやすい点の指摘等に留意して、聞き手に分かりやすく説明する能力を養う。	①ひらがなで、よく似ていると思う字、似ているので書き間違いやすいと思う字を指摘する。 ②二字を取り上げ、書き間違わないためのポイントを話し合う。 ③二人一組で、説明の練習をしたあと、学級全体に説明する。
あいさつしらべ	言語生活	音 話し合い	(言)時に応じるあいさつ、相手に応じるあいさつの使い分けを知って、実際に使おうとする態度を養う。 (能)相手やその場の状況に合わせて、話し合いをする能力を養い、話し合いの仕方を身につけさせる。	①ふだん使っているあいさつを集める。 ②時間、場面等によってあいさつを分類する。 ③同じ意味を表すあいさつでも、相手によっていねいに言ったりことばを変えたりすることに注目して、どんな言い方があるか話し合う。 ④場面を想定して、実際に使い分ける練習をする。
みぶりとことば	言語生活	音 話し合い スピーチ	(言)身ぶりとことばとの関係を知り、身ぶりもコミュニケーションの一つであることに気づく。 (能)身ぶりを効果的に用いながら、聞き手に分かりやすい発言をする能力を養う。	①ことばとともに行う身ぶりには、どんなものがあるか集める。 ②身ぶりがどんな効果を持っているか、話し合う。 ③テーマを決めて、実際に身ぶりを効果的に用いてスピーチする。 ④スピーチのビデオを見て、学習のまとめをする。
なかまのことば	語彙 用語 意味	作 説明文	(言)ことばにおける上位概念・下位概念の関係を知り、語彙指導の基礎を養う。 (能)図や絵を用いながら、相手に分かりやすい説明文を書く能力を養う。	①教科書教材を読んで、ことばに上位概念・下位概念があることを知る。 ②指導者の示す上位概念にあてはまる下位概念のことばを考える。 ③自分で、上位概念・下位概念の組み合わせを作る。 ④必要な図や絵も交えて、③で作った組み合わせを説明する文章を書く。

絵文字とくらし	文字 言語 生活	作 説明文	(言)生活の中にある絵文字が、文字と同じ働きをしていることを理解させ、自分の生活に生かそうとする態度を養う。 (能)調べたことを読み手に分かりやすく説明する能力を養う。特に「分かりやすさの条件」を意識して説明する態度を養う。	①ふだんの生活の中で見る絵文字を集める（写真・スケッチ等） ②集めた絵文字を分類する。 ③集めた絵文字の中から効果的だと思われるものを選び、表す意味や効果性を説明するための文章の構成を考える。 ④説明文を書き、お互いに読み合う。
カタカナことばをあつめよう	文字 語彙 用語 意味	音 報告	(言)カタカナがどんなことばに使われているかを知り、文字意識を高める。 (能)具体例を用いながら、順序よく報告する能力を養う。	①カタカナが使われている場面を本、新聞、看板等から集める。 ②カタカナの使われ方を分類する。 ③分類したことを報告する。特に、カタカナが外来語だけに用いられているわけではないことに留意する。
ひらがなとカタカナ	文字	音 説明	(言)ひらがなとカタカナの違いを知り、文字意識を高めたり、字形認識を深めたりする。 (能)補助物を効果的に用いながら、違いを説明する能力を養う。	①ひらがなとカタカナを比較して、似ている点、異なる点を指摘する。字形・筆順・使われ方等の観点で行う。 ②説明に必要な効果的な補助物を作る。 ③補助物を用いながら、説明をする。
なかまの漢字	文字	音 対話	(言)漢字の成り立ちに関心を持たせ、漢字の持つ類義性に気付かせる。また、語彙指導の基礎ともする。 (能)話題からそれないように、また、話し方や声の大きさを工夫して話す能力を養う。	①漢字の「へんとつくり」に注目し、つくりやへんが、意味のグループを表したり、音読みを表したりすることを知る。 ②自分でなかまの漢字を集め、話すことの内容を考える。 ③友達と話したり聞いたりする。質問もする。

表1－2【小学校上級】一七単元案（音声表現八単元、作文八単元、音声＋作文一単元）

題材名	分野	表現形態	主な指導目標　（言）＝言語に関わる目標　（能）＝表現能力に関わる目標	主な学習活動
きみは漢字はかせ	文字	作 報告文	（言）漢字の成り立ち・組み立て・意味・書き順・字形等に関心を持たせ、漢字を積極的に使用しようという態度を養う。 （能）調べたことを筋道立てて報告する能力を養う。	①漢字に関する既習事項を簡単に復習する。 ②漢字の意味・成り立ち・構成等、報告内容ごとにグループを作り、報告内容について調べる。 ③報告文に必要な項目を考え、報告文の構成を考える。 ④報告文を書き、お互いに読み合ったり質問し合ったりする。
看板の字	文字 言語生活	音 記録メモ 報告	（言）漢字がそれぞれ意味を持つことを理解し、そのことが私たちの言語生活に有益であることに気付かせる。 （能）記録したこと、記録から分かったこと、感じたことを適切に構成して発表する能力を養う。	①漢字一字の看板をさがし、記録をする。 ②それぞれが何を（例：何を売っているか）表すかを考え、分類する。 ③記録した漢字、わかったことを発表する。
新聞の字	文字	作 報告文	（言）漢字のいろいろな書体を知り、その書体が効果的に機能していることを理解させる。また、自分の表現物（ポスター等）に生かそうとする態度を養う。 （能）調査の方法や結果・内容等が整理された報告文を書く能力を養う。	①新聞を材料に、漢字やひらがな、カタカナのいろいろな字体を集める（切り抜きを持ち寄る－特に宣伝広告が特徴的）。 ②字体と広告内容によって、分類を試み、字体と内容との関係を考える。 ③②でわかったこと、考えたことを効果的な例を示しながら、報告文にまとめる。
感字を創ろう	文字	音 研究発表	（言）漢字の持つ意味を視覚的に示す漢字（感字）を創らせることを通して、漢字の表意性を理解させる。 （能）辞書（漢字の意味）や補助物（掲示物）を活用しながら、順序よく説明する能力を養う。	①例を見て、「感字」とは何かを知る。 ②「感字」にできそうな漢字を探し、素案を考える。 ③選んだ漢字の意味から、「感字」を作り、発表時の補助物とする。 ④発表し、聞き手から意見や助言を受ける。

奈良の方言 ー「橋」「箸」「端」ー	方言	作 説明文	(言)日常使用している方言の語彙・発音等を共通語と比較し、その違いについて理解させる。 (能)必要な材料を的確に選び、比較の述べ方を用いて、読み手に分かりやすい説明文を書く能力を養う。	①「橋」「箸」「端」を例に、方言と共通語には、アクセントや語彙、言い方に違いがあることを知る。 ②奈良方言と共通語とを比べる観点を決め、共通点・相違点を調べる。 ③比較の述べ方や具体例を用いて、共通点・相違点を説明する文章を書く。
「か゚」って?	音声 音韻	音 対話	(言)日本語の発音に関心を持たせ、音読や朗読に生かそうとする態度を養う。 (能)相手の発言を注意深く聞き、それに応じる発言ができる対話の能力を養う。	①「か゚」と表記される発音を含む文章を録音教材で聞いて、どんな発音か、「が」とどう違うか確かめる。 ②友達同士で「か゚」と「が」を含む例文を読み合って、効果や印象の違いを語り合う。 ③「か゚」の練習となる例文を読み合い、聞き合う。
笑ったのは誰?ー「、」の役割ー	文法	音 説明	(言)読点の役割を何種類か理解させ、正しく、効果的に読点を使おうとする態度を養う。 (能)効果的な例文を適切な時期に用いながら、相手の理解度を推測して説明する能力を養う。	①指導者提示の例文で、読点の働きを考える。 ②何種類かの例文で、その他の読点の働きを考える。 ③読点の働きのうち、二種類を選び、それを効果的に説明しうる例文を作る。 ④説明と例文を適切に配置し、説明をする。
ていねいに言うには	文章 文体	音 問答	(言)常体と敬体の述べ方の違いを知り、目的・相手・場面等に応じて、必要な文体を選択できる能力や選択しようとする態度を養う。 (能)相手の問いを正確に聞いて適切に答えたり、自分の問いを的確に相手に伝えたりする問答(対話)の能力を養う。	①常体の述べ方と敬体の述べ方を知り、文体を変える練習をする。 ②常体を使う場面、敬体を使う場面を考える。 ③具体的な場面や相手を想定して、お互いにどのように述べたらよいかを問う。文体以外の敬語の使い方にも注意する。 ④可能なら、敬体にも敬意を表すいくつかのレベルがあることを考える。
コマーシャルのことば	コミュニケー	作・音 報告文	(言)コマーシャルの工夫を調査し、言語の効果や影響力について考えさせる。特に、視覚・	①コマーシャルの録画を見て、その工夫点を指摘する。

	ション	調査報告	聴覚との関連にも留意させる。 （能）必要な材料を取材し、効果的な配列を工夫して、分かりやすい報告をする能力を養う。	②コマーシャルの工夫を観点別に分類する。そのとき、文字情報だけでなく、音声や映像との関係にも注意する。 ③具体例を用いながら（必要であれば、視聴覚機器を用いながら）報告をする。 ④報告したことを簡単なレポートにまとめる。また、学習して分かったこと、考えたことを書く。
雨の名前	語彙 言語生活	作 説明文	（言）雨を表す名前が多いことを知り、日本の気候や文化がことばに反映していることに気付かせ、自分の表現に生かそうとする態度を養う。 （能）調べたことを読み手に分かりやすく伝える能力を養う。特に、理由の説明の仕方に留意させる。	①日本語で、雨を表すことばを集める。 ②一定の観点（季節・降り方等）に基づいて分類し、図に表す。 ③雨を表すことばが、なぜ日本語に多いかを話し合う。また、雨以外の日本語に特徴的な語彙（魚等）を知り、日本文化とことばとの関係を考える。 ④日本語と日本文化との関係について、分かったこと、考えたことも含めて、説明する文章を書く。
今どきの流行語	言語生活	音 話し合い	（言）自分たちの言語生活から流行語を集め、分類する。また、流行語使用のあり方について話し合い、自分の言語生活に役立てようとする態度を養う。 （能）自分の考えを整理して述べたり、他の人の考えを素直に聴いたりする話し合いの能力を養う。	①自分たちの言語生活の中から、流行語と思われることばを集める。一定の観点に基づいて、分類する。 ②流行語使用のあり方について、自分の体験を交えながら話し合いをする。 ③話し合いを通して、学んだこと、考えたことを文章に書く。
ひらがな・カタカナ誕生の秘密	国語史	作 説明文	（言）ひらがな・カタカナ成立の過程を知って、文字の歴史に関心を持たせる。特に、それらの文字を発明した日本の文化に注目させる。 （能）わかりやすい例を用いて、順序よく説明する能力を養う。	①ひらがな・カタカナの成立過程を知る。 ②なぜ、ひらがな・カタカナが成立したのかを調べたり話し合ったりする。 ③ひらがな・カタカナを発明した日本の文化について考えたことを書く。

五十音図の謎－五十音図は50音か－	国語史	音 話し合い	(言)日本語の発音の歴史を知ることを通して、ことばの変化に関心を持たせる。 (能)相手の考えをよく聞きながら、課題からそれないように発言しお互いに高め合う話し合いの能力を養う。	①五十音図をひらがなとカタカナで書く。 ②五十音図の発音と文字を比べて、ずれの生じる部分をさがす。 ③ずれの部分の文字と発音がどうであったか推測し、お互いの意見を交換する（話し合う）。 ④やさしい古文を当時の発音で読んだ録音を聞く。また、学習して興味を持ったこと、分かったことなどを書く。
文字の印象	文字	作 説明文	(言)ひらがなやカタカナ、漢字の表現効果に気づき、自分の表現に生かそうとする態度を養う。 (能)具体例を効果的に配置しながら、読み手が理解しやすい説明文を書く能力を養う。	①ひらがなばかりの詩を読み、ひらがなばかりの効果を話し合う。 ②ひらがなやカタカナの持つ印象や効果を話し合い、自分なりの考えを整理する（考えるための具体例を準備する）。 ③必要な例を効果的に配置しながら、文字の持つ効果について、説明する文章を書く。
電話と手紙	言語生活	音 ディベート	(言)音声表現と文字表現の特徴をとらえ、必要に応じて使い分けをしようとする態度を養う。 (能)相手の意見をよく聴き、また、反論を予想しながら自分の意見を述べる能力を養う。	①電話、手紙それぞれの長所・短所を話し合う。 ②いくつかの場面を想定し、電話で伝えるか、手紙で伝えるか、ディベートを行う。 ③電話、手紙それぞれの適切な使用場面や相手等について考えたことを文章に書く。
漢字がないと……	文字 言語生活	作 意見文	(言)日本語における漢字の役割を考えさせ、効果的に適切に漢字を使おうとする態度を養う。 (能)読み手に自分の考えを分からせるための構成や効果的な例示を意識して、意見文を書く能力を養う。	①ひらがなばかりの文章と漢字交じりの文章とを比較して、漢字を使用したときの利点について話し合う。 ②漢字を使用することの効果を整理し、具体例を交えながら、自分の考えを書く。
○○辞典の使い方	言語生活	作 説明文	(言)辞典の使い方に慣れさせ、自分の生活の中で辞典を積極的に使おうとする態度を養う。 (能)手順を分かりやすく説明する文章を書く能力を養う。	①○○辞典の使い方を復習・確認する。 ②使い方を知らない人に、○○辞典を引く手順や利用の仕方を教える文章を書く。そのときに、手順を順序よく説明することに注意する。 ③友達同士で読み合って、手順等に間違いがないか確かめる。

表１－３ 【中学校】一七単元案（音声表現八単元、作文九単元）

題材名	分野	表現形態	主な指導目標 （言）＝言語に関わる目標 （能）＝表現能力に関わる目標	主な学習活動
文字の手	文字	作 説明文	（言）漢字に何種類かの意味があること、そのうちのいくつかが訓読みとなっていることを理解させる。 （能）説明対象を分析し、順序よく述べることで、読み手に理解しやすい説明文を書く能力を養う。	① 例を用いて、漢字の訓読みと意味との関係（漢字の訓読みは、その漢字の意味の一部である）を考える。 ② 自分の調査漢字の意味を漢和辞典等で調べる。 ③ 説明に必要な掲示物を作り、説明の構成や順序を考える。 ④ 説明をする。
「おとなしい」の意味変化	国語史	作 レポート	（言）「おとなし」の意味変化（意味の役割分担）を例に、ことばは時代とともに変化するものであることを理解させる。特に、意味変化のおもしろさに気づかせる。 （能）適切な例を根拠にして、分かりやすく説明する能力を養う。	① 語句の意味が変化することの類型を知る。 ② 自分の調査語について、国語辞典・古語辞典等を用いて、意味を調べる。特に、意味変化が分かりやすい例文を見つける。 ③ 例文を効果的に構成して、レポートを書く。
敬語を使ってみよう	コミュニケーション 言語生活	音 インタビュー	（言）自分の敬語使用に関する実態を知り、必要な敬語を適切に使おうとする態度や使える能力を養う。 （能）相手の問いに的確に答えたり、相手の答えに応じて話を深めるような質問したりするインタビューの能力を養う。	① 敬語使用について、自分たちの言語生活を振り返って、相手に質問することがらを考える。 ② 敬語を使わなければならない場面を設定して、インタビュアが質問する。できるだけ自分の生活にある具体的な場面がよい。 ③ 敬語の使用について考えたことを書く。
ニギルとツカムはどうちがう?	語彙 用語 意味	作 調査報告	（言）類義語の微妙な使い分けを気づき、意識して使い分けができるようになる。また、類義語の意味・用法の違いを考える楽しさを知る。 （能）必要な材料を選択・構成する能力、それらを用いて自分の考えを的確に述べる能力を養う。	① 先輩のレポート例を読んで、学習のだいたいを知る。 ② 文献を中心に調査を行い、類義語比較の観点を定める。 ③ ひらめきを大事にしながら、比較の観点ごとに文章化し、文章全体の組み立てを考える。

			養う。また、必要な情報を的確に扱う態度を養う。	④ 調査報告を書き、相互に読み合って、反論や批判を加えたり、まとめをしたりする。
昔の言い方・今の言い方	国語史	[音] 解説	(言) 文語と口語の相違点・共通点に気づき、ことばの歴史や変化に関心を持たせる。 (能) 確かな調査と考えに基づいて、聞き手の理解度に合わせた解説をする能力を養う。	① 古文の学習後、現代文との相違例を見つける。 ② 相違点について類型化を図り、解説のポイントを決める。 ③ 解説しようとすることがらが聞き手に分かりやすい例を見つけ、適切な構成を考える（現代に残る文語的な言い方も活用する）。 ④ 解説をする。解説を聞いて、知らなかったことがらを整理する。
擬音語・擬態語の不思議な世界	語彙 用語 意味	[音] 話し合い（レポート）	(言) 感情を表す擬音語・擬態語の広がりやニュアンスの違いに気づき、擬音語・擬態語の持つ表現力の豊かさを理解する。 (能) 相手の考えを受け入れて、自分の考えを広げたり深めたりする話し合いの能力を育てる。また、情報を積極的に活用しようとする態度を養う。	① 擬音語・擬態語とは何かを知り、よく似た語でも微妙な意味の違い、使い分けがあることを感じる。 ② 話し合いのモデルを見て実りのある話し合いの仕方を知り、自分たちの課題となった擬音語・擬態語の違いを話し合う。 ③ グループごとに話し合いの成果を整理し、発表する。
ちょっと気になるこんな日本語	言語生活	[音] 研究発表	(言) 日常の言語生活の中から気になる言語現象を見つけ、言語について考えることの意義を理解させる。また、「気になる」言語現象について、自分なりの解決を図らせる。 (能) 必要な補助物を的確に用いながら、要旨がはっきり分かるように構成を工夫して話す能力を養う。	① 「ちょっと気になる日本語」をあげ、主題を決める。 ② 主題に基づいて、取材活動を行う。取材源は、文献に限らず、インタビューや調査、テレビや新聞など取材可能なら何でもよい。生徒同士の情報交換も行う。 ③ モデルの報告を聞き、自分の報告に生かす観点を考える。 ④ 実際に報告し、助言や反省をする。数日後、修正（内容・報告の仕方とも）をさせ、評価する。

小説の書き出しを比べる	文章 文体	[音] 研究発表	（言）小説の書き出しの文体や調子が、作品全体の雰囲気や感じを表すことがあるということに気づかせる。また、自分の文体の特徴に気付かせ、文章表現の基礎とする。 （能）具体的な例を適切に用いながら、聞き手に分かりやすい発表をする能力を養う。	① 教科書の例文を用いて、書き出しの特徴を考えるための具体的な観点を見つけ、学習課題や学習方法を理解させる。 ② 各自の課題作品の書き出しの特徴を観点別に整理し、発表内容を構成する。 ③ 実際に発表する。特に、自分の作文に生かせる点も発表する。
関西弁を考える	方言	[音][作] シンポジウム 意見文	（言）方言のもつよさや温かさ、あるいは不便さなどを考えさせる。特に、日常語の「関西弁」について調べ、自分たちの言語生活（方言に関する）を振り返らせる。 （能）自由な発想で発言したり、他の意見を受け入れながら自分の考えを深めたりする話し合いの能力を養う。	① 「関西弁」だと考えられることばや言い方を集める。 ② 共通語と比較しながら、「関西弁」のもつ特徴をグループで話し合う。 ③ グループ代表によるシンポジウムを行う。 ④ シンポジウムでの意見を参考に、関西弁についての自分の考えを書く。
心の世界を表すことば	語彙 用語 意味	[作] レポート（辞典作り）	（言）心情を表すことばを拡充させ、それらの微妙なニュアンスの違いを知って、自分の表現に生かせるようにさせる。また、辞書等の文献情報を的確に扱う態度も養う。 （能）必要な項目をもれ落ちなく、形式に沿ってレポートを書く能力を養う。	① 例文をもとに、同じ感情を表すことばでも、その表現内容の微妙な違いを知り、適切な表現をすることの大切さを理解する。 ② 一つの感情（例：驚き）を表すことばを集め、よく似た感情ごとに整理する。 ③ ②の中から一語を選び、項目に従ってレポートを作る。 ④ 全員のレポートを編集して、「感情表現辞典」を作る。
「ら抜きことば」を考える	文法 言語 生活	[音] パネルディスカッション	（言）「ら抜きことば」をめぐるさまざまな考えを知り、自らの言語生活について考える。 （能）パネルディスカッションという形態を知って実際に運用する能力を養う。また、話し合うことでお互いを高め合うことの重要性を感じさせる。	① 「ら抜きことば」とは何かを理解する。また、「ら抜きことば」に対するいろいろな考えを知る。 ② グループディスカッションで、グループの意見を確立する。 ③ グループ代表によるパネルディスカッション

				を行う。 ④「ら抜きことば」についての自分の考えを書く。
あなたは「超」「VERY」—若者ことばいろいろ—	言語生活 国語史	作 意見文	(言)若者ことばのいろいろについて調査し、現代若者ことばの特徴を理解させる。また、自分の言語生活での若者ことば使用のあり方について、自分の考えを述べさせる。 (能)確実な根拠や例に基づいて、自分の意見を分かりやすく述べる能力を養う。	①若者ことばと考えられていることばを集める。 ②集めたことばをいくつかの観点で分類し、若者ことばの特徴を整理する。 ③若者ことばについての投書等を読んで、いろいろな意見を知る。 ④若者ことばの使い方等について、自分の考えを書く。
外来語の氾濫・反乱	語彙 用語 意味 言語 生活	作 意見文	(言)外来語使用の功罪について考え、適切な外来語使用について自分の考えを述べさせる。また、言語調査のいくつかの方法も体得させる。 (能)いろいろな立場や考えを予想しながら、自分の考えを納得させる意見を述べる能力を養う。	①新聞・テレビ等で外来語が多く使用されている場面を見つける。 ②外来語の使用の効果や不便さについてグループで話し合う。 ③外来語の使用をめぐってディベートを行う。 ④適切な外来語使用についての自分の考えを書く。特に、ディベートで明らかになった自分とは異なる考えを説得できるような意見文にする。
昔、昔おじいさんとおばあさん□ありました—「が」と「は」—	文法	作 レポート	(言)「が」と「は」の違いについて考える。また、助詞や助動詞の使い分けやニュアンスの違いにも触れて、自分の表現に生かそうとする態度を養う。 (能)自分の考えを伝えるための用例の示し方について学び、自分の考えを分かりやすく伝える能力を養う。	①例文を用いて、「が」と「は」の違いについて、自由な考えを出し合う。 ②「が」「は」をめぐるいくつかの意見を知る。 ③「が」「は」をめぐって、グループで再度意見を出し合い、自分なりの考えをまとめてレポートを書く。
□(季節名)を感じることば	語彙 用語 意味	作 説明的随筆	(言)日本語の四季を感じさせることばを見つけ、日本の風土や気候との関連を考えさせる。 (能)感覚的表現も取り入れながら、書き手の思いや考えが伝わる文章を書く能力を養う。	①例文を読んだり、教材テープを聞いたりして、学習の課題や方向を理解する。 ②□(季節名)を感じることばを自由に出し合う。 ③一つのことばを選んで、そのことばで□を感じる理由を考える。

				④自分の体験や感覚を取り入れながら、説明的随筆を書く。
ワープロと手書き	言語生活	音 ディベート	(言)ワープロの利点、手書きの利点について考え、目的や用途に応じて、ワープロ・手書きの判断ができる態度を育てる。 (能)相手の意見をよく聴いて、それに応ずるような発言をする能力を養う。また、説得力のある根拠を用いる能力を養う。	①手紙を書くとき、自分だったらワープロか手書きか、立場を決めその理由を話し合う。 ②ディベートをする。 ③ディベートを通して、考えたことを文章に書く。
日本語の特色	言語生活	作 説明文	(言)日本語の特色をさまざまな観点から調べたり整理したりして、日本語に関心を持ったり、日本語の問題を解決しようとしたりする態度を養う。 (能)観点別に整理して、読み手に分かりやすい説明文を書く能力を養う。	①日本語に関する文献を読む。 ②日本語の特色を述べるのにふさわしい観点を決める。 ③観点に従って、調べたことを整理しながら、読み手に分かりやすい説明文を書く。

・中学校）●＝小学校初級８単元　◆＝小学校上級17単元　■＝中学校17単元

	作文（21）			内容別単元数
ディベート	メモ・記録文・報告文	説明文・解説文	意見文	
	■「おとなしい」の意味変化	◆ひらがな・カタカナ誕生の秘密		●＝0 ◆＝2 ■＝2 } 4
				●＝0 ◆＝1 ■＝0 } 1
	◆きみは漢字はかせ ◆新聞の字	●絵文字とくらし ◆文字の印象 ■文字の手	◆漢字がないと……	●＝5 ◆＝6 ■＝1 } 12
■（外来語の氾濫・反乱）	■心の世界を表すことば ■（擬音語・擬態語の不思議な世界）	●なかまのことば ◆雨の名前 ■ニギルとツカムはどうちがう？	■外来語の氾濫・反乱 ■□（季節名）を感じることば	●＝1 ◆＝1 ■＝5 } 7
		■昔、昔おじいさんとおばあさん□ありました－「が」と「は」－		●＝0 ◆＝1 ■＝1 } 2
				●＝0 ◆＝1 ■＝1 } 2
		◆奈良の方言－「橋」「箸」「端」－		●＝0 ◆＝1 ■＝1 } 2
◆電話と手紙 ■（ワープロと手書き）			■ワープロと手書き ◆（電話と手紙）	●＝0 ◆＝1 ■＝1 } 2
	◆コマーシャルのことば	◆○○辞典の使い方 ■日本語の特色	■あなたは「超」「VERY」－若者ことばいろいろ－	●＝2 ◆＝3 ■＝5 } 10
●＝0 ◆＝1 ■＝0＋(2) } 1	●＝0 ◆＝3 ■＝2 } 5	●＝2 ◆＝5 ■＝4 } 11	●＝0 ◆＝1 ■＝4 } 5	●＝8 ◆＝17 ■＝17 } 42

表２　「言語」を題材とする表現単元試案〈内容別・表現形態別一覧〉（小学校

形態＼内容	独話型		対話型	音声表現（21）　会話型	
	報告・発表	説明・解説	対　話	話し合い	パネル・シンポ
国語史	◆五十音図の謎 －五十音図は50音か－	■昔の言い方、今の言い方			
音声音韻			◆「か゜」って？		
文字表記	●カタカナことばをあつめよう ◆看板の字 ◆感字を創ろう	●よく似た字－ひらがな－ ●ひらがなとカタカナ	●なかまの漢字		
語彙用語意味				■擬音語・擬態語の不思議な世界	
文法		◆笑ったのは誰？ －「、」の役割－			
文章文体	■小説の書き出しを比べる		◆ていねいに言うには		
方言					■関西弁を考える
ことばと機械					
コミュニケーション言語	■ちょっと気になるこんな日本語 （◆コマーシャルのことば）	●みぶりとことば	■敬語を使ってみよう	●あいさつしらべ ◆今どきの流行語	■「ら抜きことば」を考える
形態別単元数	●＝1 ◆＝3 ■＝2　｝6	●＝3 ◆＝1 ■＝1　｝5	●＝1 ◆＝2 ■＝1　｝4	●＝1 ◆＝1 ■＝1　｝3	●＝0 ◆＝0 ■＝2　｝2

上級、中学校、高等学校）（◎＝各段階でぜひ実施したい単元）

中学校（音７・作６）	高等学校（音５・作６）
【[作]創作】 ○君も名作家 －作家の文体をまねる－	【[作]説明文】 ○文字の手
【[作]解説文】 ◎ニギルとツカムはどうちがう？ 【[音]話し合い→[作]レポート】 ◎擬音語・擬態語の不思議な世界 【[作]説明文】 ○雨の名前	【[作]報告文】 ◎心の世界を表すことば 【[作]随想】 ○□（季節名）を感じることば
【[音]説明】 ○笑ったのは誰？－「、」の役割－ 【[作]説明文】 ○昔、昔おじいさんとおばあさん□ありました －「が」と「は」－	【[音]説明】 ○ほたるは何処に？ －「に」「へ」「を」－
【[音]報告】 ◎ちょっと気になるこんな日本語 【[音]パネルディスカッション】 ◎「ら抜きことば」を考える 【[作]説明文・意見文】 ○◆◆弁（関西弁）を考える 【[音]ディベート】 ○電話と手紙 【[音]対話】 ○敬語を使ってみよう	【[音]報告→[作]意見文】 ◎外来語の氾濫・反乱 【[作]レポート】 ○文字の印象 【[音]説明→[作]意見文】 ◎あなたは「超」「VERY」 －若者ことばいろいろ－ 【[音]ディベート→[作]意見文】 ◎ワープロと手書き
【[音]説明】 ○五十音図の謎 －五十音図は50音か－ 【[作]レポート】 ○「おとなしい」の意味変化	【[作]解説文】 ○「いろはにほへと」の意味 【[作]レポート】 ○歴史的仮名遣いと現代仮名遣い 【[音]研究報告】 ○日本語の特色

表３　「言語」を題材とする表現単元例配当案一覧（小学校・初級、小学校・

系列・単元数	小学校・初級（音５・作２）	小学校・上級（音８・作５）
A　ことばで遊ぶ系列　6（小初2・小上2・中　1・高　1）	【ゲーム→音説明】 ◎よく似た字－ひらがな－ 【ゲーム→音説明】 ○ひらがなとカタカナ	【作字→音解説】 ◎感字を創ろう 【音説明→音音読】 ○「か゜」って？
B　ことばの仲間を考える系列　9（小初2・小上2・中　3・高　2）	【作説明文】 ○なかまの漢字 【音発表】 ◎カタカナことばをあつめよう	【音報告】 ◎きみは漢字はかせ 【作説明文】 ○なかまのことば
C　ことばのきまりを考える系列　5（小初0・小上2・中　2・高　1）		【作説明文】 ○～～辞典の使い方 【音話し合い→作意見文】 ○漢字がないと……
D　ことばの生活を考える系列　17（小初3・小上5・中　5・高　4）	【音発表】 ◎みぶりとことば 【音話し合い】 ○あいさつしらべ 【作記録文】 ○絵文字とくらし	【音報告】 ○看板の字・新聞の字 【作報告文】 ◎コマーシャルのことば 【音話し合い→作意見文】 ◎今どきの流行語 【作説明文】 ○郷土（奈良）の方言 【音対話】 ○ていねいに言うには
E　ことばの歴史を考える系列　7（小初0・小上2・中　2・高　3）		【作説明文】 ○ひらがな・カタカナ誕生の秘密 【音解説】 ○昔の言い方、今の言い方

第二節　「国語の特質」をどう教えるか
――国語科教育学研究と日本語学研究との連携――

一　問題意識

(1)　平成二〇年版学習指導要領に〔伝統的な言語文化と国語の特質に関する事項〕が新設された。「伝統的な言語文化」に関する論議は盛んになる一方で、「国語の特質」に関する論議はそれほどでもない。(1) それはなぜなのか。

(2)　「伝統的な言語文化」と「国語の特質」とを結ぶ「と」には、何か意味があるのか、ないのか。あるとすれば、それは何か。

(3)　「国語の特質」という用語の「特質」とは、具体的にどのような教科内容をもっているのか。多様な言語の中の「日本語」という意識で「特質」をとらえるのか。

(4)　学習指導要領の「〜を通して」という文言は、一方通行ではなく、双方向ではないのか。すなわち「国語の特質」を「通して」(＝に「注目して」・を「ベースにして」)「話す・聞く」「書く」「読む」能力を育成することもあるのではないか。

(5)　以上を勘案して、学習者への教材提供などに、日本語学の成果を活用すべきではないか。

(6)　授業者の立場で、「国語の特質」の内容について、実践的な立場から、何をどのように学んでおけばいいのか。例えば、「文節」という文法用語に関わって、他の文法学説の考え方を学ぶ必要はどの程度なのか。

以上のような問題意識のもと、日本語学研究の立場から論議された全国大学国語教育学会第一二二回筑波大会を受けて、全国大学国語教育学会第一二三回富山大会では、国語科教育学の立場から、より実践的な視点で論議を深めたいと考えた。

二　登壇者からの提言

提言の詳細は、登壇者各位の論考によるが、ここでは、前述した問題意識に触れていただいた点を中心に発言の要約を試みたい。

(1)　島田康行氏の提言

「国語の特質」とは、一つは「言語の役割・働き」であり、一つは「日本語の姿」であるとされた。それに応じる指導のあり方として、よりよく話す・聞く（書く、読む）ために、「言語の役割・働きを知ること」「日本語の姿を見つめること」が不可欠であり、まずは、日本語のあるがままの「姿」（言語事象）を虚心に見つめる学習指導の重要性を指摘された。「〜を通して」という学習指導要領の文言よりも一歩踏み込んだ表現としての「よりよく話す・聞く・書く・読むために」と理解した。

(2)　千々岩弘一氏の提言

「指導の拠り所」としての「教育的内容」の創出が喫緊の課題であるとされた。これは、学問的背景をもちながらも実践的視点を取り入れた「教育的内容」であり、そこに、日本語学との結節点を見出すことの必要性を指摘された。

また、各言語要素間での整合性の保障のために、日本語学研究の成果を統合的活用を促す「中間支援層」の必要性を提起された。具体的にはどんな立場の者がそれを担えばよいのか、重い課題であると受け止めた。

(3)　山田敏弘氏の提言

国語の授業研究会で、「教えた内容」よりも「どうやって教えたか」の議論に終始する実態を取り上げ、文法を用いて教材を分析し教えることとの必要性を指摘され、文法的知見は、物語教材の分析とともに学ばれるべきであることを強調された。

また、国語科教員の、例えば「と」「たら」の特質に関する知識の少なさも指摘され、基本的な視野の広さや柔軟性について言及された。国語科教員の実践的な視点からの「国語の特質」に関する対応力を問われていると受け止めた。

三　「国語の特質」の授業類型

「国語の特質」の授業類型として、従来行われてきたのは、次の三つであると考えられる。[2]

(1)　取り立て指導（知識整理型）

典型的なのが、教科書のコラム教材の指導である。あるトピックを取り立てて、短時間で教える類型で、主に日本語に関する知識を教授することを目的とする。指導内容としてはもれなく指導できるのであるが、指導方法や事例を工夫しないと、学習者の興味や意欲を喚起するのに努力を要することになる。また、学習者の言語生活との関係や適用に関連付けないと、学習した知識が実生活に役立たないことになる。

(2)　取り上げ指導（技能育成型）

各領域の学習に必要な「国語の特質」に関する知識を取り上げ指導する類型である。言語運用に必要な知識を教授することはできるが、体系的ではない。学習指導要領でいう「〜を通して」の文言に該当するものと考えられる。

この場合には、二つの指導タイプがあって、一つは最低必要限の「国語の特質」を教えるタイプと、積極的に「国語の特質」を活用して教材分析をしたり学習を展開したりするタイプとである。できるならば後者の指導タイプでありたいと思うが、そのような発想で行う授業は稀である。

(3)　取り込み指導（自然習得型）

日常的な言語生活において、「国語の特質」に関する事項をふくませる指導の類型である。

これらに加えて、著者は次を提案したい。

(4)　取り出し指導（興味思考型）

「国語の特質」に関する事項の中から、何らかの話題を取り出し、それについて表現指導・理解指導を行う類型。指導内容としての「国語の特質」を含み、さらにその言語活動に必要な言語能力を育成するという二重構造をもつ。

四　言語単元の開発

「国語の特質」の指導（特に右記三の(4)）を展開するために言語単元の開発は欠かせない。日本語に関する話題・題材を探すところから始まり、それを教材化する必要がある。ここに日本語学の研究成果に関する指導者の豊富な知識が必要になる。

また、学習者の生活の中に、日本語に関する話題・題材がある。「国語の特質」が指導者も学習者もつまらなく感じるのは、自分たちの言語生活とはかけ離れたところに、体系化（規範化）された「国語の特質」があるかのごとき錯覚をもつからである。①学習者の生活の中から日本語に関する学習課題や学習資料を提示し、②それらを解決するための言語操作（言語処理）の方法を指導し、③知識をすぐに与えるのではなく、考えたり調べたりする時間を確保すれば、「国語の特質」は、自分たちの言語生活と密接な関係性があることを体得できるものである。ここにも、指導者の日本語学に関する広くて深い知識と、生活の中の日本語の問題を見付ける持続的な関心や鋭い言語感覚が要求される。

歴史を学んだら歴史に興味をもつように、化学を学んだら化学に興味をもつように、日本語を学んだら日本語に興味をもつような学習を国語科で展開できないものか。

もちろん日本語における諸現象をすべて指導できるわけがないし、指導する必要もないが、そこに、指導者の力量が問われるのである。どのような言語現象を話題にするか、学習者の言語生活とどう関連させるか、言語現象に対する見方をどう育てるか、言語現象の解釈の見通しと、それを裏付ける学問的動向を指導者がどの程度把握しているか等の課題は、日本語研究との連携なしには、具現化されないものである。

五　言語単元の系列

(1)　言葉で遊ぶ系列……言葉のもつ「楽しさ」「おもしろさ」などを体験的に学習する系列。単元例「感字を作ろう」「君も名作家——作家の文体をまねる——」など。

(2)　言葉の仲間を考える系列……言葉を集めて分類するなどの作業を通して、似て非なるものの微妙な違いを考えさせる系列。単元例「ニギルとツカムはどうちがう?」「心の世界を表す言葉」など。

(3)　言葉のきまりを考える系列……体系的な知識を与えるよりも、現実の言葉の問題を文法・語法の視点からどのようにとらえたらよいかを考える系列。単元例「むかし、むかし、おじいさんとおばあさん□ありました——「が」と「は」——」「ほたるは何処に?——「に」「へ」「を」——」など。

(4)　言葉の生活を考える系列……言語生活やコミュニケーションの問題を扱う系列。新鮮な問題を取り上げて教材化する必要がある。単元例「ちょっと気になるこんな日本語」「『ら抜き言葉』を考える」など。

(5)　言葉の歴史を考える系列……主に国語史に関する問題を取り上げる系列。現代の言葉とつながるような単元設定にすることも大切な視点となる。単元例「五十音図の謎――五十音図は50音か――」「『おとなしい』の意味変化――古今異義語はなぜ生まれる？――」など。

六　言語単元の指導過程モデル

言語単元を表現指導として取り組む場合、次のような指導過程を経るのが一般的である。各プロセスは一方通行ではなく、戻る、あるいは、並行して行われることもある。また、各指導過程では、次に示すような能力や態度が養われることが考えられる。

(1)　課題や疑問の発見・提示……言語への関心や正誤・適否・美醜の言語感覚が養われる。言語単元の場合、日常的に、言語への関心と、言語現象に対する言語感覚が求められる。指導者が学習者に対し、日頃、言葉への関心を喚起しているかが問われる。

(2)　日常の言語生活の振り返り……言語を客観的に見る能力・態度が養われる。(1)でとらえた課題について、日常の言語生活の実情を客観的に振り返り、問題点を整理する必要がある。特に、言葉の問題は身近であるだけに、先入観を排除する客観的な態度が求められる。

(3)　言語現象についての調査・分析・考察……言語操作力、言語現象の分析力、言語を客観的に見る能力・態度が養われる。分析の視点をもち、課題を解決するために必要な言語操作（言語処理）を行う。言語現象は複雑で例外的なものもあるので、学習者の限界が予想される。適切な指導で、課題解決に直結する分析や考察をさせたい。

（4）調査・分析・考察の表現化……表現機能に即した表現能力が養われる。調査・分析や考察の結果は、報告・説明・意見等（音声表現・文字表現ともに含む）の表現様式で表現されることが多くなろう。それぞれの表現様式に合わせて、表現化させたい。

（5）自分の言語生活への活用・応用……課題となった言語現象の理解力や表現能力の活用力・応用力が養われる。解明された内容を自分の言語生活にあてはめてみることで、言語現象の意味や理由が分かり、言葉に対する意識が学習以前に比べ高まる。

七　偏りのない「国語の特質」の指導を

「国語の特質」というと、文法を意識する指導者が多いのは、どういうわけであろうか。例えば「音声・音韻」「語句・語彙」「語法」「位相」「国語史」など多様な分野での「国語の特質」がとらえられるはずである。そこにも、国語科教育学研究と日本語学研究との連携が示唆される。

注

（1）日本国語教育学会『月刊国語教育研究』では、№四五四で「日本語の特質を学ぶ」、№四六五で「国語の特質をどう教えるか」の特集を組んでいる。

（2）安藤修平「言語事項指導の諸問題」（一九八七『ＫＺＲ草の葉』第一五六号）では、「取り立て指導」「取り上げ指導」「かくし指導」を提案している。

第二章　「言語単元」開発のための基礎論

第一節　戦後中学校国語科教科書における「日本語の特質」に関する教材の史的展開

――「方言と共通語」に関する教材の場合――

一　「方言と共通語」教材に関する指導研究の視野

本稿は、戦後中学校国語科教科書における「方言と共通語」に関連する教材（以下、「『方言と共通語』教材」と略称する。）の史的展開を明らかにして、教材内容や指導方法上の課題を究明するとともに、それらを踏まえた今後の「方言と共通語」教材の在り方、学習指導の在り方を考究しようとするものである。

「方言と共通語」教材の指導研究にあたっては、次のような研究視野が必要である。

(1)　指導者・学習者の方言観・共通語観の研究
(2)　日本語学における「方言研究」の成果と「方言と共通語」教材との関連に関する研究
(3)　「方言と共通語」教材に関する教科書教材史の研究

(4)　「方言と共通語」教材に関する実践史・学習史の研究

(5)　「方言と共通語」教材の教育論・指導論——目標・教材・指導法等——に関する研究

本稿では、(1)及び(2)を視野に入れながら、(3)の「方言と共通語」教材に関する教科書教材史を中心に考究し、その史的展開から、「方言と共通語」教材の開発に資する知見を得て、教科書教材及び指導法改善の方向性を提案することを目的とする。

二　中学校国語科教科書における「方言と共通語」教材開発の課題

教材開発の必要性・重要性は、すべての教育活動において、言うまでもないことである。とりわけ、国語科における「方言と共通語」教材に関しては、内容の偏りや分量の減少等、次のような課題がある。

(1)　「方言と共通語の違い——主にアクセントや語彙——」「使い分けに関する心得」など、主として「知識」の習得に関する内容が多い。

(2)　分量に関しては、昨今は多く「コラム教材」として、教科書二〜三ページを費やすだけで、結果的に(1)で述べた内容になってしまい、言語文化を考える際の一視点である方言と共通語との違いが生じる経緯を述べる説明文や、私たちの言語生活で、方言や共通語が果たす役割、その使用意図と使用効果などを考えさせる表現教材などは掲載されていない。コラム教材が授業で扱われない事態さえ、起こっている。

方言が日常生活の中の生活語であることに鑑みると、学習者の言語生活の改善に役立つ「方言と共通語」教材の開発が必要であり、教科書のみの教材では、不十分と言わざるをえない。

そこで、中学校国語科教科書における「方言と共通語」教材の開発に関し、次のような視点をもつことが必要となる。

(1) 教科書記述の問題

① 方言の様態(方言間の異なり)として取り上げられる事項は「語彙」「アクセント」に偏っていないか。例えば、小林隆・篠崎晃一(二〇〇三)では、上記以外に「音韻」「文法」「待遇表現」などを示している。

② 方言の主たる概念を「地理的差異の表れ」のみとして記述されていないか。「社会的差異の表れ」(例……相手や場面、使用意図などの違いによる方言の使用・不使用など)としての方言は記述されているか。

(2) 教材開発の問題

① 学習者自身が日常の言語生活で使用する方言を教材にして、共通語との異同を考える教材が必要ではないか。全国版である教科書の限界を打破し、日常生活語である方言の特徴を生かすための教材開発が必要である。

② 方言の成り立ちや現代語との関連(方言と国語史)に言及する教材が必要ではないか。方言の中には、学習者が生活で使わないようなものもある。それらの中には、国語史の観点から「伝統的な言語文化」としての方言の扱いが可能になるものもある。

③ 「新方言」等の新しい概念の方言を教材として取り扱うことにより、「方言と共通語」教材の新分野を開発できないか。「新方言」は現在変化しつつある言語である。とりわけ、若い世代に使用が多いことから、学習者(特に、中学生や高校生)にとっては、自分の言語生活を意識する機会となる。

(3) 指導法の問題

① 「調べ学習」や「表現学習」として方言を取り扱い、単なる知識習得の学習から脱却できないか。学習者自らが調査したり、調査したことを表現したりすることは、言語への意識を高め、言語に対する主体性を育成することにつながる。

②　音声教材の有効活用が必要ではないか。方言や共通語は主に話し言葉として認識される。特に、アクセントやイントネーションは音声教材でしか伝わらない。日本語学における「方言研究」では、多くの音声資料が蓄積されている。その活用は「方言と共通語」教材の開発にとって、貴重な材料となる。

三　「学習指導要領」及び「指導書（解説）」における「方言」「共通語」等の扱い

小学校学習指導要領・中学校学習指導要領を中心に、学習指導要領が「方言」「共通語（標準語）」の指導をどのように認識していたかをみることとする。（以下、傍線著者）

(1)　昭和二二年版（試案）

昭和二二年版（試案）では、「方言」は「避けるべきもの」として記述されている。例えば、第一章「まえがき」第二節「国語科学習指導の目標」では、「発達させるべき能力」として、

（二）　なるべく、方言や、なまり、舌のもつれをなおして、標準語に近づける。

とあり、第三章「小学校四、五、六学年の国語科学習指導」第一節「話しかた」の「3　話しかた学習指導上注意すべき点」として、

（三）　できるだけ、語法の正しいことばをつかい、俗語または方言をさけるようにする。

とある。一方「標準語」については、第四章「中学校国語科学習指導」第二節「話しかた」の「三　目標」に

（一）標準語で話す。

とあり、第四節「読みかた」「一　一般目標」に

（四）正しい言語感覚をやしない、標準語を身につける。

とあるように、「標準語」を身に付けることを求めている。

(2)　昭和二六年版（試案）

昭和二六年版小学校学習指導要領（試案）では、周知のように「国語能力表」が示されている。「話すことの能力」の第四学年に

1　方言を使わないで話すことができる。

とあり、一方、「書くことの能力（作文）」の第五学年に、

8　方言を区別して書くことができる。

とある。

これを受けて、具体的な指導方法として、第三学年では、第七節の三の(二)の3に

（4）教科書や、いろいろな読み物の文を読んだり、ラジオを聞いたりすることによって、自分の使っていることばの中に、幼児語・方言・なまり・野卑なことばなどのあることに気づかせ、だんだんとよいことばや、共通語を使わせていくようにする。

とあり、第四学年では、第八節の一の（二）（「この学年の具体的指導目標は何か」の項）に、

4　方言を使わないで話したり、自分の語法の誤りを認めることができるようにする。

とある（第八節の三の（一）にも同様の記述）。

一方、第五学年では、第九節の一の（二）（「この学年の具体的指導目標は何か」の項）において、

7　適切な語を選んだり、方言を区別して書いたり、敬語を適切に使って文を書くことができるようにする。

とある（第九節の五の（一）にも同様の記述）。「使わないで」と「区別して」の違いは判然としないが、おそらく「話しことば」では「方言」を使わないことを求め、「書きことば」でも、話しことばである「方言」を書きことばと区別して使わないことを求めているのではないか。

さらに、第六学年では、第一〇節の三（「話すことの学習指導はどうしたらよいか」）の（一）で、

6　正しい語法に基いた共通語を話し、俗語や方言はできるだけ避けるようにする。

とあって、昭和二六年版小学校学習指導要領（試案）全体としては「方言」は避けるという方向の記述である。

以上の昭和二二年版（試案）、昭和二六年版（試案）に示された考え方は、当時の国語施策を色濃く反映しているものと推察できる。すなわち、第一期国語審議会の『国語審議会報告書――付　議事要録――』（昭和二四年六月～二七年四月、文部省）によれば、「話しことばの部会」の報告として、「(3)小学校および中学校における話しことば」に、

話しことばの教育上の最も密接な関係を有するものは方言の問題であるが、国語の教育は純正な話しことばを基礎として奨励するのがたてまえであるから、できるだけ方言を避けなければならない。しかし、各地方における国語教育の実際をみると、地方によっては、方言を無視することができない関係にあるので、これをいかに処理すべきかが重大な問題である。また映画・ラジオ・演劇・演芸方面においてもまた同様であるから、できるだけ純正な共通語の慣用を促したい。また作家としても、特に必要のある場合のほかは方言の駆使を避けることに協力されるよう希望する。

とあるとおり、国語施策として国語教育における「方言」の使用を避けることを求めている。

なお、昭和二二年版では「標準語」と記述されていたのが、昭和二六年版では「共通語」となっているのは、

直接的には国立国語研究所（一九五一）の影響であろうが、安田敏朗（一九九九）が指摘するように、戦前すでに石黒魯平の共通語論（1）、遠藤熊吉の共通語論（2）があり、ともに用語「共通語」を使用している。

一方、中学校学習指導要領においては、第一章の「三　小学校・中学校・高等学校における国語学習指導の一般目標は何か」において、

> 今までは、国語は家庭や社会で自然に学ばれるもので、学校では生徒の言語の誤りを正し、特に話しことばにおける方言やなまりを正せばよい、ただ、読み書きの仕事は高い知的活動であるから、学校の系統的な学習指導は読み方と書き方と作文とに向けられなければならないと考えられていた。しかし、この考え方では、学校の国語教育の領域は非常に狭くなってしまう。

と述べながらも、第二章二の（五）では、

> 以上のような注意の中でも、各種の社会的場面において話をする機会を、学校生活中に与えてやることが、特に重大である。そして、どんな地域の生徒たちも中学校を卒業するまでに、必要に応じて共通語を正しく使えるようにならなければならない。

と述べ、学校教育における共通語指導を求めている。ここに言う「必要に応じて」は、次のような場合を指すものと考えられる。

すなわち、この昭和二六年版中学校学習指導要領を解説したと考えられる文部省（一九五四）『中学校高等学

校学習指導法　国語科編』では、次の二つの指摘がある。一つは、

（前略）こうした話の内容によることばの使いわけということは別にして考えてみても、すぐ気のつくことは、ことばづかい、言いまわしに、地域的な相違があるということである。

それゆえ、共通語（いわゆる標準語）の文法に従った言い方をすると、自分の言おうと思った内容自体よりもその言い方が相手の気にかかり、それが耳ざわりとなって、誤解を招いたり、あるいは、話が理解されなかったりすることがある。こんな場合には、自分では共通的な正しい言い方を知っていても、内容を相手に伝えようという主眼から考えて、その言い方は適切ではなく、むしろ、その土地の言いまわし、ことばづかいに従わなければならないことにもなるわけである。（一九三ページ）

とあるとおり、言語の機能である「伝達」という視点からの方言の使用の必要性を指摘している。

もう一つは、

このようなことばの遣いわけを産む要因のうち、たとえば、方言と共通語とは、地域的な広狭の差に基づいて分けられるものである。くだけた言い方とあらたまった言い方、書きことばと話しことば、というのは、それぞれの用いられる場合とか目的とかの違いに基づいて分けたものである。したがって、このいろいろの言い方は、すべてが単一の基準によって分類されたものではない。もし二つの基準を交錯して用いると、もっと複雑な分類が得られる。

すなわち、共通語のうちにも、あるいはくだけた言い方があり、あるいはかしこまった言い方がある。方

言の中にも、それぞれの用途に応じ、くだけた言い方はもちろん、格式ばったあらたまった場合の言い方もある。（中略）

つまり、共通語、方言、くだけた言い方、あらたまった言い方、ていねいな言い方、といういろいろの違った言い方は、それぞれの場、それぞれの目的に応じて適切に使い分けられているかぎり、すべて正しいということができるのであって、場面を取り違え、この使いわけを誤っては、正しいことばの使い方といえないであろう。（一九五～一九六ページ）

とあるとおり、場や目的によってことばの使い分けの必要性を強調し、その観点から方言の使用もあり得ることを認めている。この二つめの指摘について、弓予姿子（一九八六）は、「『方言と共通語』の二重言語生活を認めるもの」というとらえ方をしているが、筆者は、方言と共通語の差を、児玉忠（二〇〇五）の言う「地域的差異の表れ」から「社会的差異の表れ」を早くから示すものとして評価したいと考えている。つまり、「相手」「内容」「場面」「意図」等の差により、例えば、同じ相手でも、くだけた場では方言を使うのに、改まった場では方言を避けようとしたり、逆に、改まった場ではあるけれども、方言を意識的に使用することで、人間関係の円滑化や親近感の増大を図ったりすることがあり、このような言語使用は、目的や場、意図などに応じた使い分けと考えられる。

教科書の「方言」記述が、多くの場合「地理的差異」としての言語現象としてなされていることに鑑みると、この文部省（一九五四）の指摘は、現在の方言指導にも生かせる観点である。

さらに、同書には、高等学校の学習指導の例として「方言と共通語」（第一学年）が示され、話し合い・調査・報告の学習など、表現指導の題材として方言と共通語が取り上げられている（七二～七六ページ）。特に、調査研

究の内容として、

①　方言と共通語との長所・短所を調べて比較する。

②　郷土の方言を調べて共通語と比較する。

③　共通語を身につける方法をくふうし実践する。

を示している。

最終的に共通語を話せるようになることを目的としている点には違和感はあるが、方言調査を通して学習者の言語生活に踏み込んだ点は、今後の教材開発の視点として評価してもよいであろう。

(3)　昭和三三年版

小学校学習指導要領では「共通語」という語が、「全国に通用することば」という語に変化、表記されている。基本的には昭和二六年版（試案）の考え方を受け継ぎ、「全国に通用することば」の使用を求めている。

例えば、第四学年では、二の末尾に

「全国に通用することばで文章を書いたり、また、話をしたりするように努めること」も望ましい。

とあり、第五学年のB、第六学年のBにも

（5）　全国に通用することばで書くようにすること。

（6）　必要な場合に全国に通用することばで話すこと。

とある。さらに、「第3　指導計画作成および学習指導の方針」には、

小学校の第六学年を終了するまでに、どのような地域においても、全国に通用することばで、一応聞いたり話したりすることができるようにする。

とあるとおりである。ただし、文部省（一九六〇）『小学校国語指導書』では、

第四学年では「全国に通用することばとその土地でしか使われないことばとの違いを理解すること」を指導のねらいとする。そのためには、土地の方言と共通語との対応についての意識を高めることが基礎となる。（四二ページ）

とし、また、共通語使用を求める第五・六学年についても、

児童の言語生活の全面を共通語でしばるのではなく、校内放送や全校児童会などの、いわば改まった、公の場面をはじめとして、相手と時と場に応じて、共通語でも話すことができる能力を身につけさせるということである。（四二ページ）

と述べて、昭和二六年版学習指導要領（試案）で述べた「方言と共通語の使い分け」の考え方をよりいっそう分かりやすく示している。

一方、中学校学習指導要領では、第一学年の「2　内容」において、（Bの(3)）

オ　話しことばと書きことば、共通語と方言などのそれぞれの違いを考えさせる。

と示されており、共通語使用を従前の学習指導要領ほど強くは求めていない。これについて文部省（一九六〇）『中学校国語指導書』では、

実際の談話なり、文章なりに現れたそれぞれの表現価値や、どういう話の場や文脈に用いられるかなどということについて考えさせる。（五〇ページ）

として、初めて「表現価値」に触れている点が特筆される。すなわち、小学校での「方言と共通語との対応や使い分け」の学習の上に、中学校では、方言や共通語の使用意図や使用効果にまで迫ることを示唆しているのである。

なお、具体的な指導のヒントとして、

その地方の方言調査、ことばのなまりの調査、人々の言語に対する意識や関心の程度、好ましいまたは好ましくない言語の習慣などの調査をすることは、国語の指導の生きた課題であり、言語生活の向上と言語への関心をもたせるのに役立つであろう。（六四ページ）

と述べ、方言が学習者の言語生活の中での生きた言語としての位置を占めることを示唆し、学習活動としての調査活動を示している。

(4)　昭和四三（小学校）・四四（中学校）年版

小学校学習指導要領では、第四学年の2の「A　聞くこと、話すこと」に、

ウ　共通語と方言とでは違いがあることを理解し、また、必要な場合には共通語で話すようにすること。

とあるように、昭和三三年版中学校学習指導要領に示されていた共通語と方言との「違い」について小学校でも意識させることを示している。また、中学校学習指導要領では、第一学年の2の「D　ことばに関する事項」に、

オ　話しことばと書きことばとの関係、共通語と方言との関係など。

とある。また、第3の2に、

共通語については、適切に話すことができるようにすること。

とあり、「違い」が「関係」と変化している。

これらについて、文部省（一九七三）『小学校指導書国語編』では、

土地の方言と共通語との対応についての意識を高めることが基礎となる。（中略）しかし、方言には方言としての長所もあることを、合わせて指導することも大切となる。（二九〜三〇ページ）

と述べ、「方言と共通語との対応関係」とともに、初めて「方言としての長所」という文言を示した。

また、文部省（一九七〇）『中学校指導書国語編』では、

共通語というのは、全国に広く共通するものとして使われる言語のことであって、それと、方言という地域性の強いものとが、どのように違うか、どのように使い分けられるかを考えるのである。国語科の教育は、全体として共通語によるのであるが、ここでは方言の矯正を主とするのではない。むしろ、共通語の必要性と同時に、方言の存在する意味を理解させることがたいせつであろう。

と述べて、「方言の存在する意味」という文言を初めて示した。小学校、中学校ともに、昭和三三年版学習指導要領の「表現価値」や「使い分け」から一歩進んで、方言そのものの「長所」や「存在意義」に言及したことは、一九九〇年以降の国語審議会報告（方言尊重、共通語と方言の共存）に先立つものとして、教育界が先行したものと受け止めることができる。

ここに至って、国語教育界で長く続いていた「共通語（標準語）獲得の教育」「方言矯正の教育」は、消滅したということになる。

(5)　昭和五二年版

小学校学習指導要領及び指導書は昭和四三年版を引き継ぎ「方言としての長所」「公の場における共通語の使用」を求めている。中学校学習指導要領及び指導書も同様で、「共通語と方言の違い」「共通語と方言の使い分け」「方言の存在する意味」の学習を求めている。

なお、この期の学習指導要領に関連して、特筆すべき資料として、文部省（一九八〇）『中学校国語指導資料第二集　言語事項の学習指導』があげられる。その発刊は、昭和五二年版学習指導要領に新設された〔言語事項〕の周知を意図したものと受け取れるが、その中に共通語と方言に関する次のような記述がある。

> 観点を通用範囲に置くと、「共通語・方言」という語彙的対立が考えられる。共通語と方言とが、今もなお価値の高低という感覚で意識されるきらいが残っている点については、正しい理解が得られるように指導する必要がある。大切なのはむしろ地域社会における対人的伝達には方言ほど有効なものはなく、地域性を離れた知的認識には共通語ほど有効なものはないという機能上の把握とともに、その文化的意義をも理解させることが望ましい。方言は、地域社会の生活感情を豊富にかかえこんだ語彙である。と同時に、地域感情を捨て去らなければならない場面もあることは、正しく理解されなければならない。（中略）共通語と方言とに関する語彙的自覚は、方言で生き生きと伝達し、共通語でしっかり認識するという、理想的な二重言語生活の基盤となるものである。（八五～八六ページ）

ここに示されている「共通語と方言に対する見方」は、「地域差」「語彙的相違」であり、かなり一面的な見方と言わざるを得ない。なぜなら、両者の違いは単に「地域的な差異」のみではなく、前述した「社会的な差異」

が存在するし、「語彙的差異」のみでなく、「音声的差異」「文法的差異」も存在する。ここで、「語彙的差異」を取り上げたのは、言葉のもつ「伝達機能」と「地域感情」とが顕在化するのが、語彙的側面であるという考えからであろう。

ただ、「二重言語生活」という文言が示すように、私たちの実質的な「言語生活」を国語教育でも追認した点で、評価できるものと考える。

(6)　平成元年版

中学校学習指導要領の第二学年〔言語事項〕において、

カ　共通語と方言の果たす役割などについて理解すること。

と、「果たす役割」という文言を初めて提示した。この文言が出現した背景について、文部省（一九九〇）『中学校指導書　国語編』では、

共通語とは、地域を越えて通じる言葉であり、方言とは、ある地域に限って使用される言葉である。通信・報道機関などの発達の影響で方言が変化する傾向が見受けられる現在、方言の存在する意味を改めて理解させる必要がある。そうして、方言が担っている役割を理解させ、方言を尊重する気持ちをもたせるようにする。

方言は、人が生まれて最初に触れる言葉である。その人の生まれ育った土地の言葉である。そこで方言との関係において共通語の存在意義を理解させるようにしたい。日常の言語生活では、社会的、公的な場では

共通語を使い、私的な親しい間柄では方言を使う、というように適切に使い分け、うるおいのある豊かな言語生活が営めるように心掛けさせたいものである。

と述べている。通信等の発達による共通語の広がりとは逆に、方言の衰退が見られることに鑑み、「方言尊重」の時代に入ったことを示す記述である。ただし、「共通語、方言が果たす役割」については、記述がない。

一方、共通語と方言との使い分けを「社会的、公的」「私的な親しい間柄」というふうに、方言の「社会的差異」を具体化した点が注目される。

(7)　平成一〇年版

中学校学習指導要領では、第二学年及び第三学年の〔言語事項〕で、

キ　共通語と方言の果たす役割などについて理解するとともに、敬語についての理解を深め生活の中で適切に使える（以下略）

とあり、平成元年版を引き継いでいる。文部省（一九九八）『中学校学習指導要領解説　国語編』では、

共通語は、地域を越えて通じる言葉であり、方言は、ある地域に限って使用される言葉である。共通語を適切に使う能力は、現代社会のように情報化の進んだ社会では、相互の理解を進めるためには不可欠な能力である。また、公的な場での自己表現力を育成する立場からも、共通語を使いこなせるようにすることが重要である。

一方、方言は、生まれ育った地域の風土や文化とともに歴史的・社会的な伝統に裏付けられた言語である。その表現の豊かさと魅力は、情報化社会であるがゆえに、一層価値を高くしているとも言える。方言が担っている役割を十分理解させ、方言を尊重する気持ちをもたせるようにしながら、共通語と方言とを場に応じて使い分けられるように指導することが大切である。

と述べ、特に、方言の価値を「表現の豊かさと魅力」としている。これは、情報化社会の進展に伴う共通語の広がりの中の方言の希少価値という視点であり、「方言尊重」の考え方がよりいっそう強くなっている。

(8)　平成二〇年版

小学校学習指導要領で、従来〔言語事項〕にあった共通語・方言の記述が、第五学年及び第六学年の「A　話すこと・聞くこと」に移動し、

ウ　共通語と方言との違いを理解し、また、必要に応じて共通語で話すこと。

と示された。これについて、文部科学省（二〇〇八）『小学校学習指導要領解説　国語編』では、

従前は〔言語事項〕に示していたが、話すこと・聞くことの実際の場面における重要性を考えて、「A話すこと・聞くこと」に位置付けた。共通語と方言とを比較、対照させながら違いを理解し、それぞれの特質とよさを知り、共通語を用いることが必要な場合を判断しながら話すことができるように指導することが大切である。

と述べ、実際の言語生活における共通語・方言の学習を示唆している。

中学校学習指導要領は平成一〇年版を引き継いでいる。

(8)　学習指導要領における共通語・方言の扱いについての整理

以上のように、学習指導要領における共通語・方言の扱いは大きな変化をしてきた。以下のように整理できよう。

①　「共通語（標準語）教育」「方言矯正」の指導から、「共通語と方言との使い分け（二重言語生活）」を経て、「方言尊重」の指導へ。

②　「共通語と方言の違い」等の知識の指導から、実際の言語生活での場面に応じた「使い分け」の指導へ。

③　方言のとらえ方として、単なる「地理的な差異」であるというとらえ方から、「社会的な差異」もあるというとらえ方へ。

なお、右記①について補足する。私たちの実際の言語生活は、そのほとんどが方言であり、共通語使用の場面はむしろ稀である。また、田中ゆかり（二〇一一）が指摘するように、現代は「方言コスプレ」「方言おもちゃ化」の時代である。方言を絶滅危惧種扱いして尊重するような態度から、マスコミや若者の言語生活、果ては方言土産に至るまで、方言の価値を「楽しい」「かっこいい」とする時代――「方言を楽しむ」時代――である。

残念ながら、学習指導要領は、そこまでなかなか踏み込んだ記述には至らないが、今後の教材開発の視点として、ぜひ大事にしたいものである。

四　戦後中学校国語教科書における「方言と共通語」教材に関する史的展開

教科書は、当然のことながら学習指導要領改訂の影響を大きく受ける。そこで、左記の如く、改訂された学習指導要領が全面実施された期間を手がかりとして、各期間の「方言と共通語」教材の特徴を探ってみる。（以下、傍線著者）

(1)　戦後～昭和三六年

この期は、昭和二二・二六年版学習指導要領（試案）のもとに、多くの教科書会社が教科書を出版している。特徴として次のようなことが指摘できる。

①「方言と標準語（共通語）」のような教材名で、「標準語（共通語）を使用することの重要性・必要性を述べる説明的文章教材」が多い。ただし、標準語（共通語）の重要性の強調度合いには差があり、また、方言に対する態度にも差がある。特に、方言について、学習指導要領では「使わない」「避ける」という態度がみられるのに対し、教科書では、次のような記述が見られる。（以下、【　】内では、該当の教科書の発行年、発行会社、教科書番号、教材名、教材筆者――署名がある場合――を示す。）

【昭和二七年、光村857「方言と標準語（二）　標準語について」】

■方言や特別なことばを使う方が、お互いの理解がこまかく深く行われて、かえって便利な場合が多いでしょう。

【昭和二七年、二葉746「方言と標準語」】

■みなさんの方言――お国ことば――いなかのことば――も決してすててしまいなさいというのではありません。みなさんが、みなさんの土地の人たちと話をするときには、遠慮なく方言を使って話をしてもかまいません。

表１　「共通語」と「標準語」との関係記述

27	28	29	30	31	32	33	34	35	36……	41……	44（年）
	A	A	A	A						A	
B		B	B				B	B			
			C		C	C	C		C	C	C
		D			D		D	D	D	D	D

A：「標準語」という用語のみで記述
B：「標準語」＝「共通語」という概念で記述
C：「共通語」→「標準語」という概念で記述
D：「共通語」という用語のみで記述

【昭和二九年、開隆堂7―719「共通語と地方語」】
■方言は悪いことばでもいやしいことばでもありません。

これらの教科書記述は、すでに共通語と方言との二重言語生活を認めるものであり、さらには、方言を単なる「地理的な差異」という視点だけでとらえるのではなく、言葉の伝達機能を重視した「相手」「内容」「場面」に応じた使用を認めるものであると考えられる。

②　標準語と共通語の定義について区別が曖昧な教材があり、教材名との食い違いを見せる教材もある。表1は、この期も含めた昭和四四年発行までの単元・教材で、教材名に「共通語」「標準語」「方言」を含む読み物教材（コラム教材を除く）における「共通語」と「標準語」との関係を示したものである。このうち、BとCについて詳述する。

Bは例えば次のような記述である。

【昭和三四年、二葉7―749「方言と標準語」】
■わたくしたちの生活には、書くことばだけでなく、話すことばにも、日本人ならだれにも通じることばがなければならない。
■そこで、標準語というものができたわけである。
■日本でいう標準語というのは、共通語といってもよい。
■標準語は、だいたいこの東京語をもとにして成り立ったことばだが東京語そのものではない。つまり、どこの方言というような特徴を持っていないものである。

Cは例えば次のような記述である。

【昭和三四年、日本書籍8―897「方言と標準語」（高藤武馬）】

■共通語が必要になってくるわけです。

■現在、共通語として認められているのは、東京の教養のある中流家庭で使われていることばということになっています。

■この東京語に基づく共通語に、さらにみがきをかけて、より美しく、より合理的なものにしたのが標準語です。

■すなわち、標準語というのは、共通語からさらに精選されたものでなければなりません。

③　東条操、藤原与一、柴田武、金田一春彦、岩淵悦太郎、柳田国男らの方言学者、国語学者、民俗学者の執筆が多い。特に柳田国男執筆の教材が目につき、例えば、【昭和二五年　東京書籍713「あいさつのことば」】【昭和二六年　日本書籍730「ことばの地理」】【昭和二五年　教育図書910「國語の成長」】【昭和二六年　中教出版822「毎日の言葉」】などである。

【昭和二六年　日本書籍730「ことばの地理」】は、「赤とんぼ」の方言を材料に、柳田が「方言周圏論」を論じる本格的な説明文であり、方言と古語との関係にも迫る興味深いものである。「方言と共通語」教材における方言の記述は、往々にして、共時的に地理的な差異を比較する展開が多いが、柳田の本教材は、方言の成立に関わって、共時的な現象（方言の「地理的な差異」）を通時的な観点から説き明かしている点で、今後の「方言と共通語」教材の開発の視点を与えるものといえる。

④　方言・標準語・共通語を話し言葉だけの問題とせず、書き言葉にもその区別を言及する教材がある。

【昭和三〇年、二葉7―749「方言と標準語」】
■わたくしたちの生活には、書くことばだけでなく、話すことばにも、日本人ならだれにも通じることばがなければならない。

⑤　方言を「古語の残存」の観点から論じた教材がある。例えば、

【昭和三〇年、大修館8―833「方言と共通語（一）方言を調べる」（藤原与一）】
■たずね求めたものを、だんだんに比べてまとめると、国語の古い姿がわかってきます／昔から「古語は方言に残る。」と言われてきました。
■国ことば・里ことばの、地方地方で違っている一大絵図は、私たちの国語の歴史を横写しにしたものです。

【昭和三一年、中教出版9―966「方言と標準語」（藤原与一）】
■古語を明らかにしたり、語原を知ったり、国語の変遷や歴史を知るために、方言の研究も行われるのである。

などである。これらの教材は、日常生活語である方言が、日本語の歴史の中に位置付けることが可能な言語であるという、学習者の言語認識をゆさぶるものとしての意義が認められる。

(2)　昭和三七年～昭和四六年

この期は、昭和三三年改訂の学習指導要領に基づく。特徴として次のようなことが指摘できる。

①　中学校学習指導要領において共通語・方言それぞれの「表現価値」や「文脈」について触れたことから、特に方言について、

・親しみ深い言葉
・地方の生活から作り上げられた、その地方に最もふさわしい便利な言葉

・家族や親友とは、自分の気持ちにぴったりの言葉で話したいなど、方言のよさ、長所を指摘する記述が見られる。

【昭和四一年、筑摩書房8020「方言と共通語」（柴田武）】

■方言には、共通語でどうしても言い替えられないことばが出てきます。

■家族や親友とは、自分の気持ちにぴったりのことばで話したいものです。

■それには方言を使うよりほかありません。

【昭和四四年、東京書籍9031「方言の話」（柴田武）】

■一概に方言が悪いことばだという理屈はありません。

■方言のほうが全般に、事がらの細かい感じをよく区別して出している。

■もし、事がらの細かい区別をするのがいいことばだと考えると、方言は悪いことばどころか、いいことばということになる。

② 共通語と方言の使用について、学習者にその「使い分け」を意識させる記述が見られる。それは、具体的には「使われる目的が違うことを知る」「場面により使い分ける」などという記述になる。

【昭和四一年、筑摩書房8020「方言と共通語」（柴田武）】

■ただ、それは、家族や地域社会などの場面に限り、よその地域社会と話すときは、共通語を使うことが必要なのです。

■方言と共通語の両方を、場面で使い分けるのです。

(3)　昭和四七年〜昭和五五年

この期は、昭和四三年（小学校）、昭和四四年（中学校）改訂の学習指導要領に基づいている。特徴として次のようなことが指摘できる。

①　(2)に示した時期（昭和三七年～昭和四六年）が「共通語と方言のそれぞれの違い」を意識したのに対し、「共通語と方言との関係」に重点を置くようになった。中学校学習指導要領指導書ではそれを「どのように使い分けられるかを考える」と示している。

②　中学校国語教科書の発行会社が六社に減り、教材もより安定化の方向に進む。すなわち、方言と共通語に関する説明的文章とコラム教材に大別されるのである。

③　コラム教材では「くつろいだ場合には、方言を用い、改まった場面、よそゆきの場面では共通語を用いるという、ことばの使い分けをする時期が、今後も長く続くと思われる。」というふうな、方言を「地理的な差異」としてとらえる見方から、「社会的な差異」としてとらえる見方の記述が見られる。

④　この期で特筆されるのは、「砂糖の味をどう表現するか」という教材であった。方言学者・徳川宗賢によるものである。

本教材の優れた点は次の如くである。

ア　方言発生の原因を一つに限定せず、いくつかの可能性を示したこと。

イ　方言周圏論に基づく方言発生の事例を二種類提示し、説得力を高めていること。

ウ　言葉の変化が食生活や食文化の変化と関連していることを推理したこと。

などがあげられる。コラム教材で簡単に知識・理解を与えようとする教材が多い中、方言を題材に取り上げ、「方言の発生」や「生活と方言とが密接な関係にあること」を、通時的に述べた興味ある教材である。

(4)　昭和五六年～平成四年

この期は、昭和五二年改訂の学習指導要領に基づいている。教科書会社は五社になった。特徴として次のようなことが指摘できる。

①　世の中に方言尊重の傾向が高まる中、それへの警鐘を鳴らす教材が示された。

【昭和五六年、学校図書704「方言と共通語」（加藤正信）】

■現代は、テレビの普及、交通の発達、移住などにより、全国どこにでも共通語が浸透し、方言が消えつつあるようです。

■ひと昔前は、方言に劣等感をもつこともありましたが、今はそんなこともすくなくなり、かえって、郷土の文化財として大切にされる風潮さえあります。

■ただ、消滅しそうだから保護するとか、珍しいから注目するとかいう、消極的な理由だけからすると、方言が正当に評価されていることになりません。

■方言には、中央で滅びてしまった、由緒正しい古典語の残っていることも魅力のひとつです。

■けれども方言の本当の価値は、土地の人どうしが、くつろいだ場で、お互いの気持ちをしっくりと通じ合えるところにあります。

②　コラム教材が続く中、「方言の息づかい」（川崎洋）という随筆教材が示された。

この教材は、「思いやりの深さを表す方言」「より細かい程度を表すことのできる方言」を取り上げ、方言の豊かな表現力を感得させようとする教材であると考えられる。学習指導要領で「方言の存在する意味を理解させる」ことの大切さを指摘しているが、それに応じた教材と考えられる。そして、これ以後、方言のもつ情緒的な面に注目した随筆等が教材として増えてくることになる。

(5)　平成五年〜平成一三年

この期は、平成元年改訂の学習指導要領に基づく。特徴として次のようなことが指摘できる。

①　コラム教材が相変わらず続く中、「方言のクッション」（俵万智）が示された。
　この教材は、大阪弁や福井弁を取り上げ、その表現の豊かさに言及したものである。これは中学校学習指導要領解説が説明する「方言が担っている役割を理解させ、方言を尊重する気持ちをもたせる」にふさわしい教材であった。教材中でも筆者自身が大阪弁や福井弁を自慢している一節があり、会話のクッションになる方言のよさを述べている。

②　コラム教材の中で、大橋勝男執筆による「方言と共通語」が示された。この教材には「ジャン言葉」が取り上げられている。「新方言」が教材文に示された最初の例ではなかろうか。
「新方言」は、井上史雄（一九八五）の提示した概念で、今でも、学習者の生活の中で起こっている「言語変化」である。「新方言」認定の条件は、
ア　若い世代に向けて使用者が増えている。
イ　共通語としては認められない語形である。
ウ　使用者自身も方言扱いをしている。
の三つである。
　この「新方言」は、「変化しつつある言葉の生態」としてとらえる視点、特に若い世代が、その発生や拡大に関与しているという視点から、注目される概念である。

【平成五年、学校図書802「方言と共通語」（大橋勝男）】
■　「そうジャン。」（そうではないのですか？・そうでしょう？）
皆さんの中には、仲間うちの言葉として、このジャン言葉を、きっと、軽やかに気分よく使っている人がいるだろう。しかし、これは、昭和四十年ごろ、わたしが関東の言葉調べに歩いていたころは、主として神奈川県の

村や町でさかんに使われていた方言にすぎなかった。

③　さらに「地方共通語」という用語も提出されている。この用語は、柴田武（一九八五）が提案したものである。(3)

■「共通語」も、本来は特定方言を基盤としつつ、さまざまな地方の人々の間での暮らしの必要に合わせて、通じにくい部分を押さえ、通じる部分を生かし、共通度を高めてきたものである。したがって、その地方の広がり度合いに応じてそれは諸種の段階のものがあり得ることになる。そのおのおのは、「地方共通語」という。その広がりの最も高まったものが「全国共通語」である。一般には、これを「共通語」と略称している。これが一種の標準語的な性格のものとして機能している。

【平成五年、学校図書802「方言と共通語」（大橋勝男）】

(6)　平成一四年～平成二三年

この期は、平成一〇年改訂の学習指導要領に基づく。特徴として次のようなことが指摘できる。

①　コラム教材は相変わらず続くが、少し変化も見られる。例えば「『こわいご飯』はおそろしい」では、方言地図を示しながら一通りの解説をしたあと、「やってみよう」というページで、自分の住んでいる地域の方言の「単語」「言い方」「アクセント」を調べさせる課題、「恐ろしい」の全国方言地図から「気がついた」ことを話し合わせる課題、ことばの違いが生まれる理由を考える課題、「わたしたちの方言集」を作るなど、学習者自身の言語生活の中にある方言を意識させる学習へと導いている。

②　随筆教材「雪やこんこ、あられやこんこ」（佐々木瑞枝）では、留学生の「方言への興味」のあと、「研究報告書を作ろう」という表現単元の題材の一つに方言を取り上げる。

これらの背景には、方言研究の進展が大きく寄与していることが考えられる。すなわち、様々な観点からの方言地図の作成や、各地の方言調査から導かれる方言の特性等の成果が中学校の学習者に使いやすいように加工され、示すことができるようになったわけで、授業者としては、そのような資料を収集し活用する努力が肝要になる。

五　今後の「方言と共通語」教材開発の視点

戦後の中学校国語科教科書における「方言と共通語」教材を史的に概観し、そこから得た知見をもとに、今後の教材開発に生かせる視点として次の五点を指摘する。

(1)「地理的な差異」としての方言観から「社会的な差異」としての方言観に基づく教材開発

方言が「地理的な差異の表れ」として認識されるのは当然のことである。その結果として、アクセントや語彙の異なりなどが、知識獲得の授業として展開されることにより、「方言と共通語」教材は、多くがコラム教材として掲載されることとなった。「方言と共通語」教材は、学習者の言語生活の再認識の立場から、「社会的な差異の表れ」の観点からも認識し、特に方言が話される「場面」「相手との関係」「話す側の意図」「方言を話すことの効果と問題点」などの視点から、作成される必要がある。方言研究を含む社会言語学における「言語行動」の研究成果が活用できれば、単に「地理的な差異の表れ」としての方言から「社会的な差異の表れ」としての方言へ、教材のための題材選択の幅が広がることが期待される。

(2)「新方言」「ネオ方言」などと呼ばれる新しい方言概念の活用による教材開発

渋谷孝（二〇〇七）は、「方言と共通語」教材作りについて、次のような提案をしている。

これからの方言の教材づくりは、従来のように方言の使用の際の心得についての解説である必要はない。

言語の特徴を考える際の一つとしての、言語論の一つとしての「方言知識」でよいのだと考える。あるいは井上史雄氏の『変わる方言動く標準語』（二〇〇七ちくま新書）などの新しい観点や調査方法、新見解なども新しい方言教材づくりの手がかりになるかもしれない。

言語論の一つとして教材開発を進めるとき、「方言と共通語」教材では、学習者の言語生活にある題材でありたい。新方言は、その条件を満たし、変化しつつある言語現象である。言語の変化を実感できる題材とも言える。

(3)　全国版である教科書の限界を突破する地域版の「方言と共通語」教材の開発

教科書は、日本全国どこでも使用可能である。逆にそのことが、「方言と共通語」教材の限界にもなる。佐藤高司（二〇〇七）（二〇一〇）は、群馬県の方言を題材に教材を開発し、例えば「見よう」を学習者の日常生活の中ではどのように言うかを問うている。また、相手が異なる場合はどう言うかなど、「社会的な差異の違い」にも配慮のある教材である。米田猛・宮崎理恵（二〇一四）では、富山県方言を活用した看板やポスターを題材に、共通語との比較検討を通して、方言の効果や存在意義を考える学習を展開した。学習者の日常語が方言であるという事実に、学習者自身が気付いていないという授業後の学習者の感想は、地域版の「方言と共通語」教材の必要性を語っている。

(4)　方言や共通語の知識を理解する受信型学習から、学習者の実際の言語生活を認識させる調査活動や表現活動による発信型学習に耐えうる教材開発

表現指導の題材としての「方言」の扱いは、早くからある。文部省（一九五四）『中学校高等学校学習指導法国語科編』では、話し合い・調査報告の題材として使用されている。その後、「方言」を題材とした表現指導は

散見されるが、多くが自分たちの使用する方言調査やアンケートによる調査など、共時的な方言のとらえ方である。

奈良県国語教育研究協議会（二〇〇四）では、学習者の日常生活で使用する方言について調査させ、その結果を説明するという学習活動を行った。育成すべき能力としては「説明能力」を意図しているが、題材が「学習者の日常生活の中の方言」であったことが、題材の抵抗感を減らし、また、方言に対する新たな認識を育成することにつながっている。

中には、古語の残存と思われる方言が散見され、共時的な観点から通時的な観点で、日本語を観察することができている。これは、方言を「伝統的な言語文化」としてとらえる視点で、方言が私たちの言語生活の日常語としてとらえる視点とは、異なるものである。

かつて【昭和三〇年、大修館8―833「方言を調べる」（藤原与一）】では、方言調査の手法や実際の「方言採集手帳」を示すなどの教材を提出したが、学習者に示す学習方法として参考になるものである。

(5)　方言尊重から方言を楽しむことのできる教材開発

方言に対する社会の態度の変化は、かつての「方言矯正」から「方言尊重」を経て「方言を楽しむ」時代になってきたことは、前述の田中ゆかり（二〇一一）などで指摘されている。各地の土産物や店舗名、施設名などにも、方言をもじってつけたものが多く見受けられる。これらの現象は、方言を保存・尊重するというよりは、積極的に方言のもつ感覚や雰囲気を活用して、親しみや楽しさを感じさせるものとなっている。

佐藤亮一（二〇〇二）は、「お国ことばで聞く桃太郎」（付録CD）を提示して、方言のもつ多様性を音声により提示した。

また、各地で方言イベント（例えば、NHK富山放送局は「富山弁で語るシンデレラ」を開催した）が開催されている。

浜本純逸（二〇〇五）は、全国の大学生が方言で書いた詩を提示し、その表現の豊かさを指摘している。同書の序文で、詩人の島田陽子は「各年代の教育の場で方言詩をとり入れる必要があるのではないだろうか。」とその効果を支持し、「詩を日常のことばで書いていいと知ったとき、彼ら（著者注―子どもたち）は生き生きと表現してくれる。」と述べている。米田猛・宮崎理恵（二〇一四）では、実際にその効果を確かめている。指導者には、このような教材開発に資する情報の収集が求められる。

※　六八〜七一ページの表2は、昭和二四〜平成二三年発行の中学校国語科教科書における「方言と共通語」教材を整理したものである。

一　本表は、国立教育政策研究所附属教育図書館・（財）教科書研究センター共編『中学校国語教科書内容索引――昭和二四〜六一年度――』を基礎資料に、可能な限り教科書原本に当たり作成したものである。

二　表中、斜線は「方言と共通語」教材（コラム教材も含む）が当該教科書にないことを表す。また、（未見）は、教科書原本の未見を表す。

三　ＡＢＣ……等のアルファベット記号は、一に示した資料に示されているそれと一致している。なお、昭和六二年度以降の教科書については、資料に付された記号に準じて、筆者が付した。

注

（1）　石黒魯平（一九二九）では、「通用の広い言語」と「内には地方色を脱した中世の言語、外には偉容を整へる正則の言語」という視点で、前者は共通語、後者は標準語と呼ぶのがよいとしている。（三〇〇ページ）

（2）遠藤熊吉（一九六九）は、「標準語は言はゞ一の理想語、抽象語として吾等民族の軌範たるべきものである。従て、民族が之を、共通普遍に使用する意味に於て、共通語と呼べば一層よくその機能を示すことになるであらう。」と述べる。（一三五ページ）

（3）柴田武（一九五八）では、方言と全国共通語の間に存在する、各地各様の共通語のこととされている。（三六～四二ページ）

文献

石黒魯平（一九二九）『国語教育の基礎としての言語学』明治図書

井上史雄（一九八五）『新しい日本語――《新方言》の分布と変化――』明治書院

今村かほる（二〇〇四）「学習指導要領と小学校教科書に見る方言と共通語⑴――昭和22年版（試案）から昭和26年版改訂版まで――」『弘学大語文』三〇

今村かほる（二〇〇五）「学習指導要領と小学校教科書に見る方言と共通語⑵――昭和33年版――」『弘学大語文』三一

今村かほる（二〇〇八）「学習指導要領と小学校教科書⑶――昭和43年版――」『弘学大語文』三四

遠藤熊吉（一九六九）『言語教育の理論及び實際』井上敏夫他編（一九七五）『近代国語教育論大系　10　昭和期Ⅰ』所収、光村図書

国立国語研究所（一九五一）『言語生活の実態』秀英出版

児玉忠（二〇〇五）「方言観の刷新による新しい方言学習の構想――「地理的差異の表れ」としての方言から「社会的差異の表れ」としての方言へ――」『月刊国語教育研究』三九三　日本国語教育学会

小林隆・篠崎晃一（二〇〇三）『ガイドブック　方言研究』ひつじ書房

米田猛・宮崎理恵（二〇一四）「中学校国語科における言語単元の開発――「方言」を扱う単元の場合――」『富山大学人間発達科学研究実践総合センター紀要教育実践研究』第八号

佐藤髙司（二〇〇七）「自校独自教材『方言と共通語』作成のすすめ――群馬県内全小学校・国語部会の先生方への提案――」『共愛学園前橋国際大学論集』第七号

佐藤髙司（二〇一〇）「各都道府県版『方言と共通語』教材開発・作成のすすめ――方言研究の国語教育への貢献として――」『共愛学園前橋国際大学論集』第一〇号

佐藤亮一（二〇〇二）『お国ことばを知る　方言の地図帳』小学館
柴田武（一九五八）『日本の方言』（岩波書店）
渋谷孝（二〇〇七）「方言による『村起こし』と蒸気機関車に乗る『イベント』」『教育科学国語教育』No.六八六　明治図書
田中ゆかり（二〇一一）『「方言コスプレ」の時代　ニセ関西弁から龍馬語まで』岩波書店
奈良県国語教育研究協議会（二〇〇四）『表現指導　音声言語授業分析研究(3)――説明能力育成指導の研究――　単元「御杖村の方言探検（中学）」』
浜本純逸（二〇〇五）『現代若者方言詩集――けっぱれ、ちゅら日本語』大修館書店
安田敏朗（一九九九）『〈国語〉と〈方言〉のあいだ　言語構築の政治学』人文書院
弓予姿子（一九九六）「戦後中学校国語教科書における言語教材の研究――方言・共通語・標準語教材について――」『横浜国大国語教育研究』五

53	54	55	56	57	58	59	60	61	62	63	1	2	3	4	5	6	7	8	9	10	11	12	13	14	15	16	17	18	19	20	21	22	23
J 817 方言・共通語・標準語（高藤武馬）																																	
J 714 方言と共通語（コラム）			K 801 方言の息づかい（川崎洋）			L			M			N			O 801 共通語と方言（コラム）				P 706 方言のクッション（俵万智） 806 共通語と方言（コラム）					Q 701 方言のクッション（俵万智） 801 共通語と方言（コラム）				R 706 方言のクッション（俵万智） 806 方言と共通語（コラム）					
P 913 毎日の言葉（柳田国男）			Q 802 共通語と方言（コラム）			R 807 共通語と方言（コラム）			S 812 さまざまな言葉の姿－地域による言葉の違い（コラム）			T 817 言葉の姿－地域による言葉の違い（コラム）			U 802 方言と共通語（大橋勝男）（コラム）				V 方言と共通語（大橋勝男）（コラム）					W 802 方言と共通語（大橋勝男）（コラム）				X 807 方言と共通語（大橋勝男）（コラム）					

表2　戦後中学校国語科教科書における「方言と共通語」教材の変遷（昭和24年〜平成23年）

	24	25	26	27	28	29	30	31	32	33	34	35	36	37	38	39	40	41	42	43	44	45	46	47	48	49	50	51	52
1 日書			A A　730 ことばの地理 赤とんぼ（柳田国男） 923 国語の諸問題 （谷川徹三）	B B 739 ことばの地理 赤とんぼ（柳田国男） 936 国語の諸問題 （谷川徹三）		C 8-809 方言と標準語（高藤武馬）								E 8006 方言と標準語（高藤武馬）				F 8021 方言・共通語・標準語 （高藤武馬） 「火にあたる」と「日にあたる」 （金田一春彦）			G 8034 方言・共通語・標準語 （高藤武馬） 「火にあたる」と「日にあたる」 （金田一春彦）			H 802 方言・共通語・標準語 （高藤武馬）			I 811 方言・共通語・標準語 （高藤武馬）		
											D　8-897 方言と標準語 （高藤武馬）																		
2 東書		A A 713 土地とことば あいさつのことば（柳田国男） 野鳥の名（中西悟堂）							C 9-970 方言と共通語 （岩淵悦太郎）			D A-909 方言と共通語（岩淵悦太郎）		E 9014 方言の話 （柴田武）				F 9025 方言の話（柴田武）			G 9031 方言の話（柴田武）			H 704 方言と共通語（コラム）			H 704 方言と共通語（コラム）		
				B　748 あいさつのことば（柳田国男） 792 あいさつのことば（柳田国男） 989 これからの国語（柳田国男） 日本語の特色																									
3 大書														A　7017 方言と共通語（コラム）				B（未見）											
4 大日本														AB A　7001 方言と共通語（柴田武） B　8012 共通語と方言 敬一君の約束（柴田武） 東西のことば（藤原与一）															
5 中教		A　822 毎日の言葉						D　8-862 毎日のことば （柳田国男） 9-966 方言と標準語 【ことばの研究】																					
				B　749 言葉の旅 （塩田紀和） 844 毎日の言葉 （柳田国男）							E E　8-894 毎日のことば （柳田国男） 津軽のことばで（今　官一） 集団のことば（柴田武）																		
				C																									
6 教図		A　910 國語の成長 （柳田国男）						E　7-753 標準語と方言 （金田一春彦）																					
				B　948 国語の成長（柳田国男）						F　9-987 方言と標準語																			
				C　752 その場に合わせて（藤原与一） これからの国語生活						G（未見）																			
					D　780 標準語と方言 （金田一春彦）																								
7 実教						A A　8-820 ことばのひろがり方 （藤原与一） 9-923 ことばの旅（塩田紀和） 9-923 買い物ことば（柳田国男）		B　8-852 ことばの広がり方 （藤原与一） B　9-954 ことばの旅（塩田紀和） 9-954 買い物ことば（柳田国男）																					
9 開隆堂					A	B								E　7013 地方語と共通語（上甲幹一）															
						C　7-719 共通語と地方語																							
											D D　A-706 地方語と共通語 8-898 山の背比べ（柳田国男）																		
11 学図		B 743 共通語	A	B	D D 783 共通語	F　9-913 方言と標準語								K　8002 方言と共通語				L　7018 方言と共通語			M　7028 方言と共通語			N　701 共通語と方言			O　708 共通語と方言		
				C		G																							
					E（未見）		H H 8-836 方言と共通語		I 8-864 方言と共通語																				
												J J A-805 方言と共通語																	
12 二葉		A		B B 746 方言と標準語 (1) 東ことばと西ことば (2) 方言 (3) 標準語	D　776 東ことばと西ことば （編者） 方言「ことばとうたとものがたり」 標準語（編者）						F　A-801 わかりよいことば （藤原与一）																		
				C C 方言と標準語 (1) 東ことばと西ことば (2) 方言 (3) 標準語			E　7-749 書くことばと話すことば （藤原与一） 方言と標準語 ことわざの話 （柳田国男）																						

53	54	55	56	57	58	59	60	61	62	63	1	2	3	4	5	6	7	8	9	10	11	12	13	14	15	16	17	18	19	20	21	22	23
P 918クシャミのこと（柳田国男）			Q 903 ことばの研究①（コラム）			R 908 ことばの研究①（コラム）			S 813 話しことばと書きことば（コラム）			T 818 話しことばと書きことば（コラム）			U 803 話しことばと書きことば　方言と共通語（コラム）				V 808 話しことばと書きことば　アクセント・イントネーション・プロミネンス　方言と共通語（コラム）					W 803「こわいご飯」は恐ろしい？ 方言と共通語（コラム）				X 808 方言と共通語（コラム）					
J 816 方言と共通語（コラム）			K 704 方言と共通語（加藤正信）			L 709 方言と共通語（加藤正信） 【表現】方言の研究			M 814【表現】郷土をみつめて－「でご」という方言（松居文枝）			N 919 列島の風土と言葉（中本正智）			O 804 方言と共通語（コラム]）				P 809 方言と共通語（コラム）					Q 804 方言と共通語（コラム）				R 809 方言と共通語（コラム）					
M 715 砂糖の味をどう表現するか（徳川宗賢）			N 705 砂糖の味をどう表現するか（徳川宗賢） 705 方言の息づかい（川崎洋）			O 710 砂糖の味をどう表現するか（徳川宗賢）			P 715 方言と共通語（コラム）			Q 720 方言と共通語（コラム）			R 805 方言と共通語（コラム）				S 810 方言と共通語（コラム）					T 705 雪やこんこ、あられやこんこ（佐々木瑞枝） 705 研究報告書を作ろう－　調べたことを報告書にまとめる 805 方言と共通語（コラム）				U 810 方言と共通語（コラム）					

24 25 26 27 28 29 30 31 32 33 34 35 36 37 38 39 40 41 42 43 44 45 46 47 48 49 50 51 52

13 秀英	A 706 現代の語感 C B D 863 標準語と方言 (1) あいさつのことば（柳田国男） (2) 標準語の育成（白石大二） B 736 現代語の語感 E 7-721 標準語と方言（東条操・金田一春彦） 8-818 毎日のことば（柳田国男） 9-919 日本語の来歴（藤原与一） F 8-861 標準語と方言 (1) あいさつのことば（柳田国男） (2) 東西のことば（藤原与一） (3) 標準語をもりたてよう（白石大二）
15 三省堂	A D 7-739 かまきり I K M N O B 934 故郷のことば E 7-785 ことばの行き違い J L 7027 わが家のことば C 869「かった」と「かりた」（武雄たちの疑問） G F（未見） H
17 教出	A B 9-957 国語の将来（柳田国男） C 9-984 国語の将来（柳田国男） D 7011 方言の研究（生徒作品） H 806 方言と共通語（柴田武） I 812 方言と共通語（柴田武） E F 7024 方言と共通語（コラム） G 7032 方言と共通語（コラム）
22 愛育社	A A 7-729 わたくしたちの国語（藤原与一） 9-926 話しても書いても（藤原与一）
23 修文館	A 896 発音の歴史（藤原与一） 毎日のことば（柳田国男）
38 光村	A C H I J K 805 方言と共通語（コラム） L 809 方言と共通語（コラム） B 857 方言と標準語 (1) 方言について (2) 標準語について D 8-829 方言と標準語 E F G（未見）
49 市ヶ谷	A 734 ことばの旅行（塩田紀和）
50 大修館	A D 8-886 (一) ことばと環境（森末義彰） (二) 方言から標準語へ (三) 発音・アクセント E 8005 方言と共通語（野元菊雄） B 758 話しことばと書きことば 851 図書館の利用 (2) 方言を調べに 851 標準語と方言 (1) 赤とんぼ（柳田国男） (2) 方言より標準語へ C 8-833 方言を調べる（藤原与一） 8-833 方言と標準語 発音・アクセント
87 東陽	A 859 方言と標準語 A B 880 方言と標準語 C 784 ことばの旅（塩田紀和）
143 筑摩書房	A 8-874 方言と標準語（柴田武） B 8004 方言と共通語 C 8020 方言と共通語（柴田武） D 8030 方言と共通語（柴田武）

第二節　「語感」指導のための基礎的研究

――「国語科教育学」と「日本語学」との連携――

一　問題意識

本稿は次の二点を目的とする。

(1)　「言語単元」開発の一環として、「語感」に関する指導研究の到達点と課題を明らかにすること。

(2)　日本語学の最新の研究成果と国語科教育学の指導研究との連携の可能性を探ること。

(1)は、著者が従前より行っている「言語単元の開発」のうち、「語感」に関する指導研究の現時点での到達点と課題とを明らかにし、今後の単元開発への示唆を得るものである。

国語科教育学における「語感」に関する指導研究や教材は多いとは言えない状況にある。その理由として次が考えられる。

①　国語科教育学においては、用語「語感」よりも　用語「言語感覚」が一般的に用いられる傾向にある。これは、学習指導要領国語科の教科目標に「言語感覚」という用語が示されるようになってから特に顕著である。一方、「語感」はいずれかの領域または事項の指導事項として位置付けられることとなり、とりわけ、〔言語事項〕や〔伝統的な言語文化と国語の特質に関する事項〕に位置付けられることが多かった。

②　①の結果、教科目標に示された用語「言語感覚」の育成に関しては言及があるものの、「語感」については、言及されることが少ない状況にある。

③　そもそも国語科教育学においては、「言語感覚」と「語感」との違いや、「語感」そのものの指導研究などは、研究対象として関心の薄い分野である。それは、得体の知れないと思われている「語感」というものの本格的な指導研究の内容論、方法論が不明な点にある。

(2)は、国語科教育学との関連科学との連携のうち、特に日本語学との連携を意識し、日本語学の成果や方法論を国語科教育学へ援用しようとするものである。[1]日本語学研究と国語科教育学研究との「語感」についての連携を考えるとき、次の課題がある。

①　日本語学研究では、用語「言語感覚」よりも用語「語感」が多用されている。したがって、「言語感覚」については言及されないことがほとんどである。

②　日本語学では「意味論」の分野の研究成果が著しいが、「意味」と「語感」との関係性がやや曖昧である。両者は明快に線引きをできるものではないが、日本語学の在り方としては、区別することを前提とすべきである。

日本語学における「語感」研究の最新の成果として、中村明（二〇一〇）がある。これは「語感」を記述した辞典として、また、語感の全体像を「語感体系表」として提示した点において、画期的なものである。中村は語感を表現選択の問題として論じているが、そのことは、国語科教育の表現指導への示唆でもある。具体的には中村明の一連の著作である中村（一九九四）（二〇〇二）（二〇一一）などにヒントを得て、単元化、教材化できれば、「言葉調べの単元」（例・「語感」の違いをレポートにまとめる学習）「表現単元」（例・「語感」の違いを意識して適切な語を選択する表現学習）としての可能性が広がる。

中村（二〇一〇）は、「適切という一事を離れて、万能のすぐれた表現などというものは存在しない」（前書き四ページ）と述べているが、矢澤真人（二〇一三）の指摘する「正しさ」を求める日本語研究と、「ふさわしさ」を求める国語科教育学研究との接点として、「語感」というテーマは重要な意味を持ってくる。

二　「語感」と「言語感覚」との関係性

「語感」という用語と「言語感覚」という用語は、その意味する範囲に重なりがあり、相違点を明確に峻別することは難しい。また、後述するように、日本語学の分野では「語感」が主として用いられ、国語科教育学の分野では「語感」を積極的に用いた時期もあったが、最近は「言語感覚」が主として用いられることが多い。

そこで、両語の概念や関係性を明らかにするための基礎作業として、

(1)　辞典（事典）類における両語の記述

(2)　学習指導要領における両語の取り扱い

の調査を行うこととする。

(1)　辞典（事典）類の取り扱い

ここでは、「語感」と「言語感覚」との関係性を明らかにするための基礎作業として、日本語学・国語科教育学のそれぞれの規定の仕方を辞典（事典）類で一覧する。

①　日本語学関係辞典（事典）

調査対象とした辞典類と「語感」「言語感覚」の項の提出状況（その語を項目として立項している状況、○は立項している、×は立項していない、△は立項はしていないが、解説文中に出現する状態を表す）は、表1のとおりである。

表1　「語感」「言語感覚」の項の提出状況

	語感	言語感覚
a 国語学辞典（1955）	○	×
b 国語学研究事典（1977）	○	×
c 国語学大辞典（1980）	×	×
d 日本語学研究事典（2007）	○	×

これによれば、日本語学研究の範囲では、もっぱら用語「語感」が項目として提出され、用語「言語感覚」は項目として提出されていない。このうち、aとdの記述を示す。（傍線著者）

文献ａ　国語学会（一九五五）『国語学辞典』東京堂

語感　（前略）おのおのの名によってかもしだされる印象が、その名にふさわしい映像を脳裏に結ぶと共に、種々の感覚が伴い、名によってもたらされる対象の快不快などの感情がその名に付与され、音や色や香さえもその名にまつわり、道徳的、精神的感情もおのずから伴う。そうした名に対するわれわれの印象を語感といってよい。文学者が用語を選択し読者の感銘を深からしめようとする巧緻な表現を用いる時、言語に対する鋭敏なのにわれわれは感嘆し、その人を鋭敏な語感の持主という。その場合の語感は一種の言語表現能力を意味する。一方、人の話を聞き、人の文章を読む場合、自己の言語習慣との一致および背反を識別する能力も語感であり、文法上の破格や言語の正訛関係を判別する端的な感じ、その場に適した語詞を選択しうる直感的な感情も語感ということができる。

語感には、自己の言語体験によってつちかわれた能動的、創造的な語感もあれば、他人の言語表現を受容し、適否異同を弁別しうる受動的、再生的語感もある。あるいは、自己の言語経験によって時と所に応じて他人とは趣を異にする、いわば個人的語感もあれば、国語・外国語・諸方言・社会団体使用言語の共通の語感も考えることができる。

語感も意味も言語表現によって呼び起こされる心的現象には違いないが、意味が客観的概念であるのに対し、語感はむしろ主観的概念である。（堀井令以知執筆）

文献ａを整理すると、「語感」とは、

ア　おのおのの名によってかもしだされるわれわれの印象

イ　用語選択に見られる一種の言語表現能力、自己の言語習慣との一致および背反を識別する能力

ウ　文法上の破格や言語の正訛関係を判別する端的な感じや、その場に適した語詞を選択しうる直感的な感情

となる。

アに述べたことは、「語」そのものが内包する感じが我々の感情や感覚に及ぼす印象であり、「語→感覚」という方向性をもつものと考えられる。イに述べたことは、「語感」は表現能力であり理解能力であるということで

ある。「能力」であるから教育によってその向上が図れるはずである。ウに述べたことは、「語感」が「正誤」「適否」の判断を理路整然と行うというよりも直感的にあるいは瞬間的に行うことが多いということである。

さらに、「語感」の対立要素を導き出して、

エ　能動的、創造的語感―受動的、再生的語感

オ　個人的語感―共通の語感

を示し、「意味」との相違について、

カ　意味は客観的概念―語感は主観的概念

としている。

> 文献d　飛田良文他編（二〇〇七）『日本語学研究事典』明治書院
>
> 語感　【解説】「語感」には二つの意味がある。一つは「ことばの意味に関する感覚」で、もう一つは「単語の語義にまつわる漠然とした連想」である。両者とも言語研究にとっては大切なことである。最初の「語感」は「言語感覚」、「言葉の勘」などと言われることもあるが、意味研究に従事する場合には鋭い語感を持っているほど有利である。語感には、微妙な意味の差異を直感的に捉える能力、表面に表れていない抽象的な意味要素を深く洞察していく能力などが含まれる。この語感は訓練によって磨くことができると考えられる。（略）第二の種類の語感は大きく二つに区別される。一つは単語とその使用状況との関係から生じる語連想で、もう一つは単語が指す外界の事物との関係から生じる語連想である。（略）（国広哲弥執筆）

文献dを整理すると、「語感」には

ア　ことばの意味に関する感覚（「言語感覚」「言葉の勘」とも言われる）

イ　単語の語義にまつわる漠然とした連想

（ア） 単語とその使用状況（場面）との関係から生じる語連想
（イ） 単語が指す外界の事物との関係から生じる事物連想

とに分けられるという。

アは、「意味の微差」のことであり、また、その「意味の微差」を鋭くとらえる「感覚」をも指している。その感覚は「直感的」な場合もあるが、「表面に表れていない抽象的な意味要素を深く洞察していく」場合もある。後者の場合は、比較・対照の観点を設定して、一つの語をめぐる類義語との組み合わせにより、洞察していくこととなる。例えば、柴田武・國広哲彌・長嶋善郎・山田進（一九七六）にある「ニギルとツカム」では、動作主体・時間・場所・対象物等の観点を設定して、両語の意味の微差を洞察している（一五七ページ）。同書では、意味分析の際に「まず直感から始めて、用例に当たり、用例から直感に返るという経路を選んだ」（八ページ）と述べているが、この指摘は国語科教育においても、援用できる指摘である。「直感的な能力育成」から「深く洞察していく能力育成」へ進み、また「直感的な能力」に戻るというプロセスは、無意識な言語使用・言語理解を意識化するプロセスである。「深く洞察していく」プロセスで言葉を意識化することを通して、最初のあやふやな「直感」は、最後に確たる「直感」へと成長する。

イの（ア）は、「単語が用いられる場面」による特徴の違いのことで、例えば、言語表現が口頭によるか文章によるかの「口語体」と「文語体」、語の出自による「和語」「漢語」「外来語」による雰囲気の違い、現代語・古語・新語の区別、老人語・若者語・幼児語、男性語・女性語などを示している。

イの（イ）は、「語が指す事物自体の性質」から引き起こされる気分や感じのことを言う。

このイは、語の「意味」以外の部分が、私たちの感覚に与える連想である。

以上のとおり、日本語学関係の主たる辞典では、

a　用語「語感」は立項されているが、用語「言語感覚」は立項されていない。したがって、両者の区別については、言及そのものが積極的にはされない。

b　「語感」には、「語」そのものに内包される何らかの感じや印象がわれわれに与える印象という面と、表現や理解の際に我々が発動する能力という面との両者が認められる。後者は能力であるから、教育による育成の可能性がある。

c　bの前者の「語感」には、「能動的、創造的語感」と「受動的、再生的語感」、「個人的語感」と「共通の語感」という対立軸が認められ、語感が一概に個別的、個人的とは言えない。

d　「語感」には、「意味の微差」をさす場合と、その語の使用状況（場面）やその語のさす事物が私たちに引き起こす漠然とした「感じ」を指す場合とがある。

②　国語科教育学関係辞典（事典）

調査対象とした辞典（事典）類と「語感」「言語感覚」の項の提出状況は、次の表2のとおりである。一覧して分かるとおり、一九五〇～一九七〇年代においては、「語感」という項目を立てる辞典が多いのに比べ、昭和四三（一九六八）～四五（一九七〇）年版学習指導要領で、国語科の教科目標に「言語感覚」が示されたのを機に、「言語感覚」という立項が目立ち始め、「語感」は解説文中に触れられる程度になっていく。これらのうち、文献j、m、rについて、検討を加える。（傍線著者）

表２「語感」「言語感覚」の項の提出状況

	語感	言語感覚
e 国語教育辞典（1950）	△	×
f 国語教育辞典（1956）	○	×
g 国語教育用語辞典（1960）	○	×
h 国語指導法事典（1962）	○	○
i 国語教育辞典（1963）	○	×
j 学習指導要領用語辞典（1971）	○	○
k 国語科基本用語辞典（1974）	○	×
l 新国語科指導法辞典（1979）	○	×
m 学習指導要領 言語事項用語辞典（1979）	○	○
n 国語科重要用語300の基礎知識（1981）	○	○
o 国語教育指導用語辞典（1984）	○	○
p 国語教育研究大辞典（1981）	△	○
q 中学校新国語科授業の基本用語辞典（2000）	×	○
r 国語教育辞典（2001）	○	○
s 国語科重要用語300の基礎知識（2001）	△	△
t 小学校新国語科授業の基本用語辞典（2001）	△	△
u 国語科教育学研究の成果と展望（2002）	△	○
v 国語教育指導用語辞典（2004）	○	○
w 国語教育総合事典（2011）	×	○
x 国語科教育学研究の成果と展望Ⅱ（2013）	×	○
y 国語科重要用語事典（2015）	○	○

文献ｊ　徳山正人・奥田真丈編（一九七一）『学習指導要領用語辞典』帝国地方行政学会

語感　語が、この意味内容のほかに呼びおこす種々の感じ。第一はその意味内容そのものがもっている感じで、（中略）善悪、美醜、好悪、親疎その他事柄自体に関するいろいろの感情的な価値評価がことばにつきまとう。次は語の使用者の立場や態度、それを区別する習慣による感じで、敬卑がその著しいものである。改まった感じ、なれなれしい感じとか、上品・下品、新鮮・陳腐とかもこれである。第三は、耳で聞く語形や目で見る表記形に関する感じで、そのものずばりとか文字通りというのもあり、音やリズムの快さ、字配りの調和などのほか、似た形のいやな語があるためにその語も口にしにくいという場合もある。

語感は個人的であると同時に、社会一般の傾向も認められる。語感の養成は、言語感覚の要素として日常の言語生活の間に行なわれるものである。（後略）。　（林大執筆）

言語感覚　言語に対するセンス。一々の言語活動の具体的な場面に当たって、どのような表現活動をするのが最も適切であるかを判断し、また理解活動について、与えられた表現を最も適切に評価する能力である。言語の選択と評価の基準には、事実との対応性または事実への妥当性（当否）、言語的標準への一致（正邪）、美的感覚の満足（美醜）などがあって、それぞれきめのこまかな判定のできることが、言語感覚を豊かにすることになる。（後略）（林大執筆）

文献jでは、「語感」「言語感覚」の両方を立項している。

「語感」とは「意味内容のほかに呼びおこす種々の感じ」というふうに、「意味」とは異なる領域であることを前提として「ア　意味内容そのものがもっている感じ」「イ　語の使用者の立場や態度、それを区別する習慣による感じ」「ウ　耳で聞く語形や目で見る表記系に関する感じ」に三大別している。アは「語に内包される感じ」、イは「語の使用者が呼び起こす感じ」ととらえてよいであろうか。

さらに、「語感」を「個人的」と「社会一般の傾向」との二種類あることを示しているが、これは、日本語学の文献aが示す「個人的語感」「共通の語感」と同じ考え方である。

また、「語感の養成」を「言語感覚の要素」としての位置づけ、言語感覚を豊かにするために必要であるとしているが、「日常の言語生活の間に行われる」とは、国語科教育のみならず、広く我々の言語生活を対象として、養成されるものとしてのとらえがなされている。

一方「言語感覚」は、「言語に対するセンス」として、一々の言語活動の具体的な場面にあたって、どのような表現活動をするのが最も適切であるかを判断し、また、理解活動について、与えられた表現を最も適切に評価する能力である。

として、明快に「能力」であると述べ、言語の選択と評価の基準として「事実との対応性または事実への妥当性（当否）」「言語的標準への一致（正邪）」「美的感覚の満足（美醜）」の三観点を指摘した。この三観点は、「言語感覚」の把握の仕方として今も使用されているほど、影響力の大きい記述であった。

この文献jでは、「語感」を語の側面に力点を置き「語が人間にもたらす感じ」を中心に述べているのに対し、「言語感覚」は、教育の側面に視点をおき、教育等によって育成される「能力」として述べている点に大きな違いが見られる。学習指導要領の用語を解説するという文献jの性格上、このような記述になったものと思われる。

文献m　永野賢・市川孝（一九七九）『学習指導要領　言語事項用語辞典』教育出版

語感　辞書に説明してあるような、語句の基本的一般的な意味の外に、その語句に伴う独特の味わいを言う。また、言葉、とくに語句に対する微妙な感覚を言う。語感は、それを感じ取る人の性格・教養・性別・年齢・体験などによって異なるのを通常とする。例えば、「秋」という語からどんな印象を受けるかという一事をもってしてもうかがい知ることができよう。（中略）それとは別に、同じ意味の語句でも、古い言葉と新しい言葉とでは、語感を異にするということもある。「見世物」と「ショー」、「にわか景気」と「ブーム」とを比較してみると、後者には新鮮さがあるが、前者は古くさい。（中略）こういう意味での語感の相違は、すべての人に共通であると言えよう。（後略）

言語（中略）【言語感覚】人が言語を言語として意識するとき、それが発音の問題であっても、語や文法の問題であっても、個人によってそれらに対する感覚を異にするのが常である。これを言語感覚の相違と言う。あるいは、言語感覚が鋭いとか鈍いとか言う。具体的には、正誤、美醜、適不適、情緒性や論理性の有無などについて、敏感であるか否かということである。これは、天性の素質にもよるが、そういう問題について教育を受けたり考えたりする経験の長短や、その機会があるかないかといったことが大きく影響する。だれもが豊かな言語感覚をもつことができるようになるとは言い切れないが、それは程度の問題であり、少なくとも教育によって開発される可能性はある。

文献mでは、「語感」の項に、「ア　語句の基本的一般的意味の外に、その語句に伴う独特の味わい」「イ　語句に対する微妙な感覚」の二側面を示している。アは、語句そのものが発する味わいであるのに対し、イは、人間の側が語句に感じる感覚である。また、「言語」の項の関連項目として「言語感覚」を示し、言語に対する個人の感覚であるとする。「言語感覚」は教育の力で開発できるとしている。

文献r　日本国語教育学会（二〇〇一）『国語教育辞典』朝倉書店

言語感覚と語感　　普通の辞書には、①言葉の与える感じ、言葉がもっているニュアンス・ひびき、②言葉に対する感覚、とある。①は言葉の属性であり、②は「言葉に対する」という述べかたが示すように、言語使用者の側を意味している。①と②には若干の違いがある。また、文部省「小学校学習指導要領解説国語編」（一九九九）には、「言語感覚とは、言語の使い方の、正誤・適否・美醜などについての鋭い感覚のことで、語感というよりも広い意味をもち、むしろ言語に対する感性という方が適当である」とある。（後略）　（倉澤栄吉・成瀬武執筆）

文献rでは、明快に、「言葉の与える感じ――言葉の属性」と「言語使用者の言語に対する感覚」とに分けているが、これは「言語感覚」と「語感」の両方について述べていると考えられる。また、言語感覚は語感よりも広く、言語に対する感性というところから、言語使用者の側の感覚を指している。

以上の国語科教育学関係の主たる辞典では、

①　用語「語感」と用語「言語感覚」とは、ともに立項または「言語感覚」のみの立項が多い。その違いについては、「語感」が、「言葉自体が与える感じ」と「言語に対する言語使用者の感覚」との二面を備えているのに対し、「言語感覚」は「言語に対する言語使用者の感覚」に重きを置いていると考えられる。

②　「語感」も「言語感覚」も、教育によって育成できる能力であるとするが、特に「言語感覚」の場合は、教育の力による育成がより強調されている。これは、「言語感覚」という用語が学習指導要領「国語」の教科目標に示されたことの影響が大きいと考えられる。

③　「語感」を分析する際の観点として、正誤・適否・美醜の他にも、善悪、好悪、親疎、改まった感じ、なれなれしい感じとか、上品・下品、新鮮・陳腐などを提示している。

三　学習指導要領における「語感」「言語感覚」に関する記述

学習指導要領において「語感」「言語感覚」の出現回数は次のとおりである。（　）内の数字は、語感、言語感覚の順で出現回数を表す。

①　昭和二二―小（0、0）中（1、1）
②　昭和二六―小（1、0）中高（3、0）
③　昭和三三～三五―小（0、0）中（2、0）高（0、3）
④　昭和四三～四五―小（0、1）中（1、1）高（0、5）
⑤　昭和五二～五三―小（2、1）中（1、1）高（0、3）
⑥　平成一―小（2、2）中学校（1、2）高（0、6）
⑦　平成一〇―小（1、2）中（1、2）高（0、8）

⑧　平成二〇―小（1、2）中（3、2）高（0、5）

⑨　平成二九―小（1、2）中（3、2）

①では、「正しい言語感覚をやしない、標準語を身につける。」「ことばの美しさを味わい、語感をねる。」とある。前者は「読みかた」の一般目標として、後者は文学の読みかたとして、正しさ、美しさの視点が意識されている。②では、漢字や語彙の指導と関連付けている。③では、中学校が語句指導、高等学校が古典指導の指導事項として位置付けられている。

④以降になると、「言語感覚」という用語が国語科の教科目標として用いられることとなり、「語感」は指導事項の一部として用いられることとなった。　平成二〇年版学習指導要領解説における「言語感覚」「語感」の使い方は次のようである。

【小学校・解説】（傍線著者）

○　言語感覚とは、言語の使い方の、正誤・適否・美醜などについての感覚のことである。話すこと・聞くこと、書くこと及び読むことの具体的な言語活動の中で、相手、目的や意図、多様な場面や状況などに応じて、どのような言葉を選んで表現するのがふさわしいものであるかを直観的に判断したり、話や文章を理解する場合に、そこで使われている言葉が醸し出す味わいを感覚的にとらえたりすることである。

○　語感には、言葉の正しさや美しさだけではなく、文や文章を含めて、実際にその言葉が使われる際に、適切であるかどうかを感じ取る感覚も含んでいる。多くの文章を繰り返して読んだり、優れた表現を抜き出したりする活動を取り入れるとともに、日常生活の中での話すこと・聞くこと、書くことの場面で、語感や言葉の使い方を意識するようにさせることが大切である。

【中学校・解説】（傍線著者）

○　言語感覚とは、（以下、小学校と同じ）

○　抽象的な概念を表す語句や、類義語と対義語、同音異義語、多義的な意味を表す語句についての理解を深め、語感を磨き語彙を豊かにすることについて示している。

○　語彙が豊かになるにつれて、語句と語句との意味の違いが微妙なところまでつかめるようになる。こうして語感が磨かれると、一つ一つの語句について、他の語句に置き換えたり置き換えられなかったりすることに気付くようになる。そのことを、書くときや話すときに役立てられるようにしていくことが大切である。

これらの記述を整理すると、

①　言語感覚はその概念を言語全体に及ぼし、正誤・適否・美醜などをとらえる感覚のことである。

②　語感も①と同じだが、適否が強調されている（小学校）。また、語の意味の微妙な違いについてとらえる感覚としている（中学校）。

ということになろうか。

四　現在までの研究の到達点と課題

「語感」に関する研究は、日本語学の立場から多くの言及があるが、国語科教育学の立場から「語感の育成」に関する言及はそんなに多くない。本稿では、以下の四つのまとまった論考について考察し、国語科教育学における「語感の育成」について言及する。

1　全国大学国語教育学会第五五回山梨学会（一九七八）でのシンポジウム提案

A　須藤増雄（一九七九）「言語感覚の育成」『国語科教育』第二六集、全国大学国語教育学会
B　相原林司（一九七九）「自作と他作の中間で受けとめる」同右
C　岡屋昭雄（一九七九）「言語感覚を育てるために――ことばに対する感覚・感情とは――」同右

ABCは、全国大学国語教育学会第五五回山梨学会（一九七八）でのシンポジウム提案をまとめたものであり、司会の田近洵一（一九七九）と合わせて、「言語感覚」と「語感」の異同や両語の縄張り[2]について、論じたものである。

このうち、「語感」「言語感覚」の概念やその差異性について論じた論文Aについて、着目してみる。

このシンポジウムは「国語教育における言語感覚の育成」という主題であるので、論文Aも「言語感覚」の概念を明らかにしようと試みたものである。しかし、その手法として、「語感」との対比的考察を行っているので、期せずして「語感」の概念規定も試みていることになる。

結論として、論文Aでは、「言語感覚」と「語感」との共通性・差異性について、次のように述べている。

(1)　共通性

・各個人の長年にわたる言語的・非言語的体験の蓄積と、その体験にまつわる多種多様な記憶（とその痕跡）とに根ざす類推・連想（および遺伝的心理特性）に基づく一種の評価的言語能力である。
・その内容は心象・感覚・感情の類である。
・その発動の仕方は自然発生的・反射的・瞬発的・直感的である。知識・思考がこれを助ける場合もあるが、

その場合でもそれらが主体ではない。
・創造的（＝能動的）と再生的（＝受動的）と二型のものがある。
・縄張りは一応、言語表現の正否・適否・美醜の全体に及ぶ。

(2)　差異性

	言語感覚	語感
i	あらゆるレベルの有意の言語単位の言表、および、いかなる言表であれ、それを言語形式として捕えた場合の、構成要素とそれの諸属性のあり方、がその対象となる。（対象の領域が広い）	主に単語レベルの単位の言詞——単純語・複合語・派生語の類。意味的には慣用句も含めてよい——がその対象となる。（対象の領域が狭い）
ii	中心的な縄張りは適否と美醜の分野。	中心的な縄張りは正否の分野。
iii	相対的に主観性・個性の強い心的活動。	相対的に客観性・社会性の強い心的活動。
iv	より多く素質・天分が参与する能力。	より多く後天的なもの——経験・修練・訓練等——に依存する能力。

なお、次のような【補説】があるので、必要箇所を引用する。

【補説】 iの「あらゆるレベルの単位の言表云々」とは、下段の「単語レベルの単位の言詞」もふくまれるが、それだけにとどまらず、さらにそれ以上のレベルの有意の言語単位——文節・文・段落・文章等——も言語感覚の対象となりうるの意。（中略）また、「いかなる言表云々」としたのは、要するに、例えば音感・字感等の類もまたこの言語感覚（の一部）の部類に入れてよいという意味である。これは、一先ず意味と切り離して形式面だけから言語表現を見た場合に、そこに種々の構成要素——音韻・音声・文法・文字・符号等——やその諸属性——例えば音声ならば、高さ・速さ・固さ・リズム・抑揚・間等——が見出される。言表の効果性を考慮した場合、今一度その言表の意味と関連づけた形でそれらのものの在り方もまた言語感覚の対象になりうるの意。（中略）.ⅳは両概念が双方とも先天的・後天的両要素を併有しており、ただ比較的に、言語感覚は生得的な、語感は生後的な要素に多く負っている点を指摘したまでである。それゆえ、語感については、転成的要素に多少の個人差はあっても、経験（量・質）・修練・指導がじゅうぶんならば、なに人も確実に、かつ、相当程度まで発達させうる事を、言語感覚については、たとえその素質に恵まれていても、無為ではろくな発現も伸長も期しえず、鍛錬の不可欠な事はもちろんとして、特に指導の場合は、早期に的確に学習者の天分を見抜き、適時に有効な指導を加える事が対応の要であることを銘記しておくようにしたい。

さて、これらの見解について、著者の考察は次のとおりである。

まず、ⅰの「対象領域の広狭」については、同感である。「語感」に関しては、形式面（構成要素や諸属性）での言及はないが、単語レベルでのそれはあってもよかろう。

ⅱ～ⅳについては、それぞれ「中心的な」「相対的に」「より多く」という断りがあるので、まさに「相対的に見れば」としか言いようのない差異性の説明になっている。

ⅱは、双方が担う縄張りについてであるが、正否（正誤）・適否・美醜は双方ともに担うものであり、「中心的な」という限定はあるものの「言語感覚」と「語感」とで分けられるものではなかろう。

ⅲも、「相対的に」という限定はあるものの、ともに、「客観性・社会性」が前面に出る場合と「主観性・個性」が前面に出る場合とがあり、共感しがたい。

ⅳも「より多く」という限定があり、補説でも述べられているとおりであるが、著者としては、ともに「能力」とする以上、教育の力で開発、向上させられるものと考える。

では、ⅱ～ⅳに差はないのかということになる。後述する竹長吉正（一九八三）（一九八四）も述べているが、「二重構造」や「段階性」「深化性」を設定し、ⅱは「正否（正誤）→適否→美醜」、ⅲは「客観性・社会性→主観性・個性」、ⅳは「後天的→先天性」というように考え、それはときには、指導の順序や学習者の理解の難易度とも関わることがあると考えるほうが妥当ではないか。もちろん実際の指導では、順序が逆になったり、並行したりすることもあるし、同一対象（同一語）であっても、どの縄張りを発動させるかは、文脈によるものとなる。

2　竹長吉正氏の論考

D　竹長吉正（一九八三）「『言語感覚』教育の歴史と課題（上）」『埼玉大学紀要 人文・社会科学（Ⅱ）』第三二巻、埼玉大学教育学部

E　同（一九八四）「『言語感覚』教育の歴史と課題（下）」『埼玉大学紀要　教育科学（Ⅰ）』第三三巻、埼玉大学教育学部

ＤＥは、「語感」「言語感覚」に関する学習指導要領の記述や、多くの論考に検討を加え、「言語感覚」の二重構造を提案している。その二重構造とは、地盤層としての「社会習慣的『言語感覚』」、発展層としての「個人活動的『言語感覚』」であり、前者は主として「正否」、後者は主として「適否」「美醜」を縄張りとするものであると述べている。学習指導の順序性もそれに従うが、両層を固定化、孤立化させず、相互に交流させて流動的状態にしておくことが、重要だと述べている。「言語感覚の二重構造」として次のような図を示している。

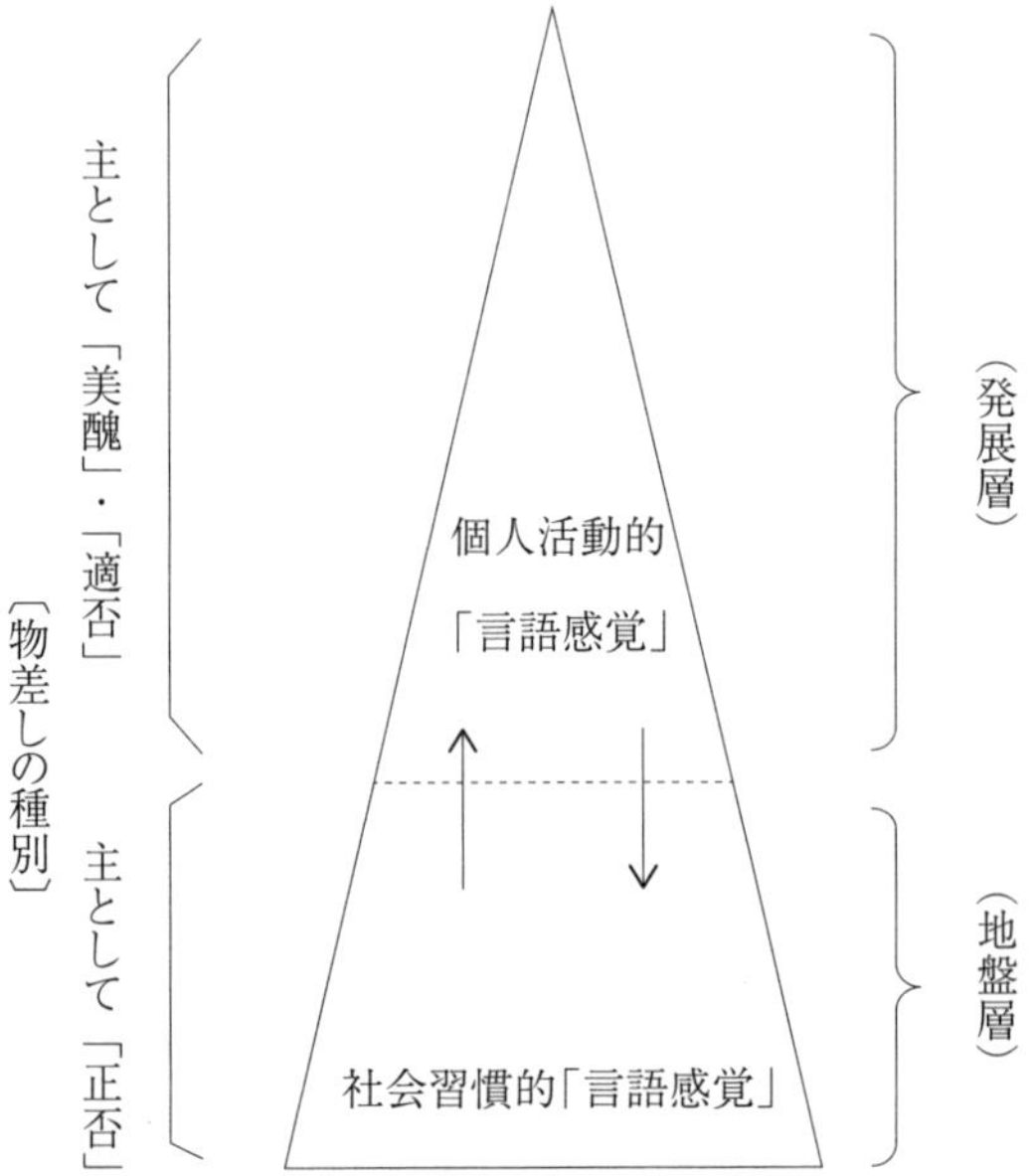

図1　「言語感覚」の二重構造

この図について、次のような説明をしている。

「言語感覚」を、教育によって育成される「能力」であるととらえた時、地盤層の「言語感覚」をまずしっかりと固めた上で、しかるのちに、発展層の「言語感覚」へという学習指導の順序性を確立すべきである、と考える。したがって、「言語感覚」という言葉の「感覚」という言葉に引きずられて、「言語感覚」をあくまでも、情緒性の強いもの、感性的なもの、主観性の濃いもの、個性的なものというふうにのみ考えないことである。そして、「言語感覚」の基盤をあくまでも、論理性の強いもの、知性的なもの、客観性の濃いもの、社会的なものに求める。しかし、ここで重要なのは、そうした「地盤層の言語感覚」と「発展層の言語感覚」とを、それぞれ固定化させたり孤立化させたりしないことである。この二つを相互に交渉させ、固定化・孤立化を防ぎ、絶えず、流動的状態におくことが大切である。（一〇ページ、傍線著者）

これによれば、「言語感覚」といえども、「論理性、知性的、客観性、社会的」と指摘があるように、教育の力で指導し、その能力を向上させることができるという可能性が大きいということである。究極は、学習者一人一人が個人活動的「言語感覚」を身に付けることであろうが、社会習慣的「言語感覚」との往復活動によって、それを高めることが求められていると言えよう。

ただ、社会習慣的「言語感覚」が、主として「正否」の物差しであるというのは、疑問が残る。例えば、「におい」と「かおり」とを比べてみると、芳香を指す場合には、「におい」を使っても間違いではないが、「かおり」のほうがより適切であるということは、社会習慣として認められるところであろう。「美醜」の物差しを論じる段階までは社会習慣として無理があっても、「適否」の物差しであれば、十分社会習慣として論じられるものであろう。

3　甲斐睦朗氏の論考

F　甲斐睦朗（一九八八ａ）「言語感覚の概念」『国語国文学報』四六集、愛知教育大学国語国文学研究室
G　甲斐睦朗（一九八八ｂ）「『言語感覚』の問題点」『日本語学』第七巻第八号、明治書院

ＦＧは、学習指導要領や各種辞典における「言語感覚」の扱いに言及したあと、言語感覚の概念として、次の

六つを提示している。
(1)　美醜（うつくしさ・好ましさ・快さなどの判断）
(2)　正誤（正しいかどうかの判断）
(3)　適切さ
(4)　微妙な意味の理解
(5)　心遣い・表現効果
(6)　言葉への関心

これらの六種について、文献Fでは、

(1)~(3)の三種は「美―醜」「正―誤」「適―不適」というように、意味的な対立関係を内部にもつ用語で把握することができた。そして、(4)は狭義の「語感」の問題であった。これら四種は「言語感覚」の中でも比較的にではあるが基礎的な感覚に属している。これら四種の「言語感覚」が育成された場合には、標準的な国語の感覚が育成されたということになる。（中略）

それに対して、(5)「心遣い・表現効果」は、比較的高次元の「言語感覚」に属していて、効果的な文章を書き上げたり、優れた文章を正当に理解したりする修辞的な能力であると同時に人間性、社会的対応にも関係する性質をもつことにもなる。そして、(6)「言葉への関心」は、以上五種の言語感覚を基礎として言語現象に対して積極的に向かい、そのあり方を検討・判断するという働きという意味で、(5)と同様に高次元であるということができる。（七五ページ）

また、文献Gでは、

「言語感覚」は、次の二種に分けるとわかりやすくなる。

Ⅰ　人それぞれが備えている言葉や言葉遣いに対する感覚

Ⅱ　言葉に備わっている価値的感情的な意味

第Ⅰ種は、国語科の「目標」で「言語感覚を養い」、「言語感覚を豊かにし」と明記されている内容であってそこから、第Ⅰ種の「言語感覚」は、国民一人一人が、具体的な生活の場（理解、表現の場）でその適否や是非、あるいは美醜などについて判断する場合の価値基準であると説明することができる。（中略）

そこから、「言語感覚」は『学習指導要領』の国語科の「目標」で強調されている語彙力や文法力を初めとした国語の能力、つまり、言葉を正しく豊かに理解・表現する能力と表裏の関係にあって、しかも相互に支え合っていると言うことができる。

それに対して、第Ⅱ種の「言語感覚」は、狭義の「語感」に同じ意味である。言葉には本義的な意味以外に感情的あるいは価値的な意味が加わっている。それも語句のような短い単位だけでなく、一続きの式辞や手紙といった長い単位の表現についても、やはり価値的な意味があるわけである。例えば、手紙にしても拝啓で書き出すのがいいのか謹啓で書き出すべきなのかといった判断は現実に行われているものである。それら個々の価値基準が第Ⅱ種の「言語感覚」ということになる。（七四～七五ページ）

これら文献Ｆ・Ｇについての著者の考察は次のとおりである。まず、文献Ｆについては、

(1)　言語感覚の概念として示した六つのうち、①美醜、②正誤、③適切さについては、異論はない。

(2)「④微妙な意味の理解」について特別に提示したことは、①美醜、②正誤、③適切さに含まれてしまいがちな（特に③に）意味の微差の問題を、「語感」の問題として明示した点で、共感を覚えるものである。これを「狭義の語感」としたのは、①「意味の微差」は意味の問題でもあり、語感の問題でもあるという認識、②語感には、単に意味の微差だけの問題だけではなく、字感、音感なども含まれるという認識を示すものであろう。

「意味」と「語感」との関係について、中村明（二〇一〇）は、

各グループに共通する、そのことばが何をさすかという部分を「意味」と呼び、同じグループでも単語ごとに異なる、どんな感じのことばかという部分を「語感」と呼ぶ。（中略）このような典型的な例では、意味と語感とが明確に区別できるように見える。しかし、実際の境界線はそう単純ではない。（中略）ことばの感触としての語感が、何をさすかという領域にも微妙にからんでくる。（中略）常に女性をさし、あるいは、必ず女性が用い、男性をさしたり男性が用いたりすれば誤りとまで判断できれば「意味」の問題だが、「主として」「多くは」「傾向がある」「どちらかといえば」といった段階では「語感」の域を出ない。「どちらかといえば」から「必ず」までの間はほとんど連続的で、現実には微妙な場合が少なくない。（「まえがき」iiiページ、傍線著者）

と述べている。

中村が例示した「あした」「あす」「明日《みょうにち》」などは、「どちらかといえば、日常会話でふつうに（あした）」とか「どちらかといえば、改まった感じの強い、格式張った場で（明日《みょうにち》）」というふうに、「語感」の問題であ

る。一方「ふくらむ」と「ふくれる」は、中村によれば、

「ふくらむ」が自然に起こる全体的な膨張をさすことが多いのに対し、「ふくれる」はやや不自然で部分的な膨張をさすことが多い。（「まえがき」ⅱページ）

というように微妙な意味のズレを感じさせることもある。これなどは「語感」の問題でもあるが、「意味の微差」の問題でもある。

したがって、「語感とは何か」という問題は、「意味の微差」の問題を排除できない。中村は、

言語感覚の鋭い人は、適切な表現を的確に判断し、きっぱりと最適の一語をしぼりきる。最適の一語にたどりつく道筋は二つある。一方で「意味」の面から、（中略）語のそれぞれの違いを明確に識別し、（中略）微妙なズレを見分ける。他方で「語感」の面から（中略）同義語群からそれぞれの感覚の差を感じとって使い分ける。（「まえがき」ⅳページ）

と述べている。

最適の一語を切り取るための「意味の微差をとらえる能力」「感覚の差を感じ取る能力」育成の必要性が指摘できるのである。

そのような能力は、(5)の「心遣い・表現効果」、(6)の「言葉への関心」へとつながる。すなわち、表現の選択が、相手への心遣いであったり、相手への表現効果を考えたりすることであり、もっと広い視野で見れば、言葉

への意識なのである。

一方、文献Gの指摘は、「言語感覚」について述べたものだが、「語感」についても、重要な指摘と考えられる。すなわち、Ⅰが「人→言語」という方向性をもつ「人がある言葉をどう感じるかという感覚」であるのに対し、Ⅱは「言語→人」という方向性をもつ「言葉が本来内包している感じ」であることは、「語感」の指導プロセスを考える上でも参考になる。前述の竹長吉正（一九八三）（一九八四）が指摘する「二重構造」と合わせ考えると、「言葉が本来的に内包している感じ」は、相対的に見れば、竹長の言う「論理性の強いもの、知性的なもの、客観性の濃いもの、社会的なもの」であり、「社会習慣的なもの」であるから、教育内容としても「基礎的」な内容として捉えていいと考えられる。そのうえで、甲斐のいう「Ⅰ　人それぞれが備えている言葉や言葉遣いに対する感覚」、竹長のいう「個人活動的『言語感覚』」に高めることが教育内容としても求められるところである。

4　中村明氏の論考

H　中村明（一九九四）『センスある日本語表現のために　語感とは何か』中央公論社
I　中村明（二〇〇二）『日本語のコツ　ことばのセンスをみがく』中央公論社
J　中村明（二〇一一）『語感トレーニング－日本語のセンスをみがく55題』岩波書店
K　中村明（二〇一〇）『日本語　語感の辞典』岩波書店

これらの文献は、HIJとKとに大別できる。

ここでは文献Hを中心に検討する。文献Hからは、次の二点について国語科教育への示唆を読み取ることができる。

(1)「意味と語感」として述べた箇所がある（二一～二六ページ）。「語感」について、次のように述べている。

一つは、「言語感覚」すなわち「ことばに対する感覚」を意味し、特に「類義語の微妙なニュアンスの差を感じ取る能力」をさす、と説明してある。（中略）

「類義語の微妙なニュアンスの差」という表現は、文字どおり意味深長だ。（中略）「ニュアンス」という語を例の辞典で、一応「ことばの感情的、文体的な意味の違い」と定義しながら、「指示対象の微妙な差を含む場合もある」と補説したのはそういう配慮による。つまり、「ニュアンス」という語は、それが何をさすかという点での微妙な違いと、何をさすかということとは別に、そのことばがもっているなんらかの感じ、という両方の意味を漠然とさしているわけである。

とすれば、「語感」のほうも、そういう両面でのことばの微妙な違いを意味し、ひいては、その微差を感じ分ける言語的な感覚をもさす、ということになる。（二二ページ）

ここでは、まず、「語感」を「言語感覚」と同義とし、その内容について、「類義語の微妙なニュアンスの差を感じ取る能力」としている。そして、「ニュアンス」を「指示対象の微妙な違い」と「そのことばがもっているなんらかの感じ」との二面を指摘している。前述の甲斐睦朗（一九八八ａ）でも、前者の「指示対象の微妙な違い」、すなわち、「意味の微差」を「狭義の語感」としていることを考え合わせると、語感の指導における「意味の微差」を「直感的に感じ分ける能力」と「深く洞察する能力」の育成は重要であると言える。

一方「そのことばがもっているなんらかの感じ」は、前述の国広哲弥（二〇〇七）「語感」（飛田良文他編『日本語学研究事典』）で指摘した「単語の語義にまつわる漠然とした連想」や甲斐睦朗（一九八八ｂ）が言う「感情的あるいは価値的な意味」に通じるもので、「意味以外の部分」での「語感」の指導の必要性を示唆するものである。

　この後者について、中村（一九九四）は

> 何をさすかという点以外の意味、つまり、ことばのイメージ、あるいは、文体的意味や感情的意味といったあたりは、まだ、あまり研究が進んでいない。狭い意味で「語感」と呼ばれるその周辺的な意味には、いったいどういう種類があるのだろうか。（四九～五〇ページ）

と述べているが、中村明（二〇一〇）の巻末「語感体系表」は、その「文体的意味や感情的意味」を体系的に示したものとして、国語科教育においても活用の可能性は大きい。

六　語感の縄張り

　語感の「縄張り」という用語は、もともと安藤正次（一九三九）で示された語感の種別の「正訛関係」「適否関係」「芸術的関係」を、前述の須藤増雄（一九七九）で指した用語である。以降、いくつかの辞典等で「語感」や「言語感覚」を解説する際の「言語選択」と「言語評価」の基準として用いられ、特に林大（一九七一）の解説に「正邪」「当否」「美醜」の基準が示されたことによって、学習指導要領解説にも使用するようになり、「正誤」「適否」「美醜」という言い方で、広く使われるようになった。例えば最新

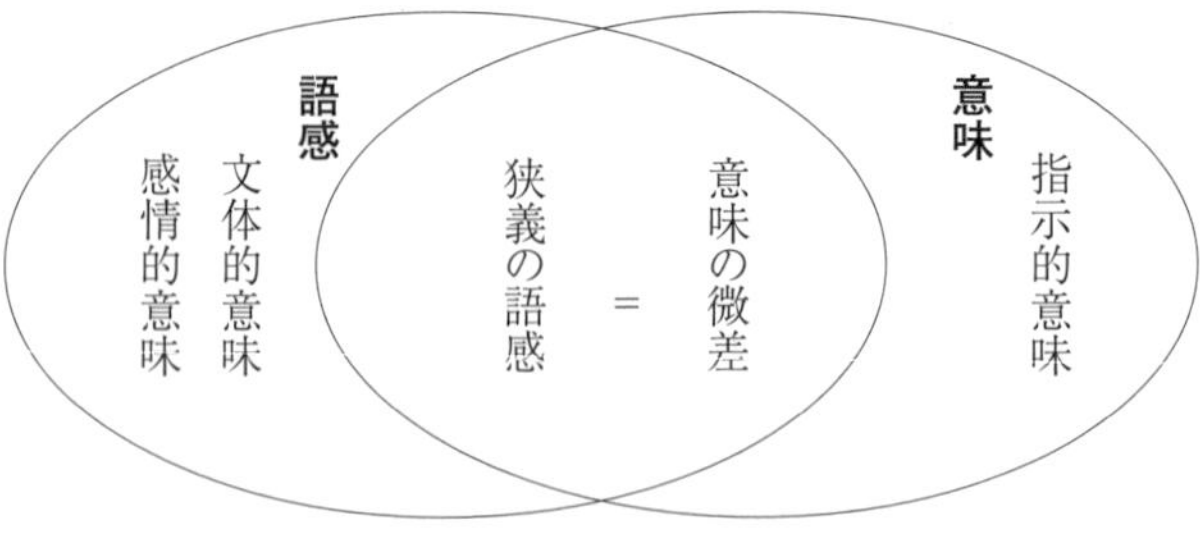

図２　「意味」と「語感」との関係

の平成二九年版『中学校学習指導要領解説国語編』では、

語感には、言葉の正しさや美しさだけではなく、その言葉が使われる際に適切であるかどうかを感じ取る感覚も含まれている。（四三ページ）

と述べられている。

しかし、実際の授業では、「正誤」「適否」「美醜」というおおまかな三分類だけでは使いにくい。田近洵一（一九八二）は、「美醜」という分類について、「一般に美醜の感覚だけが取り上げられているが、さらに、語感や文体の感じなどを敏感に感じ取ったり、味わったりする言語的な感受性を、広く視野の中に入れる必要がある。」（二五五〜二五六ページ）として、

表現のニュアンスに対する感覚―それはどんな感じのことばか
美しい・醜い、明るい・暗い、堅い・柔らかい、強い・弱い、思い・軽いなど、あるいは、軽妙、重厚、優美、繊細、勇壮など、ことばの微妙なニュアンスを直感的に判断・評価したり、味わったりする能力

を示している（二五五ページ）。

七　結語

(1)「語感」には、「意味の微差」と「語が醸し出すある種の感じや雰囲気」との二つのとらえ方がある。これ

らの境界線を明確に引くことは困難な場合も多いが、「どちらかと言えば（例・男性をイメージさせる語として）使用されることが多い。」とか「（例・女性をイメージさせる）傾向がある。」のような場合は、後者に属すると考えられる。前者の場合は後者に比べて、「微差」ではあるが、比較的明快に区別することができる。そのような観点から、後者の「語感」のとらえ方のよりどころとして、中村明（一九九四）が指摘した「表現主体の陰翳」「表現対象の履歴」「使用言語の体臭」は国語科教育でも援用される必然性がある。

（2）　一方「語感」には、人に備わっている語または語句に対する感覚を指すこともある。これはまさに、学習指導要領のいう「言語感覚」に等しい。そして、これらは、「能力」と考えられ、教育の力により育成が可能である。個々人に備わっているものであるから、個人によってその感じ方に大きな差があり、きわめて個別的な感覚もあれば、広く多くの人に共通する感覚もある。その意味で、まずは社会的（共通的）語感の指導を行うべきである。それは、感覚と知的理解とを融合させる「能力」育成としての教育である。その際、語感は感覚であるから、直感的な捉え（情的把握）が指導の出発点でもよいが、分析的な捉え（知的把握）に深化させる（あるいは往還させる）ことにより、語感に対する意識が高まる。

（3）　「語感」の縄張りのうち、まずは「適否」を判別する能力の指導が必要である。この「適否」の判別能力は、「表現者の意図が効果的に表現されているか」という「意図と効果」の問題に触れざるを得なくなる。学習者の言語活動における諸条件（相手・目的・立場等）に対し、「適否」の一事をおいて効果的な言語活動は存在しない。

（4）　語感の指導は、取り立て的に、あるいは表現指導の題材として指導することが、各領域での応用につながる。読みの指導において蓋然性に任せる指導では育成しにくい。指導者の意識改革が求められる。

注

（1）かつては、日本語学の成果を国語科教育学へ援用する動きは非常に強く、例えば国語学会（現・日本語学会）の機関誌「国語学」（現・日本語の研究）の第一号～第五号では、毎号「国語教育」に関する論文が掲載されていたほどである。

（2）安藤正次（一九三九）「語感小論」『臺大文学』四―三で示された語感の種別（正訛関係、適否関係、芸術的関係の三種）を、須藤増雄（一九七九）で指した用語。

文献

相原林司（一九七九）「自作と他作の中間で受けとめる」『国語科教育』第二六集、全国大学国語教育学会
安藤正次（一九三九）「語感小論」『臺大文学』四―三
岡屋昭雄（一九七九）「言語感覚を育てるために――ことばに対する感覚・感情とは――」『国語科教育』第二六集、全国大学国語教育学会
甲斐睦朗（一九八八a）「言語感覚の概念」『国語国文学報』四六集、愛知教育大学国語国文学研究室
甲斐睦朗（一九八八b）「『言語感覚』の問題点」『日本語学』第七巻第八号、明治書院
國廣哲彌編（一九八二）『ことばの意味3　辞書に書いてないこと』平凡社
柴田武編（一九七六）『ことばの意味　辞書に書いてないこと』平凡社
柴田武編（一九七九）『ことばの意味2　辞書に書いてないこと』平凡社
須藤増雄（一九七九）「言語感覚の育成」『国語科教育』第二六集、全国大学国語教育学会
竹長吉正（一九八三）「『言語感覚』教育の歴史と課題（上）」『埼玉大学紀要　人文・社会科学（Ⅱ）』第三二巻、埼玉大学教育学部
竹長吉正（一九八四）「『言語感覚』教育の歴史と課題（下）」『埼玉大学紀要　教育科学（Ⅰ）』第三三巻、埼玉大学教育学部
田近洵一（一九七九）「国語教育における言語感覚の育成・はじめに」『国語科教育』第二六集、全国大学国語教育学会
田近洵一（一九八二）『現代国語教育への視角』教育出版
中村明（一九九四）『センスある日本語表現のために　語感とは何か』中央公論社

中村明（二〇〇二）『日本語のコツ　ことばのセンスをみがく』中央公論社
中村明（二〇一〇）『日本語　語感の辞典』岩波書店
中村明（二〇一一）『語感トレーニング――日本語のセンスをみがく55題』岩波書店
矢澤真人（二〇一三）「国語教育と日本語研究の新しいかかわり方を求めて」『月刊国語教育研究』四九〇、日本国語教育学会

第三章　「言語単元」開発のための研究論

第一節　中学校国語科における言語単元の開発研究
――「オノマトペ」を扱う単元の場合――

一　本稿が意図する「言語単元」とは何か

本稿は、米田猛・宮崎理恵（二〇一四）に続く、中学校国語科における言語単元開発の提案である。
「言語単元」とは、国語科の表現指導・理解指導の題材として「言語」を扱った単元のことであることを右記（二〇一四）で示したが、国語科教育教材史では、「言語単元」という用語は、どのような位置づけであろうか。「言語単元」という語が使用されている国語科教育関係の辞典では、次のとおりである。
国語教育研究所（一九八八）では、「教材の種類」の項（野地潤家執筆）において、
〈言語教材〉は、文字（主として漢字）教材、語法（文法）教材、共通語教材、方言教材、表記法教材、語句・語彙教材に分けられ、それらはまた、知識教材（**言語単元**教材）、練習教材として機能する。

として、日本語に関する知識を与える教材としての位置づけがされている。これらは、具体的には教科書中のいわゆる「コラム教材」を意識したものであろう。

田近洵一・井上尚美編（一九八四）では、「言語教材・言語単元」の項（北岡清道執筆）において、

言語単元は、「あいさつのことば」「心と言葉」「外来語の話」「言葉の力」「言葉と社会」などのように、言語それ自体を中心的なテーマとして、ことばの意味や機能、役割などについて学習することを主な目的として構成された単元である。小学校の教科書では、言語教材一教材で構成されるのが普通であるが、中学校の教科書では、言語教材二編、または言語教材一編プラス他の教材一編で構成されることが多い。いずれの場合も、文種は説明文や論説文として提示されていて、言語についての理解を深めるとともに、文章の構成や要旨を読みとる力を養うというねらいをも併せて設定されているのがふつうである。

言語教材の内容

言語教材は、大きく、言語単元の中の言語教材と、言語単元以外の言語教材に分けて考えることができる。

(1)　言語単元の中の言語教材

言語単元の主要な（もしくはすべての）内容を構成する教材。その内容は前出の単元名で示されたもののほかに、「言葉と事実」「言葉と人間」「文の組み立て」「漢字の話」「日本語の特色」など、多岐にわたっている。言語についての理解を深めるとともに、文章の構成・要旨等の把握をも目的とした教材である。

(2)　言語単元以外の言語教材（略）

言語教材指導の要点

①　言語教材には、知識教材、練習教材、読解のための教材、という三つの側面がある。（以下略）
（傍線著者）

として、「言語単元」という用語を見出し語として認定しているが、傍線部が示すように、読解教材としての位置づけ（言語に関する知識を与えながら、読解能力をも育成する）であったり、いわゆる「コラム教材」であったりする。

田近洵一・井上尚美編（二〇〇四）では、「言語教材・言語単元」の項（安藤修平執筆）において、

「言語教材」には、狭義の「言語教材」と「言語単元」の二種がある。したがって、「言語教材」という用語を用いる場合には、広義か狭義かに注意する必要がある。

とし、「言語単元」の内容として、

1　言葉の意味や機能、役割などについて記された文章を（二つ以上）読み深めさせるように構成した単元。領域は「読むこと」。目標も同様。（例略）

2　言葉の意味や機能、役割などについて記された文章を（二つ以上）読み、もっと知りたいことや疑問に思うことを明らかにさせ、それについて調べ、「報告書」にまとめさせたり、発表（発表会）させるように構成した単元。領域は「読むこと」→「話すこと・聞くこと」、「読むこと」→「書くこと」。（例略）

3　2と同様だが、調べた後、「研究報告書を作ろう」そして「『言葉の探検』発表会をしよう」のよう

に、領域が「読むこと」→「書くこと」→「話すこと」となるようにした単元。

としている。ここに至って、言語単元は「読むこと」領域のみの指導ではなく、領域を複合した単元として認識されている。しかし、単元構成の基本は、最初に「読むこと」指導があり、その延長上に「話すこと・聞くこと」「書くこと」の指導があるという域を脱してはいない。

田近洵一（一九九二）は、単元学習の種類として「言語単元＝言語研究単元」を示し、

ことばをしらべる単元である。（中略）どんなことばに目をつけるかが鍵である。（中略）この言語単元の場合、問題の解決に向けての情報の収集・活用が活動の中心であり、それに関する能力が学習内容となる。

と述べて、情報収集・活用能力の育成を示唆した。

本稿で扱うのは、これら先行研究の示すところの類型をさらに発展させ、「書くこと」領域に位置づけられる指導である。

当然「書くこと」を行うために、取材活動としての「読むこと」の活動は行われるが、それはあくまでも「書くこと」を行うための手段であり、「書くこと」のプロセスでもある。換言すれば「調べて書く」という「書くこと」領域の指導である。

したがって、育成する能力としては「書くこと」（本稿報告の実践は「説明文を書く」こと）に属するが、取り扱う内容が「言語」であるため、当然「言語」に関する情報に関する活動（収集・加工・吟味・思考など）も行うことになる。したがって、情報に関する能力の育成も指導の射程に入っている。

さらに、取り扱う言語そのもの（本稿の場合はオノマトペ）への理解や思考も当然行われるので、平成二〇年版中学校学習指導要領「国語」の〔伝統的な言語文化と国語の特質に関する事項〕の「国語の特質」に関する内容的価値をも有することになる。

すなわち、育成すべき能力の観点からは「書くこと」の能力、情報に関する能力を育成するとともに、内容価値的な観点からは「国語の特質」に関する知識や思考を育成するという二重構造をもった単元開発となる。

二　言語単元を扱うことの必然性

(1)　国語科教育の目標から

平成二〇年版学習指導要領「国語」の教科目標は、「言語感覚」に関して、

小学校……言語感覚を養い
中学校……言語感覚を豊かにし
高等学校…言語感覚を磨き

とある。また、「国語への態度」として、

小学校……国語に対する関心を深め国語を尊重する態度を育てる
中学校……国語に対する認識を深め国語を尊重する態度を育てる
高等学校…言語文化に対する関心を深め国語を尊重してその向上を図る態度を育てる

とある。これらは、表現・理解学習を通して達成されるものであるとともに、その題材として「言語」そのものを学習対象として取り上げることで、達成されるものでもある。

言語単元は扱う内容によって、「音声・音韻」「文字・表記」「語彙・意味」「文法」「文章・文体」「方言」「言葉と機械」「言語生活」「国語史」などに分けられるが、直接的に指導のねらいとする言語事象を扱うことができるため、言語感覚や言語認識などを指導しやすい。「言語感覚」「言語認識」は国語科独自の指導内容として重要である。

(2)　国語科教育で育成すべき能力から

国語科で育成すべき能力は、最終的には言語運用能力である。それは、言語についての知識に支えられてこそ確かになるものである。

北原保雄（一九八五）は、言語運用能力の育成に必要な言語に関する確かな知識の重要性を述べている。

国語力を定義して、国語を的確に理解し国語によって適切にまた効果的に表現する能力である。とすると、これは要するに言語運用の能力のことである。それでは、言語運用の能力はどのようにして養うことができるか。

それは、第一に実際に運用することを通して養われるであろう。（中略）しかし、運用の演練だけでは、運用の能力は確かなものにはならない。言語についての知識にささえられてはじめて、その運用は確かなものになる。（中略）

言語の具体的な運用は、運用する能力によって可能になる。しかし一方、運用する能力は具体的な一回一回の運用の積み重ねによって養われる。具体的な運用の繰り返しによって創造的運用能力は高められる。創造的運用能力は、また言語についての知識によって一層確かなものになる。ただ、知識そのものは既成のものであって、運用されなければ生きてこない。知識が具体的な運用に生かされれば、それはすでに能力である。言語の教育においてはこういう関係にある「具体的な運用」と「運用能力」と「知識」との三つを十分に認識して、言語についての創造的運用能力を養うようにすることが肝要である。（傍線著者）

言語単元で育成する「言語」を客観的に観察し、何が問題かを把握する能力は、自分の言語運用能力、とりわけ、「創造的運用能力」に必ず力となる。換言すれば、日常、学習者の意識にのぼらない「言語」を意識にのぼらせ、自覚させるのは国語科の任務である。それは、生活と言語の関係も考えさせることになる。

岩淵悦太郎（一九七九）は、国語科の任務としての「言語意識の向上」について、

日本人は、他国人と接触する機会の少ないところから、言語意識というものを明確に持っていなかった。また、国語である日本語を自覚することも少なかった。しかし、言語意識を高め、日本語の自覚を深めることは、国語教育の当然、になうべき責務ではないか。むしろ、私には国語教育界の人々がかえって言語意識や日本語の自覚が薄いのではないかとさえ心配されるのである。（中略）言うまでもなく、日本語は、日本文化そのものと言ってよい。日本人の身体や心や、生活や歴史と切っても切れないものだ。その日本語に対する自覚を起こさせ、意識を高め、知識を確かにし、日本語を体得して、日本語で生活し、日本語で考え、日本語で学問し、日本語で創作する力を付けるのが、国語科の任務であるはずである。（傍線著者）

と、国語教育への希望を述べている。北原のいう「創造的言語運用能力」は、自らの意志で言葉を使う思考力・判断力と解釈されるが、それには、岩淵の言う「言語意識の向上」は欠かせない。

三　「言語単元」の編成

(1)　言語単元の系列

前述二の(1)で示した言語単元の内容としての「音声・音韻」「文字・表記」「語彙・意味」「文法」「文章・文体」「方言」「言葉と機械」「言語生活」「国語史」等の分類は、日本語学における研究領域を踏襲したものであり、中学校における単元編成の際には、実際的ではない。

そこで、言語単元の内容別に次のような五系列を設定した。

①　言葉で遊ぶ系列……言葉のもつ「楽しさ」「おもしろさ」などを体験的に学習する系列。単元例「感字を作ろう」「君も名作家――作家の文体をまねる――」など。

②　言葉の仲間を考える系列……言葉を集めて分類するなどの作業を通して、似て非なるものの微妙な違いを考えさせる系列。単元例「ニギルとツカムはどうちがう?」「心の世界を表す言葉」など。

③　言葉のきまりを考える系列……体系的な知識を与えるよりも、現実の言葉の問題を文法・語法の視点からどのようにとらえたらよいかを考える系列。「むかし、むかし、おじいさんとおばあさん□ありました――「が」と「は」――」「ほたるは何処に?――「に」「へ」「を」――」など。

④　言葉の生活を考える系列……言語生活やコミュニケーションの問題を扱う系列。新鮮な問題を取り上げて教材化する必要がある。単元例「ちょっと気になるこんな日本語」「『ら抜き言葉』を考える」など。

⑤　言葉の歴史を考える系列……主に国語史に関する問題を取り上げる系列。現代の言葉とつながるような単

元設定にすることも大切な視点となる。単元例「五十音図の謎――五十音図は50音か――」「『おとなしい』の意味変化――古今異義語はなぜ生まれる?――」など。

また、次のように、発達段階による重点指導時期を設定した。(図1は、指導の重点期を四段階に分け、太線ほど重点期を表す。)

(2) 言語単元の作成例

実際に言語単元を作成する際には、下記系列別に単元のアイディアを出してみる。本稿で実践報告する「オノマトペ」を扱う場合、次のようになる。

① 言葉で遊ぶ系列

○音をいろいろなオノマトペで表す。

○オノマトペを聞いて何の音か当てる。

○動作を示してオノマトペで表す。

○オノマトペを示して何のどんな様子か想像する。

② 言葉の仲間を考える系列

○よく似たオノマトペの微妙な意味やニュアンスの違いを考える。

(例) コロコロとゴロゴロ

○同じ動作・状態を表す異なるオノマトペを集め、共通点・相違点を考える。

(例) ツルツルとスベスベ

③ 言葉のきまりを考える系列

○オノマトペのでき方の法則を考える。

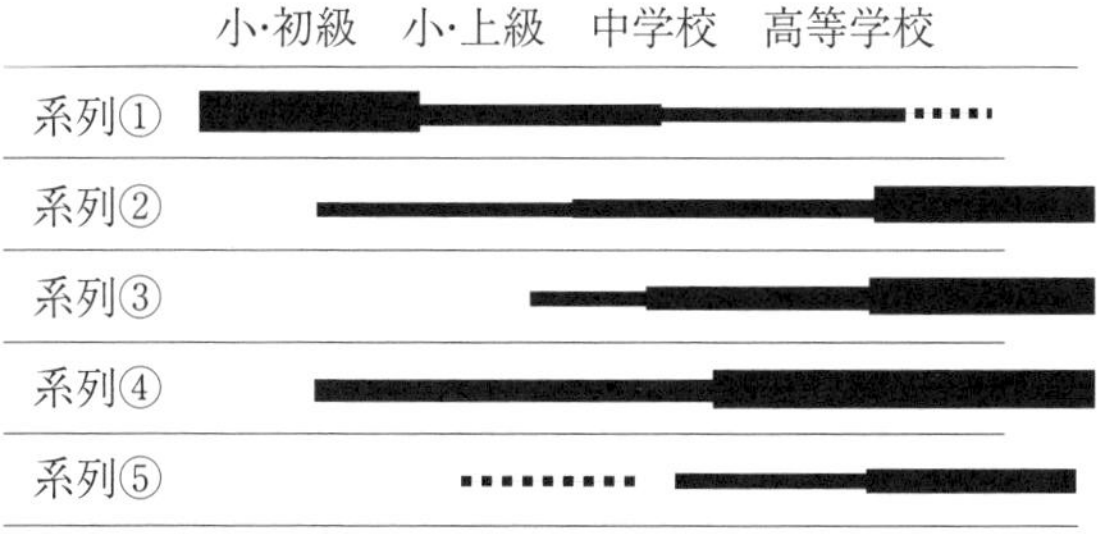

図１　系列別重点指導時期

④　言葉の生活を考える系列
○漫画や広告のオノマトペを集め、その効果を考える。
○新しいオノマトペを作る。
⑤　言葉の歴史を考える系列
○動物の鳴き声の表し方の変遷を調べる。
(例) 犬は「びよ」と鳴いた
○オノマトペの消長を調べる。
(例) ガタピシ、ギイーッは何処へ

実際の単元では、①〜⑤の系列を複合したものが多く、本稿報告の実践も、系列②④を中心として系列③も加えたものである。

四　「言語単元」の指導過程モデル

「言語単元」指導上の留意点として、拙稿（二〇一〇）においては、次の三点を指摘した。

(1)　なるべく学習者の言語生活の中から学習課題や学習資料を提示すること。
(2)　言語操作（言語処理）のモデルを指導者が示し、学習方法や考察方法を指導すること。
(3)　結論的に知識をすぐに与えるのではなく、学習者が考えたり調べたりする時間を保障すること。

これに基づいて、次のような指導過程モデルを設定することができる。ただし、各プロセスは一方通行ではなく、戻ることもあるし、並行して行われることもある。さらには、プロセスの各段階に軽重を付けたり、簡略化や重点化を図る場合もある。各指導過程では、次に示すような能力や態度が養われることが考えられる。

(1)　課題や疑問の発見・提示……言語への関心や正誤・適否・美醜の言語感覚が養われる。言語単元の場合、日常的に、「言語への関心」と、「言語現象に対する言語感覚」が求められる。指導者が学習者に対し、日頃、言葉への関心を喚起しているかが問われる。

(2)　日常の言語生活の振り返り……言語を客観的に見る能力・態度が養われる。(1)でとらえた課題について、日常の言語生活の実情を客観的に振り返り、問題点を整理する必要がある。とくに、言葉の問題は身近であるだけに、先入観を排除する客観的な態度が求められる。

(3)　言語現象についての調査・分析・考察……言語操作力、言語現象の分析力、言語を客観的に見る能力・態度が養われる。分析の視点をもち、課題を解決するために必要な言語操作（言語処理）を行う。言語現象は複雑で例外的なものもあるので、学習者の限界が予想される。適切な指導で、課題解決に直結する分析や考察をさせたい。

(4)　調査・分析・考察の表現化……表現機能に即した表現能力が養われる。調査・分析や考察の結果は、報告・説明・意見等（音声表現・文字表現ともに含む）の表現様式で表現されることが多くなろう。それぞれの表現様式に合わせて、表現化させたい。

(5)　自分の言語生活への活用・応用……課題となった言語現象の理解力や表現能力の活用力・応用力が養われる。解明された内容を自分の言語生活にあてはめてみることで、言語現象の意味や理由が分かり、言葉に対する意識が学習以前に比べ高まる。

五　オノマトペ研究の現状と国語科教育

日本語学におけるオノマトペ研究は、最近進展が著しい。特に、オノマトペの「形態」「意味」に関する研究の進展は、国語科教育への寄与が大きく、注目されつつある。

角岡賢一（二〇〇七）は、日本語オノマトペ語彙にはいくつかの「語基」が存在し、その「語基」から「派生」という過程を経て、実際の語が出現するとしている。

ここでいう「派生」とは、大別すると次の三つとなる。

① 促音・撥音・母音の長音化・「り」などのオノマトペ標識を語基に接辞する場合。

② 語基の子音を有声化・硬口蓋化する場合。

③ 語基を反復する場合。

これらの原則をもとに語基「ぱた」を例に、二四の派生形を示している。

また、田守育啓（二〇〇二）は、音と意味との関係について論じ、オノマトペに含まれる母音の「a」と「o」との違いや、「さ」「す」の滑らかさ等を例に、オノマトペの意味（ニュアンス）が、音に影響されていることを論じた。なお、前述した派生の形態も意味（ニュアンス）に関係することも述べている。

山口仲美（二〇〇二）は、オノマトペを通時的に観察し、オノマトペ語彙の消長を形態面から明らかにするとともに、山口仲美（二〇〇三）では、オノマトペ一語一語の周辺に存在する類義語について、意味やニュアンスの違いを明示した。

以上のような日本語学における研究成果の視点で国語科教育を見通すと、次のような指導の重点が考えられる。

① 言葉の法則や分類に関する指導

一見不規則な成立に見えるオノマトペ語彙も、語基を中心に多様なオノマトペ標識の付加により、体系的な構造をもつことが分かる。これは、学習者の収集するオノマトペ語彙を分類するときの基準にもなるし、指導過程を工夫すれば、学習者自身がオノマトペ語彙の体系的な構造を見出す手がかりにもなる。

一見すると、体系性をもたない具体的な言葉の存在が、実は体系性をもっていることを知ることは、学習指導要領「国語」の「国語の特質」の指導内容として重要である。

② 意味の違いの分析に関する指導

例えば「ころころ」と「ごろごろ」とでは、これらの語で表現される主体物の大きさや重さの違いを感じるし、「ころころ」と「ころり」では、主体の動作の反復性や一回性が感じられる。

語の意味の違いは相対的なものであり、単独の語では意味の違いを分析するのは難しい。つまり語単独を扱う語句指導ではなく、複数の語を比べる語彙指導でなくては、意味の違いの分析は困難である。

しかも、比べる際には同一の観点をもたなければならない。上記の例ならば、対象物の「大きさ」や「動作の反復性」という観点である。「転がる様子を表す」という類比点と、「大きさの違い」「動作の反復性」という対比点が必要なわけである。しかし、学習者には時折「ころころは小さいもので、ごろごろは重いもの」などという発言をすることがあり、語の意味の違いを分析するには、類比点を明確にした「比較」の思考法を指導する必要がある。

③ 語感を育てる指導

②で述べた「意味」と、③で述べる「語感」との関係は、中村明（二〇一〇）によれば、

各グループ（筆者注—類義語群）に共通する、そのことばが何をさすかという部分を「意味」と呼び、同じグループでもどんな感じのことばかという部分を「語感」と呼ぶ。

ということになる。中村（二〇一〇）は、オノマトペの語感について言及していないが、山口（二〇〇三）では、「類義語」という項を設けている。

感覚的な語であるというオノマトペの性質上、「意味」の違いと「語感」の違いは判然としない。むしろ、「意味」と「語感」とは連続的というべきであろう。

例えば「にやにや」と「にたにた」では、意味の違いについて理解しつつも、日常の言語生活の具体的個別の言語使用の場合は迷うことも多く、逆に語感の違いを意図的、効果的に使用することもある。

その観点から、オノマトペの指導は「語感」指導の入り口として有効であると考えられる。

④　学習者の言語生活に生かす指導

①～③で述べたことは、学習者の言語生活に生かされてこそ、彼らの言語意識の向上につながるものである。意味の違いや語感の違いを理解や表現に意図的に生かす指導を計画的に行うことが指導者に求められている。

六　言語単元の題材としてのオノマトペの魅力

題材に「オノマトペ」を取り上げたのは、以下のような特性と教育的効果を有するからである。

(1)　学習者の誰にとっても既知であり、知識差が極めて少ない。そのため、学習に際して抵抗がない。

(2)　日常生活での使用頻度が高い。そのため、生活と国語との密接なつながりを再発見できる。

(3)　意味論の視点からは共通点をもちながらも、微妙にニュアンスが違う組み合わせが多い。そのため、

①　国語やそれを使いこなす日本人の感性の豊かさを再認識できる。

②　日本語を母語とする者同士の仲間意識、共通感覚を再認識できる。

③　自分の言語感覚の再認識、個人が抱くイメージの微妙な差異を認識することができる。

(4)　感覚的にあるいは無意識に使用しているため、説明する経験がない。そのため、言語分析の知的な楽しさ、再発見の喜びを感じることができる。

(5)　感覚に合わせたオリジナルオノマトペを造語することができる。そのため、学習者に対し、言語の受容者・継承者としてだけでなく、言語の創造者としての自覚を促すことができる。

七　オノマトペについて「説明文を書く」という言語活動に取り組ませる意義

本稿報告の実践では、「説明文を書く」という活動を五回組み込んでいる。その内容は次のとおりであった。

(1)　オノマトペという用語を定義する文章。
(2)　オノマトペの特色を説明する文章。
(3)　オノマトペ出現のルールを説明する文章。
(4)　オノマトペの効果を説明する文章。
(5)　創作オノマトペの意味や用法を説明する文章。

これらの書く活動は、次のような意図をもっている。

①　オノマトペは類義の語彙群が豊富で、意味の共通点をもちながらも、微妙にニュアンスが違う組み合わせが多い。そのため、改めて「説明」を求められることで、分類・類比・対比の思考が活性化される。また、類義の語彙群や同じ語形の語彙群の共通点を発見したり（一般化）、より適切な語例を挙げたり（具体化）する思考を駆使することを通して、生徒自身の力で様々な規則性を発見する楽しさを味わわせることができる。

②　オノマトペは日常生活での使用頻度が高いのにもかかわらず、感覚的、無意識で使用している言葉である

ため、客観的に分析、認識する必要性がない。そのため、改めて「説明」を求められることで、言語に対する意識化を図ることができ、学習者の言語使用に関する再発見の喜びを味わわせることができる。

③　説明文を「書く」ことは、一人一人に確実な学習を要求する。発問とそれへの応答で学習者を引っ張る授業からの脱却が図れる。

また、学級で共同研究冊子にまとめることなどの学習により、国語（オノマトペ）の特性の追究や自分たちの日常の言語生活と国語とのかかわりをまとめ、国語再認識の足跡を残し、充実感を味わわせることができる。

④　説明することは理解していないとできることではない。そのため、説明を通してオノマトペについての知識・理解が深まる。それは今後、聞いたり読んだりする際の内容や意図の的確な理解、また、話したり書いたりする際の内容や意図等の適切な表現に役立てることができる。つまり、学習者一人一人が今後の言語生活に活用できる知識を獲得することになるのである。

八　授業実践の概要（実践者は富山大学人間発達科学部附属中学校・萩中奈穂美教諭）

(1)　単元名

オノマトペの不思議な世界――オノマトペの○○を説明する――

※○○には「定義」「特性」「規則」「ニュアンスの違い」「マーケティング効果」「使用法」などが入る。

(2)　単元の指導目標

【価値目標】オノマトペの微妙なニュアンスも含めた表現力の豊かさと語彙の豊かさとについて理解させ、実感させる。

【能力目標】オノマトペの特質や規則性や使用の効果等について比較対照の方法を用いながら簡潔に記述する能力を高める。

【態度目標】説明の必要な事柄について、進んで説明しようとする態度を養う。

(3) **学習者** 富山大学人間発達科学部附属中学校二年生 一六〇名

(4) **実施時期** 二〇一二年五～六月

(5) **学習指導計画（全九時間）**

学習指導計画は次のとおりである。四で述べた指導過程モデルとの関係は次のとおりである。

第一次……指導過程モデルの主として(2)の段階。オノマトペが日常的に使用頻度の高い言葉であるにもかかわらず、学習者の関心は低い。とりわけ、日本語の表現の多様性を担っていることに気づかせたい。

第二次……指導過程モデルの主として(3)(4)の段階。多様なオノマトペを例に、オノマトペの成立について、その規則性を考える学習を展開する。また規則性がもたらす効果も考えさせることが、オノマトペの機能を考えさせることにつながる。

第三次・第四次……指導過程モデルの(5)の段階。第三次は、マーケティングの世界でのオノマトペの効果について、第四次は、学習者の表現活動に生かせるオノマトペについて、考えさせる。オノマトペの理解と表現の両面からの接近である。

具体的には、次のように計画した。

第一次 「オノマトペ」に興味をもつ段階。（オノマトペとの出会い）

　第一時 「オノマトペ」という語を知る。オノマトペを定義する文章を書く。

　第二時 オノマトペの特色（豊かなニュアンスを含む語であること）について例を挙げて説明する文章を書

く。

第二次　無意識に使っているオノマトペのルールを分析し、見つけたルールについて例を挙げて説明する段階。（オノマトペの意味と語形のルール）

第三時　オノマトペを比較、分類しながら、無意識に使っている語形と意味のルールを見出す。

第四時　見つけたルールについて効果的で分かりやすい例を挙げながら説明する文章を書く。

第三次　マーケティングで活躍するオノマトペの効果について、比較対象を出して説明する段階。（オノマトペの効果）

第五時　比較対象として引き合いに出すにふさわしい「オノマトペ」を選び、文章を書いてみる。

第六時　教材文を推敲しながら、分かりやすい説明の書き方を考える。

第七時　生活からマーケティングで活躍するオノマトペを見つけてきて、効果を考え、説明する文章を書く。

第四次　オノマトペ研究冊子の執筆と編集をする段階。（オノマトペの創作）

第八時　オリジナルオノマトペを創作し、意味や用法を説明する文章を書く。

第九時　クラスのオノマトペ集の執筆分担を決めたり清書をしたりする。

（課外）編集する。↓冊子は学校図書館等に置いて自由に閲覧し合う。

九　授業の実際と学習者の反応

(1)　「オノマトペ」に興味をもつ段階（第一次）。

第一時　「オノマトペ」という語を知る。オノマトペを定義する文章を書く。

〈学習させたい書く技能〉定義する書き方
〈習得させたい用語や表現〉オノマトペ・擬音語・擬音語・定義・定義の文型「～とは……である」
〈活動一―一―①〉「オノマトペ」で言葉遊びをする。（一―一―①とは、第一次の第一時の一つめの活動であることを表す。以下同じ。）
谷川俊太郎「どきん」や中江俊夫「たべもの」の中のオノマトペを当てたり、音読したりする。「オノマトペ」という語を理解する。
①　谷川俊太郎「どきん」の中のオノマトペ例……つるつる　ゆらゆら　ぐらぐら　がらがら　みしみし　ぐいぐい　そよそよ　ひたひた　どきん
②　中江俊夫「たべもの」の中のオノマトペ例……ほくほく　つるんつるん　もこもこ　ほこほこ　はりはり　ぱりぱり　ぽりぽり　かりかり　つるつる　くるんくるん
③　学習者の反応例
・「かりかり小梅」ってあるね。
・こんにゃくが「くるんくるん」とはおもしろい。
・「ほくほく」と言えば芋でしょう。
・「ほかほか」だから「ほ」……?なぜだ。
T1どうして「そよそよ」は風なんだろう。
・そよ風っていうから。
・春風がそよぐっていう。
〈活動一―一―②〉身の回りのオノマトペを想起しながら、オノマトペについての気づきや面白さを話し合う。オノマトペ辞典やオノマトペに関する書籍を知る。

①　学習者の反応例

・つるつるが「つる」を二回繰り返しているように繰り返しになっているのが多い。
・「どきん」みたいに「ん」で終わるのもある。
・「にこにこ」「いらっ」とか気持ちを表すのもある。
・オノマトペってたくさんあるね。
・そんな辞書があるんだ。知らなかった。

T2　どうしてこんな言葉があるんだろうね。

・どんな感じかぱっと伝わる。
・イメージしやすい。
・音を録音して聞かせるわけにはいかない。

〈活動一―一―③〉「〜とは……である」という文型を用いてオノマトペを定義する文章を書く。

①　学習者の文例

「オノマトペ」とは、「つるつる」「しっとり」など様子を表す擬態語や「カシャカシャ」「ワンワン」など何かの音や動物の鳴き声を言葉にした擬音語のことである。「擬」は本物をまねるという意味だから状態や音をまねた言葉ということになる。オノマトペを使うとどんな感じかイメージしやすい。身の回りにオノマトペはたくさんあり、よく使われている。

②　考察

開始直後は「幼稚」「ばからしい」「小学生じみている」と感じていた学習者も、オノマトペについての気づき

てみる学習者も多かった。

であった。「オノマトペ辞典」の存在にも驚いたらしく、休み時間等に自由閲覧できるようにしたところ、広げ

を発表し合ったり、T_1T_2のように問われたりすることで、改めてオノマトペは面白そうだと思い始めたよう

また、「定義」する文章を書く際には、「～とは……である」という文型を使って記述することができた。言葉遊びなどを通して興味をもったり気付きがあったりした学習者は、上記の文例のように定義の文に加え、さらに一～二文で再認識したことを書き加えていた。

第二時　オノマトペの特色（豊かなニュアンスを含む語であること）について例を挙げて説明する文章を書く。

〈習得させたい書く技能〉事例を挙げて説明する書き方

〈習得させたい用語や表現〉特色・例示・かりに

〈学習課題〉「宿題をしないのび太はママにくどくどとしかられた」を「くどくど」を使わないで、同じ内容が伝わる文に書き換えよう。ただし、オノマトペは使わないこと。

〈活動一―二―①〉「くどくど」というオノマトペが伝えるニュアンスを「がみがみ」「ねちねち」「がつん」等と比べながら、明らかにする。

①　学習者の反応例（「くどくど」の分析結果）

・お母さんは同じ内容を言い回しを変えながら繰り返している。
・「がつん」のように一回で終わらず、説教が長時間続く。
・しかり方は一方的である。
・しかられているのび太はお母さんの言いたいことはもう分かっている。
・のび太はお母さんの説教をしつこいと感じている。

・「がみがみ」ほど、大きな声をあげるわけではなく、比較的落ち着いたしかり方である。
・「ねちねち」ほど、嫌味っぽい感じはない。
〈活動一―二―②〉例文を「くどくど」を使わないで、同じ内容が伝わる文章に書き換える。
① 学習者の文例

宿題をしないのび太は、お母さんに長時間、もう分かっていることを何度も何度も説教されている。そんなに大きな声ではないが、とにかくお母さんは同じよう内容をしゃべりまくっている。そして時間的にもかなり長く続いている。お母さんは、何度も言わないと分からないと思っているが、のび太はもはやしつこいとしか感じていない。

② 学習者の感想例
・「くどくど」が伝える感じはたくさんあって、「くどくど」を使わなかったら伝えにくい。
・こんなたくさんの意味が「くどくど」という一語で伝わるのはすごい。
・「くどくど」に代わる言葉はない。
③ この学習を踏まえた、オノマトペの特色を説明する学習者の文章例（後述するオノマトペ文集にも、オノマトペの特色としてこの文章を書いた。）

オノマトペの特色として、「説明がしにくい」と「感覚でわかり合える」が挙げられる。

まず、「説明しにくい」ことである。例えば、「稲妻がぴかっと光って雷がごろごろばりばり鳴った」という文章がある。しかし、かりに、これをオノマトペを使わないで表そうとすると、「稲妻が一瞬強く光り、雷が重く低くけたたましく裂けるような音を立ててとどろいた」となる。説明しにくいのである。

次に、「感覚で使っている」ことである。多くの人はオノマトペを感覚で無意識に選んでいるから説明しにくいのではないか。感覚を一発で表すオノマトペもすごいが、日本人のほとんどがオノマトペで同じ感覚を共有しながら使っているのもすごい。

④ 考察

感覚で伝わるオノマトペをあえて、その語を用いないで全く同じニュアンスまでも伝わるように書き換えるという課題を与えた。学習者にとってはこれまで取り組んだことのない課題だったに違いない。さらに類義のオノマトペと比べさせることで、当該オノマトペ語句固有のニュアンスをも説明するよう求めた。簡単にできそうで意外に困難な課題を通して、学習者は、オノマトペが多くのニュアンスを含み、それらを容易に伝えている事実に気付くことになった。

(2) 無意識に使っているオノマトペのルールを分析し、見付けたルールについて例を挙げて説明する段階（第二次）。

第三時 オノマトペを比較、分類しながら、無意識に使っている語形と意味のルールを見出す。

〈活動二―三―①〉「ころ」を語基として仲間の言葉を集める。

① 転がる＝「ころ」

② 「ころ」を重ねて「ころころ」

③ 「ころころ」に濁点を付けて「ごろごろ」

④ 「ころ」に「ん（撥音）」をつけて「ころん」

⑤ それを重ねて「ころんころん」

⑥ 「ころ」に「っ（促音）」をつけて「ころっ」

⑦　「ころ」に「り」をつけて「ころり」のように整理するが、とりあえずは思いつくままオノマトペを集めさせる。

〈活動二―三―②〉「ころころ」と「ごろごろ」の意味や用法を比較し、その違いを話し合う。

①　話し合いにおける学習者の実際

S_1　「ころころ」は小石とかボールとかが転がったときに使うけど、「ごろごろ」は岩とかが転がったときに使う。

T_1　つまりどんなものが転がるかで比べたんだね。

S_2　ころころは小さい物、ごろごろは大きい物。

S_3　転がり方も違う。ころころの方がスムーズで、ごろごろは曲がったり止まったりしながら転がる。ころころは軽い物で、ごろごろが重い物だからかな。

T_2　この例で考えると、濁点が付くとどうなるの？どうまとめられる？

S_4　大きくなる、重くなる、鈍くなる。

T_3　「とろとろ」と「どろどろ」とか「きらり」「ぎらり」、「トントン」と「ドンドン」等、他でも考えてみて。

S_5　気持ちよくない。とろとろより固そう。なんか悪そう。強い光。

T_4　濁点を付けると「大・重・鈍・不快・固・悪・強など」にまとめられるかな。

T_5　それでは光るオノマトペの「ぴかぴか」と「ぴかんぴかん」はどう？「ぴかっ」、「ぴかん」、「ぴかり」なども考えてみて？

〈活動二―三―③〉配布したオノマトペ一覧表を参考にしながら、その他のルールを見出す（グループ活動）

①　話し合いにおける学習者の実際

S_6「ぴかんぴかん」は「点いて消えて点いて消えて」を繰り返す→断続の意をとらえている。

T_6「ころんころん」もそうかな？「かくんかくん」はどう？（このように分析して語形による一般化を図る。）

S_7「ぴかり」は一回だけ光る。

S_8「ぴかっ」も一回だけ光るけど、一瞬点いてすぐ消える。「ぴかり」より短くて一瞬って感じ。

S_9「ぴかん」は光った後になにか周りにその空気が残る感じ。

②　学習者の感想例（ルール見付けの感想）

・オノマトペのルール見付けは難しくて面白かった。

・今まで全然意識してなかったけど、確かにそうだ、というルールがたくさん見つかって面白かった。

第四時　見付けたルールを説明する文章を書く。

〈習得させたい書く技能〉比較しながら特徴を示したり、事例を挙げて一般化を図ったりする書き方

〈習得させたい用語や表現〉比較　例示

〈活動二―四―①〉以下二つの文例から効果的で分かりやすい書き方について話し合う。

①　文例1（例示はよいが、比較に努力を要する例）

「○○っ」は一瞬その様子が起こることを表す。例えば「ぴかっ」とライトが光っただと、ライトが一瞬光りそのあとすぐ消えた様子が伝わってくる。「ばりっ」と一瞬のうちに一回氷が割れた様子が伝わってくる。「にこっ」と笑うも一瞬だけ笑いが見られる様子が伝わってくる。

②　文例2（比較はよいが、例示に努力を要する例）

「っ」がつくと一瞬でそのことが起きた感じがする。例えば、「きらっ」と「きらきら」を比べてみると分か

る。「きらきら」は何回も光る感じがするが、「きらっ」は一回だけ一瞬光ってもう光らない感じがする。

〈活動二―四―②〉右記の文例1と文例2を教材に、その語形の特徴をルールとして説明する場合には、「比較すること」と「例を示すこと」の両方が必要性だと気づかせる。

この学習を踏まえて、書いた文章の実際が次ページのものであり、これらはオノマトペの文集の一部を構成した。

③ 考察

学習者にとって、オノマトペという身近でしかも日常的な言語の中に法則が存在すること自体、意外であり、その法則を見出していく知的な作業に、探求的なおもしろさを感じていたようである。

ただ、それを理路整然と説明する文章を書く活動には難しさがあった。しかし、これも乗り越えられないような困難ではなく、例文を用いて、効果的な例示の在り方、比較的な記述の仕方等を学習することで、クリアしていくことができた。

(3) マーケティングで活躍するオノマトペについて、比較対象を出して説明する文章を書く段階（第三次）。

第五時 「ぽたぽた焼き」（せんべい）、「キュキュッと」（洗剤）、「むやむやすっきり」（パソコン教室）などの資料から、オノマトペが様々なマーケティングで活躍していることに関心をもたせたうえで、マーケティングで活躍するオノマトペの効果について、比較対象を出して説明する文章を書くことを告げる。

① 学習課題

氷菓「ガリガリ君」について、マーケティング効果を説明する文章を書く。
〈習得させたい書く技能〉比較しながら特徴を示したり、事例を挙げて一般化を図ったりする書き方
〈習得させたい用語や表現〉比較　例示

「ABり」の法則

オノマトペには、次のような決まりがある。

「ABり」の語形をしているオノマトペは、その物事が一回きり起きたことを表している。

このことを「ABAB」の語形をしているオノマトペと比較し、例を挙げながら説明する。

1・うそがばれそうでどきどきする。
・うそがばれてどきりとする。
「どきどき」は、緊張がしばらくの間続いているようすを表している。
一方、「どきり」は、うそがばれた瞬間の一回の緊張のようすを表している。

2・さっきから先生にじろじろ見られている。
・いきなり先生にじろりとにらまれた。
「じろじろ」は、さっきからの間、ずっと見られているようすを表している。
一方、「じろり」は、この瞬間に一回見られたことを表している。

他に「きらり」「ぴかり」「ぱくり」「ぺこり」「ちくり」「とろり」「ぴょこり」などがある。

このように、「ABり」のオノマトペは、物事が一度だけ起きることを表している。

図2　学習者作成の説明文例

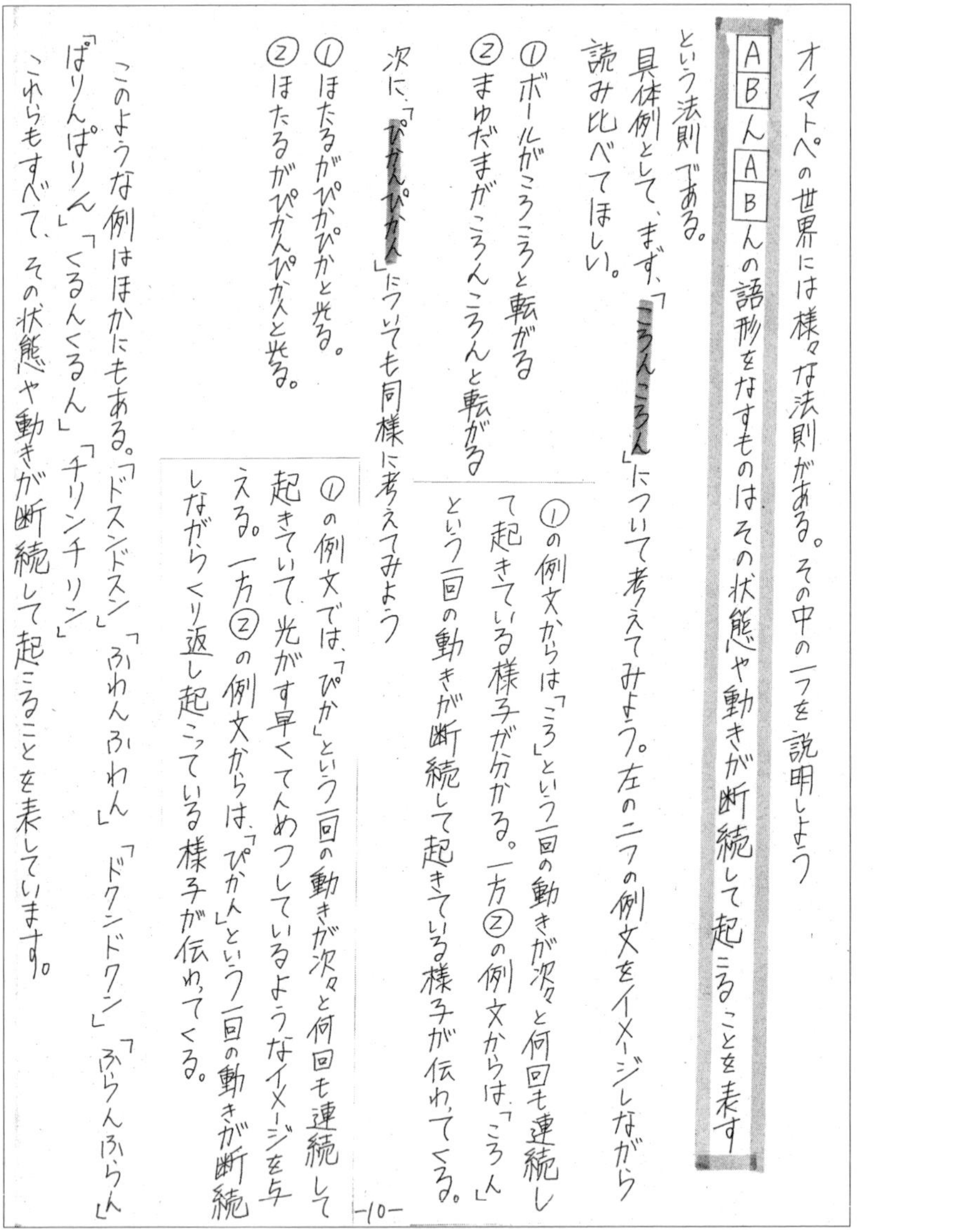
オノマトペの世界には様々な法則がある。その中の一つを説明しよう

ABんABんの語形をなすものはその状態や動きが断続して起こることを表す

という法則である。

具体例として、まず、「ころんころん」について考えてみよう。左の二つの例文をイメージしながら読み比べてほしい。

①ボールがころころと転がる

②まゆだまがころんころんと転がる

①の例文からは「ころ」という一回の動きが次々と何回も連続して起きている様子が分かる。一方②の例文からは「ころん」という一回の動きが断続して起きている様子が伝わってくる。

次に、「ぴかんぴかん」についても同様に考えてみよう

①ほたるがぴかぴかと光る。

②ほたるがぴかんぴかんと光る。

①の例文では、「ぴか」という一回の動きが次々と何回も連続して起きていて光がす早くてんめつしているようなイメージを与える。一方②の例文からは、「ぴかん」という一回の動きが断続しながらくり返し起こっている様子が伝わってくる。

このような例はほかにもある。「ドスンドスン」「ふわんふわん」「ドクンドクン」「ふらんふらん」「ぱりんぱりん」「くるんくるん」「チリンチリン」

これらもすべて、その状態や動きが断続して起こることを表しています。

-10-

図 3　学習者作成の説明文例

② 記述条件の提示

ア 内容条件

「ガリガリ君」に「ガリガリ」というオノマトペを使うことでこの氷菓のどのような特徴がアピールできるのかを説明する。

イ 方法条件

「ガリガリ」と類義のオノマトペを比較対象にして、「ガリガリ」が最適であることを説明する。

ウ 分量条件

第[2]段落、第[3]段落ともに四文で記述する。

エ 学習課題

「ガリガリ」を使った効果について、類義のオノマトペを比較対象として（第[2]段落と第[3]段落とは異なる語を示すこと）それぞれ四文で説明する。学習者に示した文章は次のとおりである。

> [1]氷菓「ガリガリ君」の商品名には、「ガリガリ」というオノマトペが使われている。では、「ガリガリ」いうオノマトペを使うとどのようなアピール効果が期待できるのだろうか。私なりにオノマトペの視点から説明してみる。
>
> [2]
>
> [3]
>
> [4]このように、「ガリガリ君」は、オノマトペが伝える微妙なイメージをうまく生かして商品をアピールしている。暑い日には、氷菓「ガリガリ君」を大きな口で「ガリガリ」と音を立てながら食べるとさぞおいしいことだろう。

〈活動三―五―①〉

比較対象として効果的な「オノマトペ」を選ぶ話し合いをし、実際に第2段落を書いてみる。

① 学習者の話し合いの実際

T_1 どんなオノマトペを引き合いに出したら、「ガリガリ」にしたマーケティング効果を説明しやすいかなあ。隣の人と候補となるオノマトペを三つ考えて、有力候補から1、2、3と番号を付けよう。

S_1 「ジャリジャリ」がいい。「カリカリ」もいいかなって思ったんだけど、あんまりイメージできないから、氷らしくて粒が大きそうな「ジャリジャリ」を一番にした。

S_2 「パリパリ」にした。両方音を表すんだけど「パリパリ」は折れる音で、「ガリガリ」はかじる音。私は、オノマトペの選び方として、すごく違ったものではなくて、似たようなオノマトペなんだけど、少し違うオノマトペを選んだほうがいいと思って、それで「パリパリ」はどうかなって思った。

T_2 選び方を考えたんだね。もう一度説明して？

S_3 オノマトペは、微妙なニュアンスも伝える言葉だから、大まかな違いよりもよく似ているんだけどよく考えてみたら微妙に違う、ってことを伝えた方が、読んだ人は納得してくれると思う。どうですか。

S_4 いいと思う。ぼくは、氷のアイスだから「ゴリゴリ」がいい。

S_5 「ゴリゴリ」は氷っぽくないような……

S_6 ぼくは逆に全然違うトルコアイスみたいな「ふにゃふにゃ」がいいかなって思った。（↓大差のある比較をしている。）

S_7 それ微妙にじゃなくて全然違うから、「ガリガリ」が似ているものの中のどれよりも一番いいっていう説明にならない。

S_8　ガリガリ君を売り出した会社が、「ふにゃふにゃ」を商品名の候補に挙げて悩んだとは思えない。
S_9　じゃあ「シャリシャリ」がいい。「ガリガリ君」は氷菓で、「シャリシャリ」も氷を連想させるオノマトペで、「シャリシャリ」でも氷をアピールできる。けど、かき氷を連想させる。それより力強いイメージの「ガリガリ」の方がぴったりだと説明する。(↓共通点から相違点へと考えを整理している。)
S_{10}　力強い感じなら「ガリンガリン」。結構、堅い感じがする。
T_3　堅い？
S_{11}　中に結構大きい氷が混じっていてそれが堅くて「ガリっ」てかじる。
S_{12}　じゃあ「ガリッ」がいいと思う。「ガリッ」と比べると「ガリガリ」は二回繰り返しているので、どんどんかじっていく感じがする。(↓明確に比較している。)
S_{13}　「ガリガリ君」は「どんどんかじりたいほどおいしいよ」っていうこと。リズムもよくて楽しい雰囲気。
S_{14}　「カリカリ」と比べて「ガリガリ」の濁点で表される強さを説明するのはどうかな。
S_{15}　「カリカリ」って「ガリガリ」ほどは堅くない。
T_4　いろんな考えが出てきたね。いまから書こうとしているのは、引き合いを出して「ガリガリ君」がマーケティング効果としてやっぱり最高だってことを説明する文章だね。二つのオノマトペを第[2]段落と第[3]段落で出して、効果を説明するんだから、引き合いに出すオノマトペは二つ選べるよね。一つ目はみんなで共通にして、二つ目は今の話し合いも参考に自分で決めよう。みんなで書いてみる段落はどれを引き合いに出す？
S_{17}　やっぱり「シャリシャリ」が一番いい。だって「シャリシャリ」はあり得る。でも微妙に違うから。
②　話し合いの後

学習者個人で「シャリシャリ」を引き合いに出して、「ガリガリ」のマーケティング効果を述べる四文を書いてみる。学習者の記述を評価し、指導すべき事項を盛り込んだ教材文を指導者が作成する。

第六時

〈活動三―六―①〉類義オノマトペの比較対象を引き合いに出して説明する四文の書き方の検討をする。左記は、推敲対象として提示した二段落めの教材文である。

> 例えば、「シャリシャリ」と比べてみる。「ガリガリ」は粒の粗い氷をかじる音を表す。「シャリシャリ」は粒の小さい氷をかじる音を表し、歯ごたえがあまりない。だから、「シャリシャリ」は合わないのである。

① 学習者の話し合いの実際

T1　上記の文例を音読しよう。（表現のずれの直観的認知）

S1　三文めの「シャリシャリ」には歯ごたえが書いてあるのに二文めの「ガリガリ」には書いてなくて揃っていない。

S2　対照的になっていない。（比較表現の対照性）

S3　この段落の四文めには「シャリシャリ」と「ガリガリ」の共通点も書けばいい。微妙な違いというのは大きく共通する部分があって、あと少し違うところがあるから、違いの前にまずは共通点を書く。（「類比＝共通点」と「対比＝相違点」の順序性）

S4　四文めは「シャリシャリ」のデメリットで終わっているけど、ここでは「ガリガリ」を使った効果を説明するんだから、ここでは「ガリガリ」だとマーケティングでどんな効果があるのかそのメリットを分からせる説明を書くべき。（問いと答えの照応性）

T2　批正の方針の確認（学習課題の決定）
・比較を明快にする。（共通点と相違点）
・「ガリガリ」を使うメリットでまとめる。
S5　一文めを「同じ氷をかじる音を表す『シャリシャリ』と比べてみる。」にする。（共通点の具体的な表現方法）
S6　やっぱり一文めには何をするのかを書いて、二文めには「どちらのオノマトペも氷などかたいものが割れたような音を表す言葉だ」って書いて、三文めで「ただし、こんな違いがあるよ」って教えて、最後の四文めでまとめる。（論理的な構成や記述順序への見通し）
T3　S6さんは第二段落に共通点を書きたいんだね。共通点だと分かる書き方はどの表現？
S7　「氷が割れた音を表す」という表現です。
T4　それは実際に共通する内容だよね。それが共通すると伝えている表現は？（類比の思考と表現との照応）
S8　「どちらも」（共通点の表現方法の自覚）
T5　きのう書いた自分の文章をみてごらん。共通点をすでに書いていた人、いるよね。どんな表現を使ってる？
S9　「共通するのは」って書いた。（自分の表現をメタ認知）
T6　次は、終わり方を考えようか。四文めはどうする？
S10　「あわない」って断定するのはよくない。「シャリシャリ」も悪いわけではないけど、「ガリガリ」の方が優れている、って書くのがいい。
T7　実際には、どう書く？四文めを書いてみよう。（一人一人が、四文めを記述する。）

S11　「この場合、『ガリガリ』が適している。」と書く。

T8　適している？

S12　「ガリガリの方が丸かじりするイメージが伝わる。」って書く。

S13　「この氷菓（アイス）の粒の粗さをうまく表現している。」って書く。

S14　「おいしそうな感じが伝わる。」って書く。

S15　でも、「シャリシャリ」だっておいしそうだから、それでは「ガリガリ」が優れている理由にはならない。（対象の再認識）

S16　「ガリガリ君」の商品の売りはかみごたえだと思う。それには「ガリガリ」がいい。それを書く。（具体物の特徴とその表現との適応性の評価）

S17　この文章は、先に二文めで「ガリガリ」の説明をして、それから三文めで「シャリシャリ」の説明をしているけど、逆にして、「シャリシャリ」を説明してから「ガリガリ」を説明したほうが「ガリガリ」の方がいいということがよく伝わると思う。（比較する両者の重みづけと順序）

S18　「シャリシャリ」でもだめじゃないけど「ガリガリ」の方がよりいいんだから、先に「シャリシャリ」ではいまいちだと言っておいて、「ガリガリ」のことをもっといいことを言えば強調できる。（順序の工夫による効果）

T9　ここまでに批正した文章を音読しなさい。

S19　二文めと三文めは、確かに比較しているけど、なんか羅列的。箇条書きみたい。「だから？」って言いたくなる。間に「一方」とか「逆に」とか接続語を入れたらいい。（比較する両者の関係性の表現の必要と方法）

S20 二文めと三文めは正反対のことを書いているんだから「これに対して」でもいい。（比較の関係を表現する別方法）

T10 ずいぶんよくなってきたね。この一文めはこれでいい？

S21 「例えば」が要らない気がしてきた。その代わりに、「まず」にする。

S22 でも、第1段落からのつながりでいえば、ここで「シャリシャリ」を例に出して比べてみるってわけだから、「例えば」でいい。（前段落との関係における機能に着目）

T11 じゃあ、「まず」について考えてみようか。どうして、「まず」を使うといいと思ったの？

S23 最初だから。（四文における一文めの位置に着目）

T12 最初とは、どれの中の最初なの？

S24 この四文……？

S25 「シャリシャリ」と比べるところ……？

T13 「まず」といえば、セットで使われるのは？

S26 「次に」（順序の接続語で文と段落の上位下位を意識）

T14 「次に」はどこで使うの？

S27 三文めの最初、シャリシャリとは別のオノマトペを引き合いに出すところ。（文同士の関係と機能の把握）

T15 ここで「次に」を使って、二段落めと三段落めを順序づけて並べる計画のもとに、ここで「まず」を使うってことになるね。（文章の上位下位の階層とその表現方法）

T16 一文めに別の書き出し方をした人もいたね。

S28 「かりに」にして、「ガリガリ」のところに「シャリシャリ」を代わりに入れて、「かりに『シャリシャ

リくん』ならどうだろう。」にする。（仮定法の活用）

S29　「シャリシャリ」も氷をかじる音を表すのだから、「シャリシャリ」くんでもよいのではないだろうか、と書く。（共通点も挿入・読み手の課題意識を高める工夫）

S30　いいね。なんだかおもしろい。（読み手の興味喚起）

〈活動三―六―①〉話し合いを踏まえて、各自よりよい方法を判断して書き直そう。

① 学習者の文例

この氷菓のおいしさをアピールするなら同じように氷をかじる「シャリシャリくん」にしてもよかったのではないか。しかし「シャリシャリ」は、比較的粒の細かい氷をかじる音を表すので、かみごたえが弱い感じがする。これに対し「ガリガリ」はシャリシャリよりも粒の粗い氷をかじる音を表すので、かみごたえが伝わる。だから、商品名に「ガリガリ」を使ったことで、かみごたえ十分のアイスを豪快に食べるおいしさをアピールする効果があるのだ。

② 考察

身の回りの生活からオノマトペを見つけ出し、その効果を客観的かつ日本語学的に分析することは、学習者にとって、自らの言語生活を見直し再発見する恰好の機会となった。材料としては、お菓子等を中心に豊富にあるため、どの学習者にとっても容易に見つけられる。それを分析する際には、自分たちが見出したルールに当てはめてみるのだから、自分で語学研究をしている知的な充実感がある。極めて感覚的な特性を持つ言語をあえて「説明」という客観的な分析や記述が求められる文種でまとめることは、学習者にとって新鮮な言語活動であったようである。

(4) オノマトペ研究冊子の執筆と編集をする段階。（第四次）

第七時　生活からマーケティングで活躍するオノマトペを見つけてきて、効果を考え、説明する文章を書く。

消しゴムに使うオノマトペ
消しゴムにはどんなオノマトペを使う?
ときかれたら、どんなものをイメージしますか?
おそらく、「ゴシゴシ」とか、「ゴッシゴッシ」みたいな物だと
思います。しかし、Pentel製の「アインブラック」という
物に使われたオノマトペはなんと「さらっ」でした。
なぜ「ゴシゴシ」や「ゴッシゴッシ」よりも「さらっ」の方がこの消しゴム
に合っているか、それを調べてみたいと思います。
まずは「ゴシゴシ」と比べてみます。「ゴシゴシ」は何度も
消しゴムを紙にこすりつけている感じですが、「さらっ」は
「っ」の小さい「っ」がつくことで一度だけで済むような感じです。
このことから、何度もこすらずに、一回だけで字が消える
便利さを伝えていると思います。
次に、「ゴッシゴッシ」と比べてみます。「ゴッシゴッシ」は力をこめて消している様
子を表しています。しかし、「さらっ」は「ゴッシゴッシ」より軽い力で字を消す
事が可能だということを表しています。このことから、普通の消しゴムよりも
少ない力でかけることができます。
この二つのオノマトペと比べたことで、「アインブラック」は他の消しゴムよりも、
"軽い力"で"よく消える"便利な消しゴム、それが「アインブラック」の特ちょう
だと思います。
14

レタスは「シャキシャキ」キュウリも「シャキシャキ」コーンは何?
サラダを食べる様子を表すオノマトペは何だろう。たいていの人
は「シャキシャキ」と答えるだろう。確かにサラダに入っているレタスや
キュウリを食べる様子を想像すると「シャキシャキ」と表す事が多い。
しかし、上のスイートコーン「シャキッとコーン」には、「シャキッ」というオノ
マトペが選ばれた。どうして「シャキッ」というオノマトペを選んだのか、その
理由をレタスやキュウリの食べ方と比較して僕なりに説明する。
まずレタスやキュウリを食べる時に使う「シャキシャキ」で比較してみる。
「シャキシャキ」は瑞瑞しく歯ごたえのある物を複数回、噛んでいる様に感じる。
一方、「シャキッ」は瑞瑞しい物を一度だけ噛んでいる様に感じる。
レタスの様に歯ごたえのある物を噛む時は、「シャキシャキ」の方が伝わって
くるが、スイートコーンの場合は、「シャキッ」の方が一度噛むだけでコーンの甘みが
広がっていく感じが伝わってくる。よって、「シャキッとコーン」には「シャキシャキ」より「シャキッ」の方が適していると言える。
次に同じ一回だけ噛む時に使う「シャキ」と比べてみる。「シャキ」は一度噛んだら、それだけで終わってしまう感じがする。
一方、「シャキッ」だと噛んだ時の瑞瑞しさが伝わってくる。瑞瑞しさのある「シャキッとコーン」には、「シャキ」より「シャキッ」の方が商
品の噛んだ時の様子が鮮明に想像できる
「シャキッとコーン」には、商品の瑞瑞しさや歯ごたえをより上手く伝えるために、「シャキッ」というオノマトペが選
ばれている。そしてレタスやキュウリとの表現の違いもそんな微妙な瑞瑞しさや歯ごたえに
あると思う。
15

※ シャキッと! は、はごろもフーズ株式会社の登録商標です。

図４　オノマトペの効果を説明した文章

第八時　オリジナルオノマトペを創作し、意味や用法を説明する文章を書く。

第九時　クラスのオノマトペ集の執筆分担を決めたり清書をしたりする。

①　考察

日常的に無意識に使っているオノマトペを分析した結果を冊子という形でまとめたことは、学習者にとって充実感を味わえる活動であった。一人一人が分担執筆して、書き上げたため、簡単な編集の体験ともなった。各学級の「オノマトペ研究」の成果を手に取りながら、楽しんで読み合う姿が見られた。

一〇　学習後の生徒の感想例（傍線著者）

(1)　国語を尊重する態度・国語への関心の面から学習者の感想を類型化すると、次のようになる。

①　国語（オノマトペ）への興味

②　国語（オノマトペ）の偉大さへの気付き、尊敬

創作オノマトペ
「のあのあ」

私の考え出したオノマトペは「のあのあ」である。例えば、「暖かな午後の日差しで気分が『のあのあ』してくる。」というふうに使うことができる。
「のあのあ」とは、のんびりとした気持ちを表したオノマトペである。「のあ」と聞くと、ゆったりとして、リラックスした感じをイメージできるだろう。「のあ」を二回続けて言うことによって、よりのんびりとした感じを出すことができるだろう。ぜひとも、落ち着いて、のんびりしたいときには、「のあのあ」と過ごしてほしい。

図６　創作オノマトペを説明した文章

③　日本人の感性の豊かさ
④　無意識を再発見する喜び、意識するおもしろさ
⑤　自分の生活と国語（オノマトペ）との関わりの強さ、恩恵
⑥　国語（オノマトペ）の継承と創造

【Aさん】①④　これだけのオノマトペを使いこなせるのは日本人の特権だと思う。いつも使っている日本語

だけど今回初めて日本語っておもしろい言葉だなあって思いました。
【Bくん】①④ 本能的な言葉なのにそこにはしっかりしたルールがあるという一見矛盾しているような、していないようなそれが面白い。規則も知らないのに規則を守って使っていて不思議なことをしているなあ。
【Cくん】① 本能的でありながらルールを駆使して意識的に創作もできるところが面白い言葉だ。
【Dさん】①②④ 中学二年になるまでオノマトペという言葉を知りませんでした。でもいま知って本当に奥深い言葉だなって思います。濁点のルールとか繰り返しのルールとかいろんなルールが潜んでいることにも驚きました。オノマトペはほぼ無限にある。今まで無意識に使っていたのを意識して使うと結構面白いかも。
【Eくん】① 国語が嫌いだから日本語も好きじゃないって思っていたけど、オノマトペを勉強して日本語が好きになりました。
【Fさん】② のび太の例をオノマトペなしに変換してみようとしたら、難しくかえって分かりにくくなってしまった。それにオノマトペを使いそうになってしまって、私はオノマトペがなければ生きていけなくなっているんだなあって思うとおもしろい。オノマトペのおかげで伝え合ってわかり合っていることに気づいた。
【Gくん】② どんな言葉をたくさん重ねても重ねても伝わりきらない微妙な感じも一発で伝えられるその表現力の豊かさに感心した。
【Hくん】①②⑤⑥ 今まで何も考えずに使っていたけど、学習の途中で「なるほど」「たしかにそうだ」と思うことがたくさんありました。こんな簡単な言葉なのにあまりにもたくさんの説明できないようなニュアンスをピタッと一気に伝えられてものすごい高度な言葉だと思いました。オノマトペは偉大な言葉だ。勉強したことをオノマトペの偉大さとかおもしろさとか大事さに気づいていない人に知ってもらいたいので教えてあげようと思う。

【Iさん】①④⑤　オノマトペと聞いて最初はよくわからなかったけど、学習を進めるうちにオノマトペは私の生活になくてはならないものだと感じるようになりました。オノマトペを学んだことで日本語の魅力にあらためて惹かれました。オノマトペを新たな視点からとらえ直してみたこの授業はすごく面白かったです。

【Jさん】③　自分たち日本人が特に習ったわけでもないのに、無意識にたくさんの種類のオノマトペを覚えて使いこなしていることに気づいて驚きました。

【Kくん】③　日本人がこんなにたくさんのオノマトペを使うということは、微妙なニュアンスを全部使い分ける人間がいっぱいいるってことなんだと思った。

【Lさん】③　オノマトペにはいろんなルールがあるけれど、やはりオノマトペはあれこれ考えずに反射的に感覚的に使うからこそ意味があって、そんなときに気づいたらもう使っている言葉が一番合っているんだと思う。それ自体、オノマトペは日本人の感性に染みついている言葉だとおもう。

【Mくん】④　いつも感覚的に伝え合っている言葉の中身を説明するのは難しかった。あたりまえで無意識に分かっていることを深くいろんな角度から考え直してみるのがとても面白かった。

【Nさん】⑤　オノマトペを勉強し始めてから、買い物のときにオノマトペを見つけると、「こんな感じを伝えるためにこのオノマトペを使ったのかな」ってつい考えるようになりました。

【Oくん】⑤④　最初は教科書にも載っていないこんなくだらないような言葉を勉強することにどんな学ぶ意味があるのかと少し馬鹿にしていました。しかし、学ぶにしたがって奥深くて不思議な言葉だと分かってきました。思えば、食べ物、生活用品、僕の好きな漫画やアニメなどいろいろなところにぴったりのオノマトペが使われています。こんな風に身近な言葉の中に新しい発見があって面白かったです。

【Pさん】⑤②　お金を使わない日があってもオノマトペを使わない日はないって話を聞いて、本当かどうか試してみました。「絶対オノマトペ以外の他の言葉で言うぞ」って決心したけど、だんだん苦しくなってやっぱり駄目でした。オノマトペなしには生きていけないですね。

【Qくん】⑥　日本人はこんなたくさんのオノマトペを言葉をいつから使っているのだろう。どのオノマトペが一番長寿なんだろう。調べてみたい。ぼくも後世に残るオノマトペを作り出したい。みんなが使ってくれればいい。

【Rくん】⑥④　初めは、こんな簡単な言葉を一〇時間近くも何を勉強するんだろうって思いました。でも、ルールを見つけたり、違いを説明したりもやっていくうちに面白くて、はまっていました。最後にはクラスで冊子も編集して面白かったです。外国のオノマトペと比べたり昔のオノマトペを調べたり一〇時間どころかまだまだ調べてみたいとおもいました。

(2)「説明する文章を書く」という面から

① 自分で体と頭をはって説明文を書くときにこそ、理解が深まるのだと思いました。

② 普段何気なく使っている言葉を改めて説明するのは難しくておもしろいことでした。

③ 比較や結論の文末表現などの書き方を決めていくのは難しいけどとても楽しかったです。

④ 比較して何かを説明することはよくあるけど、今までは考えずにやっていたと思った。

⑤ 文は長く詳しく書けばいいと思っていました。対比させたり引き合いを出したりして、計画的に工夫して書くことが大事だと分かりました。

⑥　具体例は、思いついたものをなんとなく挙げるのではなく、厳選することが大切だと知った。
⑦　文と文との間にある関係や文章の流れを意識しながら書くと分かりやすくなることが分かった。

二　結語

⑴　「言語単元」の有効性

①　「学習後の生徒の感想例」にも見られるように、言語という題材は、彼らにとって魅力あるものである。
それには、次のような理由がある。

ア　無意識にかつ日常的に慣れ親しんでいる言語にもかかわらず、新しい発見があること。
イ　アの結果、新たな課題が浮上し、調査・研究してみたいという意欲が湧くこと。
ウ　自らの生活に直結するので、学んだことを生かそうという見通しと意欲がもてること。
エ　言語は学習者の共通体験に基づく考察が可能であり、また身近な素材であるため、親近感があること。

②　オノマトペという言語事象を題材に取り上げることは、次のような点で有効である。

ア　日常的で親近感の湧く題材であること。
イ　一見無秩序な語群であるが法則性があり、学習者の言語生活もその法則に従っていること。また、その法則性を発見するのは知的な楽しみを喚起する学習であること。
ウ　イの法則性が、オノマトペの意味の違いや語感の違いと大きく関わり、言語の形態と意味との関係が学習者によく感知されること。
エ　オノマトペを共時的に考察することを通して、オノマトペの通時的な考察にも関心が及ぶこと。

⑵　「説明文を書く」ことの有効性

①　感覚的な言語を題材に、あえて客観的な分析や記述が求められる「説明文を書く」という言語活動に取り組ませたことは、「説明」という言語活動の本質である「相手の問いに応える」ことを具現化するものであるということ。

②　語の成立に規則性をもち、また、語の意味に類似性と差異性をもつオノマトペについて説明することは、多様な思考法を駆使しないと不可能な作業である。説明文を書くことによって、多様な思考の鍛錬が可能になる。その指導のための題材選定が重要であることは言うまでもない。

文献

浅野鶴子編（一九七八）『擬音語・擬態語辞典』角川小辞典12　角川書店
岩淵悦太郎（一九七九）「言語の教育としての国語科教育」、飛田多喜雄・藤原宏編『新国語科講座1　基礎理論編』明治図書
小野正弘（二〇〇九）『オノマトペがあるから日本語は楽しい――擬音語・擬態語の豊かな世界』平凡社
角岡賢一（二〇〇七）『日本語オノマトペ語彙における形態的・音韻的体系性について』くろしお出版
北原保雄（一九八五）「言語教育のあり方」『応用言語学講座1　日本語の教育』明治書院
国語教育研究所（一九八八）『国語教育研究大辞典』明治図書
米田猛（二〇〇六）『説明力を高める国語の授業』明治図書
米田猛（二〇一〇）「『言語単元』の可能性」『豊かな言語活動が拓く国語単元学習の創造Ⅵ　中学校篇』東洋館出版社
米田猛・宮崎理恵（二〇一四）「中学校国語科における言語単元の開発研究――「方言」を扱う単元の場合――」『富山大学人間発達科学研究実践総合センター紀要　教育実践研究』第八号
田近洵一（一九九二）「単元学習の構成」日本国語教育学会『ことばの学び手を育てる国語単元学習の新展開Ⅰ　理論編』東洋館出版社
田近洵一・井上尚美編（一九八四）『国語教育指導用語辞典　第二版』教育出版
田近洵一・井上尚美編（二〇〇四）『国語教育指導用語辞典　第三版』教育出版

田守育啓（二〇〇二）『オノマトペ　擬音・擬態語をたのしむ（もっと知りたい！日本語）』岩波書店
中村明（二〇一〇）『日本語 語感の辞典』岩波書店
山口仲美（二〇〇二）『犬は「びよ」と鳴いていた』光文社
山口仲美（二〇〇三）『暮らしのことば　擬音・擬態語辞典』講談社

第二節　中学校国語科における言語単元の開発研究
――「方言」を扱う単元の場合――

一　「言語単元」の意義

「言語単元」とは、国語科の表現指導・理解指導の題材として「言語」を扱った単元のことをいう。類義語に「言語教材」という用語もあるが、「言語教材」という場合、言語現象そのものを指していう場合（例えば、看板の文字そのものが文字のことを考える教材である）があったり、教科書等の短い文章で、言語についての知識を獲得させることを目的とするもの（いわゆる「コラム教材」）を指す場合があったりする。

本稿では、ある程度のまとまりをもち（したがって、学習時間もある程度は必要であり）、内容的な価値として言語のことを考えさせると同時に、そこで扱う言語活動により言語能力の育成をも図るという二重構造をもった教材であるという意味で、「言語教材」とは異なる「言語単元」という呼称を使用する。

平成二〇年版中学校学習指導要領「国語」に〔伝統的な言語文化と国語の特質に関する事項〕が新設されたことに伴い、多くの実践が試行されている。しかし、「伝統的な言語文化に関する事項」のそれに比べ、「国語の特質に関する事項」のそれは、質・量ともに比べものにならないぐらい低調である。原因は様々に推測できるが、根本的な要因は指導者の意識の低さにある。「指導者自身の内容の不理解」「指導の必要性の無自覚」「学習者の興味・関心が低いという指導者の思い込み」など、指導者の意識改革が喫緊の課題である。

「言語単元」の指導の意義について拙稿（二〇一〇）では次のような指摘をした。

(1) 日本語に関する知識・興味・関心の育成
(2) 無意識な言語使用の意識化
(3) 指導者の知識の豊かさや資料準備の容易さ
(4) 学習者の「言語に対する関心」の高さ
(5) 生徒の言語経験の日常性

また、「言語単元」指導上の留意点として、次の点を指摘した。

(1) なるべく学習者の言語生活の中から学習課題や学習資料を提示すること。
(2) 言語操作（言語処理）のモデルを指導者が示し、学習方法や考察方法を指導すること。
(3) 結論的に知識をすぐに与えるのではなく、学習者が考えたり調べたりする時間を保障すること。

二　「方言観」の変遷

「方言」を授業で取り扱う場合、まずは、「方言」に関する最近の研究成果を日本語学（特に社会言語学）の面から、授業者は確認する必要がある。かつては、「方言」＝「地域の生活言語」という図式があったが、最近の「方言観」には次の三点において、変化が認められる。

① 「地域に根ざした生活言語」という従来の「方言観」に加え、職業、年齢等、ある共通の属性を備えた人々のグループで使われる「社会方言」が注目されつつある。学生用語、マスコミ用語、官庁用語など、また、幼児語、若者語、老人語などがその例で、「位相」と呼ばれる場合もある。

② 石黒圭（二〇一三）は、聞き手に合わせた言葉遣いをみる観点として

ア　「場面」の「あらたまった」「くだけた」
イ　「話題」の「硬い」「柔らかい」
ウ　「機能」の「丁寧」「ぞんざい」

の三つを指摘した。「方言」使用の傾向についても、この指摘は適用できる。例えば、くだけた場面では「方言」で話している親しい友達に対しても、あらたまった場面ではその使用は減る傾向がある。あるいは、丁寧に語る場合は「方言」使用は少なく、ぞんざいに語る場合は「方言」使用は多くなる傾向もある。すなわち、同一人物でも状況の差異によって、「方言」使用の実態は異なるのであって、生活語としての「方言」を見る重要な視点となる。

③　「方言観」に大きな変化が認められる。すなわち、

第一期……「方言」は排斥・撲滅すべきもの

第二期……「方言」は保護し、愛すべきもの

を経て、今は、

第三期……「方言」は楽しむもの

という時代となった。マスコミから生まれる「方言」の流行語、方言番付や方言をあしらう土産物、各地の公共施設などに採用される方言をイメージさせる名称などがそれで、田中ゆかり（二〇一一）はそれを「方言コスプレ」と称した。授業で「方言」を扱う際にも、このような楽しむ「方言」の学習や、学習者自身の「方言」に対する意識変化も十分考慮する必要がある。

三　「方言」を扱う「言語単元」の意義

言語単元において「方言」を取り扱うことは、その扱い方はともかく、古くから行われてきたことである。児童生徒の「方言学習」について、東条操（一九七三）は次のように述べている。

（前略）自分のもっている方言と比較して、その異同を子細に自分で調べてみることは、①言語研究に興味をもついとぐちになる。（中略）小学生でも、五～六年生なら②採集帳による調査は興味をもって従事するものである。（中略）③最初は若干の単語から入るが、文法や音韻やアクセントも指導しだいでは調べられよう。④個人研究よりはグループ研究のほうが成績があがりやすい。（中略）⑤中学生以上になれば、言語地理学的研究に伸ばすこともできるし、または民俗学的研究と関係させて、郷土研究の一環として取り扱うことも可能である。（二〇ページ、傍線著者）

傍線部が、「方言学習」の特徴とその意義について述べている部分である。つまり、ここには、

① 日常語・生活語である「方言」は、児童生徒が言語に興味をもつきっかけとして、効果のある題材である。
② 採集等の具体的な調査活動を通して、言語について学習することは、児童生徒の学習意欲に沿うものである。
③ 方言学習の内容は、学習の初期においては「単語や語彙」を扱うのが適切である。しかし、慣れてくれば「語法・文法」「音韻やアクセント」も可能になる。
④ 学習形態は、個人学習よりもグループ学習のほうが効果的である。
⑤ 中学生以上においては、やや専門的に学習も可能であるし、郷土研究として学習者に対する陶冶的価値も

高くなる。

などの「方言学習」の意義が指摘されているわけである。

四　単元「方言と私たちの生活」の意義

後述する単元「方言と私たちの生活」の意義について、次の三点が指摘できる。

(1)　「国語の特質」に関する授業を行うに当たり、単元を開発したこと。

単元や教材の開発はどのような教科、どのような領域でも必要なことである。しかし、実際にはさまざまな理由で開発が行われることは少ない。指導者は教科書に頼り、単元開発の必要性などは感じていないのが実情である。

中学校国語科の場合、「国語の特質」の授業は、多くは短時間（一～二時間）の扱いになる。その場合は、教科書のコラム教材を利用し、学習者には主に知識を教授する授業となる。裏返せば、「国語の特質」を教える本格的な教科書教材は少ないと言わざるを得ない。

本単元では、上述のような指導者の意識の問題、教科書教材の問題に警鐘を鳴らすものである。

(2)　日本語学における方言研究の成果を取り入れて単元開発を行っていること。

「国語の特質」の指導に関わる課題として学会等で論議されていることに「国語科教育学と日本語学との連携」がある。「連携」の視点は多様であるが、何よりも「連携」すべきは、日本語学の研究成果を国語科教育学がどう取り込み、教育の問題として昇華させるかという点にある。

本単元では、次のような方言研究の成果を取り入れて開発を試みている。

①　方言を「地域差による言語の異なり」という観点だけで捉えず、「場面や相手の差による言語の異なり」

という観点も加えている。これは、方言を「生活言語」とするときの重要な視点である。

② 方言の豊かな表現力や微妙なニュアンスを楽しむ学習を取り入れている。それは「方言詩の創作」という表現学習として、学習者自身の表現力に寄与する学習でもあり、方言を学習者自身が意識し、見直す学習でもある。

③ 方言の果たす役割を「効果」という視点で学習者に考えさせている。それは、学習者がポスターや標語に使用されている方言を収集し、その効果を考える学習として具現化されている。

(3) 学習者の生活の中の言語が学習の材料となって、言語を意識的にみる学習としている。

方言が「生活の中の言語」であるから、学習者の生活の中の言語が学習対象になるのは当然である。しかし、「国語の特質」の学習を構想するとき、あるいは、言語単元の開発をするとき、ややもすると、知識の獲得の学習に陥りがちである。

学習者の生活の中の言語を学習材料にすることが、言語単元の開発の場合、必須であるし、そのための指導者の資料収集と学習者への学習材料提供が適切になされている点は、今後の言語単元開発のモデルとなる。

五　単元「方言と私たちの生活」の開発（授業者・富山大学人間発達科学部附属中学校　宮崎理恵教諭）

(1) 単元開発のねらい

平成二〇年版中学校学習指導要領「国語」では、第二学年〔伝統的な言語文化と国語の特質に関する事項〕(1)「イ　言葉の特徴やきまりに関する事項」に、「(ア) 話し言葉と書き言葉との違い、共通語と方言の果たす役割、敬語の働きなどについて理解すること。」が挙げられている。ここでは、生徒一人一人が日々の言語生活や言語活動を振り返り、言葉の法則性や言葉の果たす役割というものに気づき、理解し、自らの言語生活をより豊かにしていくために必要な学習が示されている。

方言に対する生徒のとらえ方は、「関西弁」をはじめとするテレビや書籍でよく目にするもの、祖父母が話しているもの、などという他人事のとらえ方が多く、自らの言語生活における方言について無意識である。その結果「方言は温かくて味わいのあるものだ」という一般的な解釈で終わってしまい、中学校学習指導要領「国語」のいうところの「共通語と方言の果たす役割」まで迫ることができない。

そこで、方言を身近なものとして考え、多面的に共通語と方言について考えられるような単元を構成することを試みることとなった。

まず、生徒全員（富山大学人間発達科学部附属中学校第二学年四学級、各四〇名、計一六〇名）に対して意識調査を行った。調査項目は次のとおりである。

1　「方言」と聞いてイメージすることを自由に書いてください。

2　あなたは富山弁をどの程度使っていますか。――よく使う　まあまあ　あまり　使わない

3　よく使うと思う富山弁を書いてください。

4　あなたは富山弁が好きですか。――とても好き　まあまあ好き　あまり好きでない　嫌い

5　4の理由を答えてください。

6　あなたは富山弁を恥ずかしいと思いますか。

7　その他

※現在住んでいる市町村　※他の都道府県に住んでいた場合の都道府県名

附属中学校の生徒には、言語獲得期に他県にいた者、家族が他県出身者である者がいる。また、県内全域が通学圏であることから、個人情報に配慮しながら「現住所」「他県在住歴」も調査に加えた。

項目2、4、6はNHK放送文化研究所「現代の県民気質――全国県民意識調査」(一九六六)の個人面接調査の項目を参考にしている。このNHK調査では、富山県は「方言が好きではない」「方言は恥ずかしい」という傾向がある。この2、4、6について結果は次のとおりとなった。

2 あなたは富山弁をどの程度使っていますか。

とても・まあまあ……六八% あまり・まったく……三四%

4 あなたは富山弁が好きですか。

とても・まあまあ……六一% あまり・まったく……三九%

6 あなたは富山弁を恥ずかしいと思いますか。

とても・まあまあ……二八% あまり・まったく……七二%

また、4の項目において、方言が好きな理由としては、「身近に感じるから」「いつも使っているから」が挙げられ、嫌いな理由として「他県の人に通じない」「田舎くさい」「古くさい」が挙げられている。

その他、「富山県以外に住んでいたことがありますか」「富山県以外に親戚はいますか」という項目では、ほとんどの生徒がどちらかにあてはまり、富山弁以外の方言を話す人と関わりがあることが分かった。なかには、「富山に来たときに富山弁が分からず、方言そのものが嫌いになった」「親戚から富山弁を指摘され、恥ずかしくなった」という生徒もいた。

調査結果をみると、約三割の生徒が「方言をあまり、あるいはまったく使っていない」と回答しており、「何が富山弁かよく分からない」という生徒もいた。おそらく方言があまりにも日常的であるため、意識できないのだろう。しかし、実際には発音(アクセントやイントネーション、語尾のゆれ)や語彙(富山県以外では使用しない語)など、方言を使っていない生徒はほとんどいない。まずは自分の言語生活を振り返り、相手や場面によって言葉を使い分けていることを自覚させることが必要である。

一方、方言が地域の文化に根付いてきた言葉であり、表現の可能性を広げてくれるものであることに気づかせ、方言のよさや豊かさを実感させるような単元を構成していくことも必要である。その際もやはり方言を単に「よいもの」として扱うのではなく、相手や場面によって使い分ける必要があるものだという視点も理解させたい。

そこで、次のようなねらいを設定して単元開発に取り組んだ。

① 生徒が言語生活を振り返り、方言に対する意識を高めるための教材の工夫

② 生徒が主体的に表現する言語活動の工夫

(2) 実践の概要

① 授業実践

ア 対象　富山大学人間発達科学部附属中学校第二学年各四〇名、計一六〇名（全四学級）

イ 実施期間　二〇一一年一〇月〜一一月

ウ 単元名　方言と私たちの生活

② 単元の目標

方言のよさを実感し、方言と共通語の果たす役割を考え、言語生活の向上に生かす。

③ 単元の全体計画（全五時間）

第一次 「話し言葉」を見直し、場面や相手によってどのような違いがあるか話し合う。……一時間

第二次 身近な方言である「富山弁」について考え、話し合う。……二時間

第三次 「方言詩」の創作と鑑賞……二時間

(3)　授業の実際

①　第一時　話し言葉を見直そう

「友達と話をしよう」「先生と話をしよう」「全校生徒の前で話をしよう」という三つの場面を想定しながら、「富山の観光地」をテーマにペアで会話をさせた。

自然な会話をしているペアを二～三組指名し、全体の前で発表させた。その後、三つの場面における違いを話し合わせた。相手による違いを意識させるために「友達」と「先生」との違いを比べさせ、場面による違いを意識させるために「くだけた場面」と「改まった場面」との違いを比べさせた。

話し合いでは、相手や場面によって言葉遣いや話し方が違うことに気付くことができた。これまで意識しなかった自分の言語生活を改めて振り返り、使っている言葉を客観的にとらえることで、よりよい言葉を使おうという姿勢が育成され、多くの生徒に無意識に使っている方言について意識させることができた。

本時における生徒の反応の一部は、次のとおりである。

ア　相手による違いについて

【友達と話す場合】

○方言を使っている。　○語尾がやわらかくなっている（例：～だよ）。　○助詞などの省略がある。

【先生と話す場合】

○共通語を使っている。　○自分がへりくだって謙譲語を使っている。

○文章語を使うことが多い。　○主述を整えている。

イ　場面による違いについて

【くだけた場面】

○方言を使っている。　○語尾が丁寧でない。

【改まった場面】

○共通語を使っている。　○文章語を使うことが多い。

○敬語を使っている。　○分かりやすい言葉を使っている。

② 第二時　身近な方言「富山弁」について考えよう

方言から得られるイメージをふくらませ、豊かな言語感覚を身に付けさせたいという思いから、身近な方言である富山弁を取り上げ、共通語と比べながら印象を話し合わせた。また、ここでは方言がその土地に根付くのには理由があるということや言葉の移り変わりについても触れた。

具体的には、次に示す活動1～3を行った。

〔活動1〕知っている富山弁を「使うもの」と「使わないもの」とに分けて書き出そう。

二～三語しか書けない生徒から一〇語以上書ける生徒までさまざまであった。全体で出し合うと、「まいどはや（こんにちは）」「きのどくな（ありがとう）」など語彙のレベルでは「知っているけれど使わないもの」が多く、それに対して「知らん」「いっちゃ」のように語尾を変化させた語法・文法のレベルでは富山弁を使っていることが分かった。

知らない富山弁は「富山県方言番付表」を用いて確認することとした。「富山県方言番付表」には生徒が大変興味を示したので、休み時間などに貸し出し、自分が知っている富山弁はどこに書いてあるか探したり、初めて知る富山弁に驚いたりするなど、富山弁に対する関心を高めていた。また、「かたがる（傾く）」「がんぴ（模造紙）」など、日常あたりまえのように使っている言葉が共通語ではないことに気づき、広い意味で方言をとらえることにつながった。

たようであった。「方言を使っていない」と思い込んでいた生徒も自分の言語生活を振り返り、方言を使っていることを自覚し

生徒が集めた「富山弁」は次のとおりである。

ア　生活の中で使っている富山弁

○　〜け?、〜ん?、〜しられ、〜がけ、〜やぜ、

○　くどい、こわくさい、しょわしない、だやい、はがやしい、やこい、いじくらしい、

○　一題め（歌詞の一番のこと）、校下、内履き、だやか、

○　つばいそ、ふくらぎ、がんど、がんぴ

イ　生活の中で使っていない富山弁

○　〜まいけ、〜やちゃ、たっしゃけ

○　まいどはや、きときと、うしなかす、わびらしい、しょんどる

○　はんごろし、らふらんす、こけ（きのこ）

〔活動2〕　富山弁と共通語とを比較し、与える印象について考えよう。

ワークシートにある「おばあちゃんと孫」の会話を声に出して読ませた。方言は話し言葉であるため、声に出してみることでアクセントやイントネーションの違いが意識できた。会話のキーワードとなっている富山弁を取り上げ、共通語に置き換えるとしたらどのような言葉を使うか考えさせた後、自分の言語生活と重ねながら、それぞれの言葉のイメージを話し合わせた。

まずは、方言「きときと」を共通語「新鮮な」「ぴちぴち」「活きがいい」「元気な」と置き換えた。「きときと」はこれらの意味を全て含んでおり、どの共通語で表すよりも意味が伝わってくるという意見にまとまった。

それに対して、「なーん」「きのどくな」は意見が分かれた。方言「なーん」を共通語「いいえ」「いえいえ」「違います」「ううん」と置き換えた。「なーんの方が、相手を傷つけない」「優しい感じがする」という意見が多い一方、「否定するときは『いいえ』と言った方がはっきりする」「『なーん』は目上の人に使うにはふさわしくない」という意見も挙げられた。

次に方言「きのどくな」を共通語「ありがとう」「わざわざすまないね」「感謝しています」「ごめんなさい」と置き換えた。「おばあちゃんに言われると、ほっとする言葉である」「相手を敬う気持ちが強い」という意見が挙げられたが、「かわいそうと思われている感じがする」という意見も挙げられた。

富山弁や共通語からそれぞれの言葉に合う日常の場面を思い浮かべたり、一つ一つの表現にこだわりながら考えていたりと生徒が自分のもっている言語感覚を生かしながら話し合うことができた。「それぞれふさわしい場面がある」という前時の学習をふまえた意見も多く見受けられた。

【ワークシート例】

太郎　おばあちゃん、こんにちは。
花子　おばあちゃん、久しぶりやね。これおみやげ。
おばあちゃん　（　　　）、いつももろてばっかりでねえ。太郎も来たがけ。挨拶もしっかりできるし、なんちゅ（　　　）子け。
花子　（　　　）、そんなことないちゃ。太郎いつも（　　　）なことばっかりしとるよ。
太郎　姉ちゃん、嫌なことばっかり言ってくるから、ほんと（　　　）わ。
おばあちゃん　けんかしられんな。今朝お隣さんから（　　　）の魚もらったから、一緒に食べんまいけ。

【生徒の感想例】

富山弁と共通語を比べてみて、富山弁は一つの言葉にたくさんの意味があって、一つの言葉でたくさんの気持ちが伝わるのはいい。気持ちが込められている感じだから、富山の人の温かさが伝わると思った。でも、ちょっと共通語とは違うので、場面に合わせてうまく使い分けていきたいと思う。でも、思いやりのこもった富山弁を大切にしたい。

〔活動3〕富山弁が親しまれている理由を考えよう。

「きのどくな」「きときと」が、なぜ富山弁として親しまれてきたのかを考えさせた。「きのどくな」には富山県民の気遣いや謙虚さが伝わるという意見や「きときと」など魚に関する方言が多いのは漁業が盛んだからであるという意見が挙げられた。

さらに、使わなくなった富山弁は生活の移り変わりが原因であると考えたり、古典で学習した古語が富山弁で使われている意味と同じであることに興味を示したりするなど、言葉に関心をもつよい機会となった。

方言の学習を通して、言葉がもつ意味や言葉の語源など自分たちが使っている言葉を知ろうとすることで、言葉を大切にしていく姿勢を身に付けることにつながるのではないかと考える。

次に示すのは、富山弁と共通語とを比較したある生徒の記述例である。

【富山弁】……言いやすい。親しみを感じる。生き生きしている。富山らしさがある。いろいろな意味が込められている（例：きのどくに……「自分のためにわざわざ」という気持ちがこもる）。

【共通語】……分かりやすい。意味が伝わりやすい。簡単に言える。堅苦しい。

③　第三時　身近な方言「富山弁」を集めよう

前時に引き続き、方言が与える印象について考えを深めるため、富山弁を使った広告や商品などを集めさせ、方言を使うことによって生まれる効果について話し合った。

〔活動1〕富山弁を使うことでどのような効果があるか考えよう。

生活で方言が使われていることについて、「富山の人にとっては親しみやすい」「身近な人に呼びかけられている気がする」「富山特有という感じがする」「富山の人しか分からないというのが、特別感を生んでいる」「見つけたら楽しいし、嬉しい」という意見が挙げられた。

次ページの写真は、ポスターや商品に富山弁が効果的に使用されている例を、生徒自身が集めたものである。このような活動を通し、また、前時の方言について理解を深めたことを生かしながら、与える印象を考えたり、方言を楽しんだりすることで、方言のよさや効果を実感できたようである。その一部を示す。

○　お年寄りに呼びかけるときは、方言のほうが身近で分かりやすい。（写真①②）

○　富山の人が愛着を持って利用できるような効果をねらっている。（写真③）

○　他県に富山をアピールできたり、方言を使用することで、生き生きとした感じや、どことなく懐かしい感じを醸し出すことができる。（写真④⑤）

〔活動2〕方言のよいところと方言を使うときに配慮が必要なところをまとめよう。

これまでの学習を振り返り、方言のよいところと使うときに配慮が必要なところをまとめた。これは「方言はよいものだからどんどん使おう」という単純な考えで終わらないことを目的としている。

中学校学習指導要領「国語」の〔伝統的な言語文化と国語の特質に関する事項〕（1）「イ言葉の特徴やきまりに関する事項」「（ア）話し言葉と書き言葉との違い、共通語と方言の果たす役割、敬語の働きなどについて理解すること。」とあるように、共通語と方言のそれぞれのよさを生かしながら、相手や場面に合った言葉の使い分けができるようになることをねらった。

写真①

写真②

写真④

写真③

写真⑤

授業の後半では方言のよいところを共通理解し、方言詩を創作するという次時につなげた。次に示すのは、生徒の意見の一例である。

【方言のよいところ】

○　地域で使うと親しみやすく、安心感がある。

○　日常会話では使いやすい。

○　共通語では表せないいろいろな意味やニュアンスが表せる。

○　他地域の人には、その地域に興味をもってもらったり、理解してもらったりするきっかけとなる。

【方言を使うときに配慮するところ】

○　公の場で使うことは避ける。

○　他の地域では伝わりにくいので、使わない。

○　相手によっては、よそ者扱いされた感じを受ける。

④　第四時　方言詩を創作しよう

ここでは、浜本純逸編（二〇〇五）と島田陽子・畑中圭一（一九八〇）を参考にした。これまで学習してきた方言の豊かさやおもしろさを生かし、詩を創作する学習活動である。

〔活動1〕　方言詩のよさを味わおう。

創作活動の前に、いくつかの方言詩を紹介した。島田陽子・畑中圭一（一九八〇）『大阪弁のうた二人集　ほんまにほんま』にある「えらいこっちゃ」という詩を取り上げ、よさを話し合わせた。しかし、授業者自身（宮崎）が正確に音読したり、話者にしか分からない微妙な気持ちまでを解説したりすることは難しかった。そこで、実際に関西弁を話す著者（米田）をゲストティーチャーとして、「えらいこっちゃ」の音読と解説をした。

生徒は自分たちとは違う方言に興味を示し、「えらいこっちゃ」の言葉にうれしさが表現されているなどの解説に聞き入っていた。

〔活動2〕　方言詩を創作しよう。

これまでに学習したワークシートや「富山県方言番付表」を見たり声に出したりしながら、創作に取り組むこととした。普段使っている富山弁を取り入れたり、富山弁と共通語の意味の違いから生まれた勘違いをテーマにしたりして、言葉にこだわりながら創作する姿が見られた。

次に示すのは生徒作品の一部である。

【作品1】　きときと
富山の方言「きときと」聞けば
みんなきっと、富山が好きになる
富山の方言「きときと」聞けば
みんな富山にきとーなる
みんな来ればきっと
富山はもっときときとになるだろう

【作品2】　みんな優しいがいちゃ
「何　食べっけ?」

きときとの白えび、ぶり、ほたるいか
「これあげっちゃ。」
おばちゃん特製はんごろし
「一緒に食べんまいけ。」
富山のみんなの、温かい笑顔

【作品3】
「いとしーねぇ」とおばあちゃんが言う。
「いとしーねぇ」とニュースを見ながら
かわいそうという意味だけど、
もっと大きなやさしさを感じる。

【作品4】
「来ればいいが?」
「来ればいいの?」
富山弁で
変わっちゃ
「カ変」

⑤　第五時　方言詩を鑑賞しよう

付箋を用いて、感想を交流した。詩の創作は言葉を吟味することを必要とする。これまでの学習で関心を高め、方言のよさやおもしろさを実感できたからこそ、創作したり友達が作った詩を味わったりすることができた。実際に方言詩を創作して楽しむことが表現の工夫につながったり、自分の思いを率直に表現したりすることにつながった。

次に示すのは、生徒が創作した詩と感想の例である。

【詩1】理由

「元気にしとるが？
たまには富山に帰ってこられ」
少ない言葉でも
富山弁が迎え入れてくれるが
聞くと帰ってきやすいが
あったかいが
だから
みんなに愛されとるん
富山弁は

【感想1】
・富山弁のよさを詩に表しています。
・富山弁の温かさが伝わってきた。
・とても分かりやすい詩です。
・富山弁が皆に愛されている最後の一行がいいです。
・これを読んで私も温かくなったが。

【詩2】富山大好きなん

「私富山キライなが」

【感想2】
・ほのぼのしていてかわいらしくていいです。

「なんで?」
「富山弁なんで田舎くさいやん」
ある女の子の対話
富山を嫌いと言っとるけど
富山弁を使っとるちが
富山県民は
富山が好きなん

【詩3】ありがたーなる
ごはん食べた後
ありがたーなる
風呂はいった時も
ありがたーなる
布団はいった時も
ありがたーなる
一日一日
ありがたーなる

・会話を使っているところがおもしろいです。
・富山県民は素直に言えないけど、富山を好きだというのが自然に伝わった。
・対話が入っていておもしろかった。
・ユーモアがあります。
・嫌いと言いつつ実は好きっていうのがいいなと思います。

【感想3】
・反復法を用いているところがいいですね。
・共感できます。
・反復法を使っていて、ありがたさが伝わってきます。
・温かい感じでいいと思いました。
・リズム感がいいね。
・反復法と富山らしい雰囲気がいいなと思います。

六　学習を終えた生徒の変容

学習後に第二学年の生徒全員（四学級各四〇名、計一六〇名）に対して意識調査を行った。事前の意識調査の「方言を使いますか」「方言は好きですか」「方言を恥ずかしいと思いますか」という項目を残して、次のようにした。

1　方言の授業は楽しかったですか。
　楽しかった　まあまあ楽しかった　あまり楽しくなかった　楽しくなかった
2　理由を具体的に書きましょう。（「〜の活動が……だった」など）
3　授業をとおして、「方言」に対する考えを深めたり広めたりできましたか。
　できた　まあまあできた　あまりできなかった　できなかった
4　理由を具体的に書きましょう。（「〜の活動で……を学んだ」など）
5　あなたは富山弁をどの程度使っていると思いますか。
　よく使う　まあまあ使う　あまり使わない　使わない
6　あなたは富山弁が好きですか。
　とても好き　まあまあ好き　あまり好きでない　嫌い
7　あなたは富山弁を恥ずかしいと思いますか。
　とても思う　まあまあ思う　あまり思わない　思わない
8　その他、方言や方言の授業について意見があれば書いてください。

結果は以下のとおりである。

(1)　5、7については大きな変化が見られなかった。

(2)　6については、「とても好き」「まあまあ好き」が、授業前の六一％から八一％に大幅な増加が見られた。

(3)　新しい項目である1、3については、

①　「1　方言の授業は楽しかったですか」について「楽しかった」「まあまあ楽しかった」が九二％、「あまり楽しくなかった」「楽しくなかった」が八％であった。

②　「3　授業をとおして、方言に対する考えを深めたり広めたりできましたか。」について「できた」「まあまあできた」が九五％、「あまりできなかった」「できなかった」が五％であった。

8の自由記述の結果を次に示す。

○　「古くさい」とか「ださい」とか思っていた言葉も今回のように、由来を調べ、私たちの生活とのかかわりを知ることで一つの大切な言葉なのだと実感することができました。言葉というものはどれも必要だったから生まれて残ってきたのだと知ることで、親近感がわきました。

○　僕はこの学習をする前までは何が富山弁で何が共通語かを分かっていませんでした。それはなぜか考えてみると、いつも自分が使っている「ことば」が自分の周りで共通に理解できているからだと思います。

○　私は小さい頃「富山弁はお年寄りの言葉だから、使いたくない」と思っていたが、今は実際に使っている。やはり富山で育ち、その温かさに触れてきたからだろう。普段、身近すぎてあまり深く考える機会もない富山弁だが、改めて考えてみると長所も短所もあり、使い分けていることも分かった。

○　方言の学習をする前は、「富山弁ってなんかおばあちゃんぽいし、あんまり使いたくない」と思っていたが、追究してみて富山弁の温かさを感じた。身近には富山弁を使った商品やキャッチコピーがあって、地域への愛を感じた。でも、富山弁はすべての人に親しまれるというわけでないので、時と場合、相手や場所などを考えて使っていきたい。

○　今回の学習をして、言葉は毎日ずっと使っているもので、方言と自分は切っても切れないものであることが分かった。これからは使っていくなかで独特な表現や富山県民にしか分からない言葉があるということに誇りをもちたい。

これらの感想には、無意識に使っていた方言を意識できたというもの、否定的に捉えていたが肯定的に考えるようになったというもの、方言のよさを感じたというものが中心だった。中には、言葉の使い分けについて考えを深めたものや方言の地域のPR手段について考えたものなどが見られた。

七　考察

(1)　生徒が言語生活を振り返り、方言に対する意識を高めるための教材の工夫について

①　自分や友達の話し言葉

自分の話し言葉をもとにその特徴について考えたり、共通語と比較したりしたことは、単なる方言に対する知識・理解に終わることなく、生徒自身が自らの言語感覚を確かめることとなり、学習意欲を高める意味で効果的であった。

②　富山弁を使った広告や商品

方言について考えさせるときに、生徒が実際使っているものや生活の中で目にするものを取り上げたことで、生徒が自分の問題としてとらえていた。そのことが活動や話し合いに意欲的に取り組むことにつながった。また、方言を守ろうという流れや方言を一つの地元の象徴として商品化するという流れなどの新しい方言の役割に気付くことにつながった。普段の会話だけでなく意図的に方言を使うことにどのような効果があるのか考えることができた。

③ 方言詩

方言詩を書くという表現活動をさせるときに、例として大阪弁の詩を取り上げ、ゲストティーチャーが解説をした。そのことが方言詩への関心を高めた。これまの方言の学習をもとに、自分も詩で表現することに挑戦したいという意欲につながった。

(2) 生徒が主体的に表現する言語活動の工夫

① 方言詩の創作

単元の最後に方言詩の創作を行ったことは、これまで考えたり話し合ったりしながら身に付けた言葉にこだわる姿勢や実感した方言のよさを実際に表現することにつながり、生徒の力となった。

(3) 課題

① 話し言葉の使い分けに関する観点

話し言葉の振り返りでは敬語や若者言葉への気づきがある。この実践では方言について取り上げたが、他の事項についても生徒の興味が高まったときに扱うことは効果的だと考える。関連を図った指導を考えていきたい。また、第一時では「友達」「先生」という相手の違いと、「くだけた場面」「改まった場面」という場面の違いのみで比較を行った。しかし、言葉を適切に表現するためには、「何のために」話しているかという目的などの観点も必要であったと感じる。

② 音声言語である方言

今回の実践研究では、語彙や語尾の取り扱いが中心となってしまった。音声言語は記録がしにくいため、取り扱いが難しいが、方言は音声言語である。その特徴を扱う時間が不足していた。

③ 伝統的な言語文化としての方言

方言の学習においては、単に単語一つ一つのおもしろさに触れるだけで終わることなく、その言葉を縦（歴史）のつながりと横（生活圏）のつながりで見ていくことも大切である。方言の語源や古語との結び付きに着目した教材も考えていきたい。

文献

石黒圭（二〇一三）『日本語は「空気」が決める　社会言語学入門』光文社
井上史雄（二〇〇七）『変わる方言　動く標準語』ちくま書房
加藤和夫監修（二〇〇八）『がんばりまっし金沢ことば』北國新聞社
河野庸介編著（二〇〇八）『中学校新学習指導要領の展開』明治図書
米田猛（二〇一〇）『「言語単元」の可能性』日本国語教育学会『豊かな言語活動が拓く国語単元学習の創造　Ⅵ中学校編』東洋館出版社
佐藤亮一編（二〇〇九）『都道府県別全国方言辞典』三省堂
真田信治（二〇〇一）『方言は絶滅するのか』ＰＨＰ
真田信治（二〇〇二）『方言の日本地図　ことばの旅』講談社
島田陽子・畑中圭一（一九八〇）『大阪弁のうた二人集　ほんまにほんま』サンリード
田中ゆかり（二〇一一）『「方言コスプレ」の時代――ニセ関西弁から龍馬語まで』岩波書店
東条操（一九七三）「方言と国語教育」文化庁『覆刻国語シリーズⅣ　標準語と方言』教育出版
浜本純逸編（二〇〇五）『けっぱれ、ちゅら日本語　現代若者方言詩集』大修館書店
簑島良二（二〇〇一）『日本のまんなか富山弁』北日本新聞社
簑島良二（一九九二）『おらっちゃらっちゃの富山弁』北日本新聞社
簑島良二（一九九四）『富山弁またい抄』北日本新聞社

第四章　「言語単元」の教材開発と実践的展開

第一節　「ニギル」と「ツカム」はどう違う?
——類義語の違いを説明する文章を書く——

一　育成すべき「説明力」

説明の「方法」のうち、「比較・対照による方法」は、「似て非なるものの違い」を説明するのに、有効な方法である。また、比較・対照することで、説明対象の特徴や特性を明らかにできることが多い有効な方法である。ただし、そのときには、共通の観点を設定して比較・対照しないと、違いを明らかにすることは困難であり、その観点の設定こそが「比較・対象」の方法を用いるときの要である。

本実践では、複数の類義語を取り上げ、その違いを説明する学習を計画した。類義語は、学習者の言語生活に日常的に存在するものであるが、それを意識的に取り上げて考察を加えることはあまりない。そこで、比較・対象の方法(思考法)を用いて、その違いを明らかにする説明に取り組ませた。

二　題材選定の意図と使用する学習資料

類義語は学習者の言語生活に日常的に存在するものであり、特別な体験は必要としない。しかし、具体的に類義語を複数取り上げて、その違いについて考察を加えることは、国語科で意図的に取り組まない限り、そのような機会はないと言っていい。逆の見方をすれば、国語科であるからこそ、取り組む価値のある題材とも言えるのである。

また、類義語の違いについて考えさせることは、「言語感覚」を磨くことにもつながる。よく似た意味の微妙な違いや使い分けは、無意識で日常使用している言語を意識化させる絶好の機会でもある。

ただし、学習者の知識や能力だけでは限界のあることが十分予想されるので、次のような文献を準備し、必要に応じて使わせるようにした。文献調査の方法にも慣れてほしい意図もある。

①辞典類……国語辞典―一三種類

類義語辞典―『角川類語新辞典』（大野晋・浜西正人　一九八一　角川書店）

『表現類語辞典』（藤原与一・磯貝英夫・室山敏昭編　一九八五　東京堂出版）など四種類

用例辞典―『国語基本用例辞典』（林史典・金子博・霍岡昭夫・教育技術研究所　一九八六　教育社）

『外国人のための基本語用例辞典』（文化庁　一九七一　大蔵省印刷局）

②単行本類……『基礎日本語』１～３（森田良行　一九七七～一九八四　角川書店）

『動詞の意味・用法の記述的研究』（国立国語研究所　一九七二　秀英出版）

『形容詞の意味・用法の記述的研究』（国立国語研究所　一九七二　秀英出版）など

③先輩のレポート例

④新聞・雑誌など

三　教材の指導目標・学習指導計画

(1)　教材の指導目標

①〈価値目標〉類義語の微妙な意味の違いを調査・研究し、説明することを通して、言葉の微妙な使い分けが意識できるようになる。

②〈技能目標〉取材した材料の中から、必要な材料を選択したり、構成したりする能力を養う。必要な材料を用いながら、自分の考えを的確に述べる能力を養う。

③〈態度目標〉文献を中心とした調査・研究の仕方を身につけさせ、情報を的確に扱う態度を養う。

(2)　教材の学習指導計画（全九時間）

第一次　書こうとする意欲を喚起する段階（一時間）

1　類義語に関するレポートの例を見て、学習の目標を定め、学習計画を立てる。

2　先輩のレポートの組み立て方を学び、自分の調査したい類義語を決める。

第二次　調査・研究を進め、観点ごとに文章化する段階（五時間）

3　文献を中心として、調査を行う。（三時間）

4　調査した材料をもとに、自分のひらめきを大事にしながら、比較の観点別に文章化する。（二時間）

第三次　文章全体の組み立てを考えて清書し、相互評価する段階（三時間）

6　三段式双括法（序論・本論・結論、序論と結論には自分の総合的な結論を示す）を用いて、文章全体を組み立て、清書する。（二時間）

7　学習者相互に批判を加えたり、反論を書いたり、まとめをしたりして、相互評価する。（一時間）

四　指導上特に留意すること

(1)　内容および構成について

大きく序論・本論・結論の三段式とする。自分の研究成果としての「総合的な結論」は、序論と結論に配置する双括法とする。その内容は次のとおりである。

序論―辞書の意味記述・過去の研究成果（既刊の単行本や先輩のレポートなど）・自分の総合的結論など。

本論―観点別に類義語の意味や用法の違いを述べる。観点については、類義語の組み合わせにより自由に考える。観点の順序についても自由とするが、読み手の理解を考えること。なお、自分の考えを証明する例文を必ず示し、読み手の理解を図ること。

結論―再度、自分の「総合的な結論」を述べ、まとめとする。

※「観点」とは、比較するための目のつけどころである。例えば、ニギルとツカムであれば、「手や指のどの部分を使うか」「対象となるものの全周囲を覆えるか否か」など、考えやすくするために具体的な比較の観点をもつ必要がある。それらを総合して、微妙な意味の違いをとらえることになる。

(2)　叙述・文体について

文末表現に意をはらう―「自分の考え」なのか「他人の考え（引用）」なのかの区別をする。また、「自分の考え」であっても、どの程度の「断定の度合い（例えば「断定」「推定」「推量」など）」なのかを文末を中心にして、言い分ける。断定しきれない事柄を述べるときには「～場合が多い」「～の傾向がある」などの言い方も適宜用いる。

五　「説明力」を高める授業の実際

――第二次「調査・研究を進め、観点ごとに文章化する段階」の指導の場合――

この段階では、ほとんどが個別指導となる。特に、調査結果から新しい（あるいは独自の）発想をもたせる段階での指導は、指導者側の助言がかなりの影響力をもっていると考えてよいであろう。次のような手順で指導を行った。

(1)　文献の調査にはB6大の調査カードを持たせる。文章化する段階で使えそうな資料を書誌的事項とともに写させる。この「使えそうな」という材料の切り取り方が案外難しい。学習者には、何もかも写してしまうパターンと、必要な部分がどの部分か認識できずに、文章化の段階で再度同じ文献を調べているパターン（要するに調査不足）との両極がある。

(2)　このような調査活動の中で、ひらめきや思いつき（発想）をメモさせていく。調査結果だけでなく、それらをもとにした自分独自の新しい考えや発想を大事にしたいし、そのことを学習者にも意識させたいと考えた。後述の例であれば、まず、「つけもの」と「おひたし」を考えるきっかけとして与えた。学習者は、これをヒントにして、分析的に「液体に触れている時間の長さ」「液体とそのものとの位置関係（液体への触れ方）」「上からの圧力の違い（つけもの石を思い浮かべたのであろう）」などの観点を見つけた。

六　学習者に見る「説明力」の高まり――「ツケル」と「ヒタス」の場合――

国語辞典によれば、

ツケル……①水につける。つかる。ひたる。ひたす。②つけものにする。

(1)　内容および構成について

「内容および構成」については、ほぼ努力目標を満たしているようである。本例では、序論に「国語

ヒタス……①水・液の中につける。②しめす。ぬらす。
と記されているが、これだけでは二つの言葉の意味ははっきり表れていない。

　そこで、わたしは、この二つのことばを追及し、違いを見つけ出すために、「液の中に入っている状態」「液の中に入れるための作業」という二つの大きな観点を設定した。以下、説明していくことにする。

1　液の中に入っている状態

(1)　深さの違い

　ツケルでは、図1のように〈物質全体がすっぽりと液体の中に入っている状態〉となる。ヒタスは、図2のように〈入っているか入っていないかという感じ〉で、当然〈水面は物質と同位〈か少し下〉という状態を指すと思う。

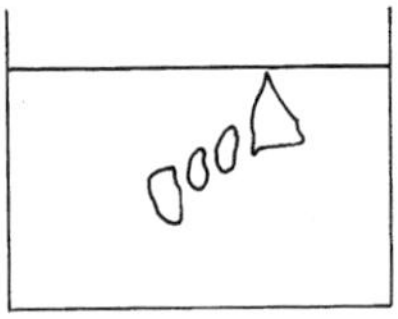

図1

　その例として、肉を食べるときなどの「肉をだし汁につけて」と「肉をだし汁にひたして」の解釈の違いがある。「肉をだし汁につけて」だと、肉をだし汁の中に完全に入れてしまい、肉ははみ出ていない。それとは反対に「肉をだし汁にひたして」では、肉は片面がだし汁から出ていてもよいと考えられる。

辞典の意味記述」を示し、その不備を指摘するとともに、自分の論点として「液の中に入っている状態」と「液の中に入れるための作業」の二点を示している。本論では、特に図を用いながら読み手の理解を図ろうとする工夫がみられ、例文も示している。しかし、違いが「なるほど」とうなずける例文がやや少なく、その示し方も文章中にとりこんだために読み手の理解が十分図れるかどうかは、工夫を要するところである。結論においては、自分の総合的結論を再度整理して簡潔に述べ、まとめとしている。

(2)　叙述・文体について

　「叙述」についても、ほぼ努力目標を満たしていると考えてよい。例えば、観点別の1の(1)の文末は、①「～となる」②「～と思う」③「～がある」④「～いない」⑤「～と考えられる」⑥「～と言えるのではないか」の六つ（①～⑥は便宜上付した文末番号）である。そして②は、①をも含めて、一般的な物質全体と液体との位置関係について自分の考え方を述べ、⑤は、④をも含めて、肉とだし汁の具体物の位置関係について、自分の考え方を述べている。

どちらも物体が液体に触れているのだが、その深さ（水面からの距離）が違うと言えるのではないか。

(2)　圧力の強さの違い

ツケルでは〈ヒタスよりも大きな圧力がかかっている〉と思われる。その例として「漬け物」と「おひたし」を考えてみたいと思う。

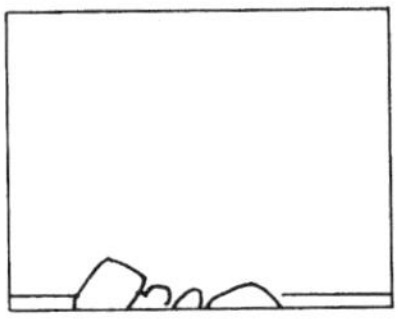

図2

（以下略。項目のみ示す）

(3)　時間の長さの違い

2　液の中に入れるための作業

(1)　使用する手の数と手の部分

(2)　使用する筋肉

今までのことをまとめてみると、次のようになると思う。ツケルはヒタスに比べて大きな圧力がかかっており、それによって液体の中に長時間すっぽりと入っていることになる。ヒタスはほとんど圧力という圧力がかかっておらず、短時間に液体とからむといった状態になる。またそのような状態に置かれるために片手だけを動かす、あるいは手の指だけを操作して液体に触れさせている。

これが二つのことばの違いではなかろうか。

ともに、自分の考えに一応の自信をもってはいるものの断定はしていない。そして、⑥の「言えるのではないか」は、それのまとめとして、②や⑤よりもさらに断定の程度が弱くなっている。ここに示された例だけでは断定しにくいと考えたからであろう。断定の度合いを示そうとしている文末表現と考えられる。

なお、字数はこの作品の場合、二〇〇〇字をこえるものとなった。また、この作文の目的とした「読み手の納得（知的肯定）」も得られ、学習者の相互評価でも高成績であった。

七　評価と処理

評価には、学習者の相互評価と指導者の相互評価とを併用した。特に、学習者の相互評価（学習者に実際に示すことばとしては「助言」「反省」「励まし」を用いた）については一時間の授業を確保し、次のような手順で評価をさせた。下に示したのは「評価のための観点」である。この観点についてはA～Dの四段階で評価させる。

(1)　隣の席の学習者に、観点別に評価させる。これとは別に二〇〇字以内の「〇〇レポートを斬る」を書かせる。これは、内容面にのみ視点を定め、書き手の説明する類義語の違いが理解できたか、さらには納得できたかを書かせるものである。（助言）

1	書き手の考えが、理解できますか。納得できますか。
2	例や例文は、書き手の考えを支えていますか。
3	断定の程度の違いで、文末を書き分けていますか。
4	レポート全体の組み立ては、三段式双括法ですか。
5	表記の誤りや文体の混在はありませんか。
6	総合すると……。

(2)　書き手の学習者に(1)の学習者の評価を見せて観点別に自己評価させる。また、「〇〇レポートを斬る」に対して「〇〇批判に応える」という二〇〇字以内の反論を言かせる。（反省）

(3)　(1)とは異なる学習者に、やはり観点別評価をさせる。そして、(1)(2)を読んだあと、「こんなふうに考えたらどうでしょうか」という二〇〇字以内の解決策を書かせる。（励まし）

指導者の評価は、①「書き手の発想が出た段階」、②「下書きを書いた段階」、③「提出後」の三回に位置づけ、①では「書き手の考えの妥当性」と「書き手の考えを支える例文の妥当性」を中心に、②では「文章全体の構成」「文末の書き分け」「表記」を中心に、③では全体的に評価する。

処理は、学年回覧文集とし、一定期間回覧する。他のクラスで自分と同じ類義語の組み合わせのレポートがあり、興味をもって読む。

第二節　感情表現辞典を作る

一　指導のねらいと表現を高める学習としての位置づけ――なぜ「感情表現」を取り上げたか

生徒が表現活動（とりわけ作文）で困ることの一つに「適切な表現が見つからない」ことがある。本実践では「感情表現語彙」を通して、微妙なニュアンスの違いを意識した表現選択の能力や態度を育てようとするものである。

1　感情表現語彙の豊かさは、そのまま感情そのものの豊かさにつながるのではないかと考えた。何らかの感情はあるのだが、それをどのように表現していいか分からないために意識に残らず、その感情が忘れ去られてしまうことが多いことを考えると、先に表現を知っていることも大事なのではあるまいか。あるとき、その感情になって、「ああ、これが○○という感情なんだな」と意識されることが、感情そのものを豊かにするものであると考えたのである。特に、一つの感情（例えば「喜」とか「驚」など）の中の微妙な表現の違いが意識されるとき、感情そのものの微妙な違いも意識されて、感情の豊かさにそのままつながるものであろうと考える。

2　日本語は感情表現が豊かにあり、また、工夫次第で多くの感情表現の可能性があると考えた。直接表現の多様性に加え、情景・会話・行動などの描写による間接表現も豊富である。また、慣用的な言い方とともに生徒の独特の感覚から生まれた個性的な生き生きとした表現も大事にしたいと考えた。

二　教材研究

1　学習の内容

感情を表現する語句を多く集め、それを意味の近さを考えて整理して、「感情表現語彙辞典」をつくる学習である。更には、作文活動にも「感情表現語彙辞典」を利用し、語句選択（特に感情表現における）に役立てる。なお、この種の辞典として、既に「感情表現辞典」（中村明　一九七九年　六興出版社）が公刊されているが、用例等が一般向きである。ここでは、中学生が表現や理解に生かせる辞典を作ることを主眼に実践を試みた。

2　学習の手順とねらい

(1)　一つの感情を例に、多くの表現の仕方のあることを知り、学習の意欲を持つ。

(2)　集めた感情表現をその意味の近さによって分類する（「語句編」を作る）。これは、語句を語彙として、つまり一つの小さな体系の中で見ようとする態度を養うものである。

(3)　集めた感情表現の中から自分の生活に役立つと考えられる語句を選び、短作文等の項目を含んだ「表現編」を作る。

3　「感情表現語彙辞典」の内容

(1)　語句編（表現編の目次も兼ねる）……「感情表現辞典」の配列を参考にしながら、生徒の集めた感情表現をよく似た感情が近くになるように並べたもの。

(2)　表現編……項目は「選んだ語句」「意味」「使われる場面」「実際の文章より」「使用短作文例」「補い」とする（この表現編の項目については、神戸大学教育学部附属住吉中学校の実践を参考にした）。一人三語（各自異なる語句）について責任を持って執筆する（B5判一枚が一語となる）。全員のものを印刷後、配布して製本する。

三　指導の研究

1　学習者の実態

中学校入学当初に書かせた作文の感情表現のうち、「喜」の表現を推敲前と推敲後とで比較してみる。推敲前の表現は次に示す二二種類である。

思う（思った）・満足・楽しい・楽しみ・楽しそう・うれしい（うれしかった）・うれしくなってくる・喜びが二重・いい気分・気持ちいい・よかった・信じられない・心がすっきりした・飛び上がりたいほど・楽々と・ワクワクした・ドキドキと・感激する・笑った・言った・話がはずむ・何も言わずに

どんな感情でも包括的に表現できる「思う（思った）」が約六〇％を占めている。

そこで、推敲の重視すべき観点として、「感情の表現をもっとくわしく緻密にして、読み手にその感情がよく伝わる工夫をせよ。辞書などで調べたものを使ってもよいが、自分でユニークな表現を工夫してもかまわない。」という指示をして、推敲させた結果が次のとおりである。

喜んだ・うれしい気持ち・うれしさがこみあげる・楽しく思う・楽しそうだ・おもしろい・ちょっといい気分・よかったと思う・わくわく（する）・ウキウキする・心が落ち着かない・何倍もの喜び・口元がほころんでくるような気持ち・心に花が咲いた気分・涙が出るほど・とびはねてしまいそう・えらくなったような気分・心が軽くなったよう・夢のようにさえ思う・頭を下げたい気持ち・口に表せない・よかったとつくづく思う・すがすがしい気分・空のすみずみまですきとおっているような気持ち・心がさわぐ・心が浮き立つ・心がはずむ（はずんでくる）・飛び上がった・飛び上がって喜びたい・笑いながら・疲れがふきとぶ・ニヤッとする・ニコニコする・おどるような気分・胸がおどった・自慢したいくらい浮かれてしまう・足取り軽く・笑顔をうかべずにはおられない

推敲前に多かった「思う（思った）」が減り、表現の種類が二倍近くにふえた。また、生徒のオリジナルによる表現も見られる。辞書などにある慣用的な表現以外のこのような生徒自身の考え出した表現を大事にしたいと思う。

何の指導もなしに書かせた場合、生徒には感情表現がそれほど意識されず、それゆえ感情のとらえ方もおおざっぱである。ところが、指導を加えることで表現が豊かになるのは当然のこととして、表現を工夫するために感情そのものをよりくわしくみようとする態度が育つわけである。「語彙指導は認識力を高める指導である」とはよく言われることであるが、その一端を示すものである。

2　指導目標

(1)　感情を表す語句を拡充させ、語句を語彙（何らかの体系）の中で見られる意識を養う。

(2)　集めた語句の微妙なニュアンスの違いを知り、その違いを意識して作文で使い分ける能力や態度を育てる。

3　指導計画（全九時間）

第一次……学習のしかたに慣れさせる段階〈三時間〉

(1)　・「驚」の気持ちの表現を思いつくまま、できるだけ多く集めさせる。

・「驚」の体験を思い出し、「いつ」「どこで」などの項目に従ってメモをさせる。……以上一時間

(2)　・(1)で集めた「驚」の気持ちの表現の一覧表および『感情表現辞典』（中村明）の語句編・類義語辞典などを見て、「驚」の表現を更に多く得させる。

・学習プリントの次の例文によって、「驚」の表現にも使い分けがあることを理解させる。

A　夜遅く街を歩いていると、暗闇から突然声をかけられたので、私はとても（　　　）。

　　B　二歳の子供が英語をペラペラとじょうずに話すので、私はとても（　　）。

・多く知った中から、二つの語句を選び、それを効果的に使った短作文を書かせる。……二時間

(3)　・(2)の作文の「驚」の語句の使い方について友人の助言をもらい、作文をさらに検討させる。……一時間

第二次……「感情表現語彙辞典」語句編作成の学習〈四時間〉

(1)　・「感情表現辞典」に示された一〇種類の心情（喜・怒・哀・怖・恥・好・厭・昂・安・驚）をクラスごとに分担し、それぞれの心情を表す語句を多く集めさせる。……二時間

(2)　・(1)で集めた語句を「感情表現辞典」語句編に示された一覧表に書き込ませる（よく似た感情を表す語句が近くになるように書かせる）。……二時間

第三次……「感情表現語彙辞典」表現編作成の学習〈二時間〉

(1)　・第二次の(2)でできた一覧表から各自異なる一語をえらび、「意味」「実際の用例」「それを用いた短作文」などを書かせる（ただし、「実際の用例」は探すのに時間がかかるため、課外作業も含める。「実際の用例」は、できるだけ身近なものから引くこと）……二時間

4　指導の実際

(1)　第二次の(2)における「感情表現語彙辞典」語句編を作る指導の展開

(2)　本時の目標　集めた語句を意味の近さによって配列を考え、語彙としての意識を育てる。

(3)　学習の展開

学習内容	学習活動	留意点・資料・その他
1　『感情表現辞典』による感情表現の配列の方法を知る。	1　『感情表現辞典』の中の一つの感情（喜・怒など）の中で、近い意味の表現どうしグループ分けをして、語句の配列の方法を知る。	1　『感情表現辞典』語句編は、「類似の感情を近くに配することを優先させ、次いで、派生語や複合語及びそれを結合要素とした句や言いまわしが隣接するように配慮した」とある。
2　生徒の集めた感情表現語句の整理をする。	2　全員の集めた感情表現を1で分けたグループに大まかに分ける。その上で、配列をどうするかをそれぞれのグループ内で考え、『感情表現辞典』語句編のプリントに書き込む。	2　『感情表現辞典』語句編はプリントで配る。この2はかなり困難な作業である。したがって、グループで分担し、書き込み作業をする。これを考えさせることで、微妙なニュアンスの違いに気付かせるとともに、語句を語彙としてとらえる力を養える。
3　全体を見通しながら検討を加え、配列を決める。	3　一つの感情全体を見通して、語句の配列を決める。友達と相談しながらやってもよい。	3　その感情にそぐわない表現があれば、生徒に責任を持たせて省かせてもよい。

四　学習活動の実際と作品例、生徒の反省・評価

指導の重点とした第二次の(2)及び第三次について学習活動の実際を述べる。

第二次の(2)では、生徒に『感情表現辞典』（中村明　一九七九年　六興出版社）の「語句編」を持たせる。そして、第二次の(1)で集めた表現について、それぞれどの位置に入れたらよいかを考える作業をさせる。前述したよ

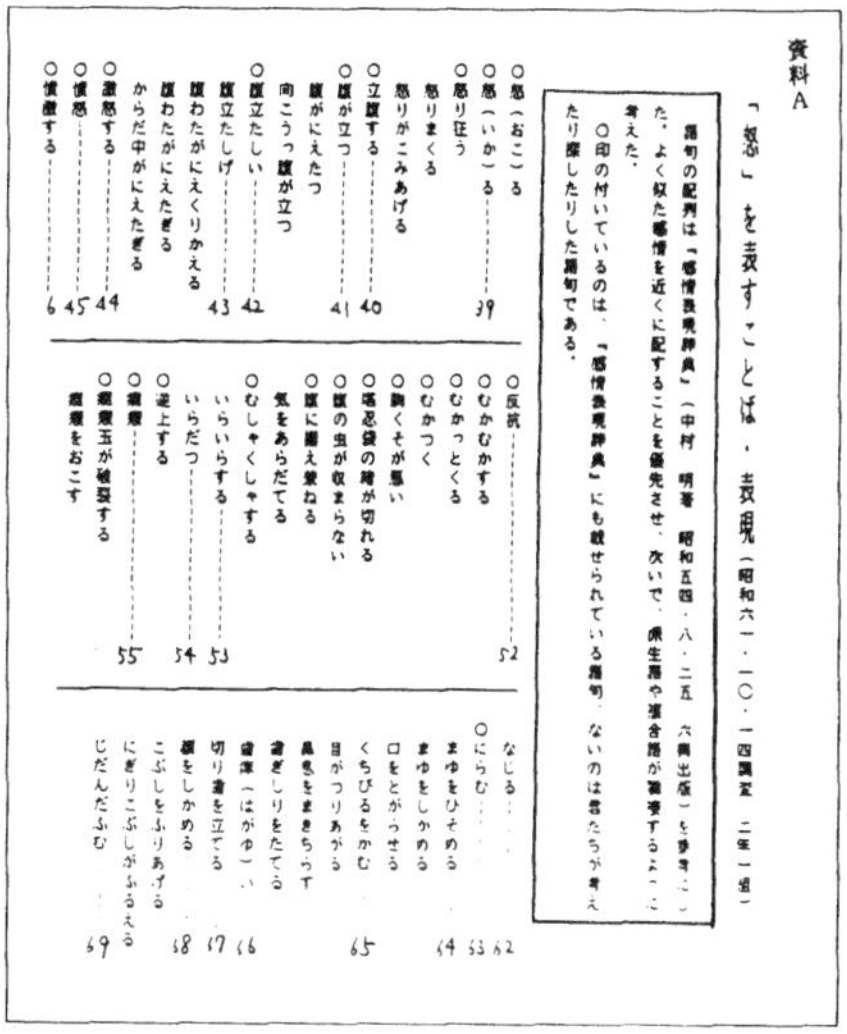

資料A

「怒」を表すことば・表現（昭和六一・一〇・一四調査　二年一組）

語句の配列は『感情表現辞典』（中村明著　昭和五四・八・二五　六興出版）を参考にした。よく似た感情を近くに配することを優先させ、次いで、派生語や複合語が隣接するようにと考えた。
○印の付いているのは、『感情表現辞典』にも載せられている語句、ないのは君たちが考えたり探したりした語句である。

○怒（おこ）る
○怒（いか）る……39
○怒り狂う
怒りまくる
怒りがこみあげる
○立腹する……40
○腹が立つ……41
腹がにえたつ
向こうっ腹が立つ
○腹立たしい……42
腹立たしげ……43
腹わたがにえくりかえる
腹わたがにえたぎる
からだ中がにえたぎる
○激怒する……44
○憤怒……45
○憤激する……6

○反抗……52
○むかむかする
○むかっとくる
○むかつく
○胸くそが悪い
○堪忍袋の緒が切れる
○腹の虫が収まらない
○腹に据え兼ねる
気をあらだてる
○むしゃくしゃする
いらいらする……53
いらだつ……54
○逆上する
○癇癪……55
○癇癪玉が破裂する
癇癪をおこす

なじる……62
○にらむ……63
まゆをひそめる……64
まゆをしかめる
口をとがらせる
くちびるをかむ……65
目がつりあがる
鼻息をまきちらす
歯ぎしりをたてる
歯噛（はがゆ）い……66
切り歯を立てる……67
顔をしかめる……68
こぶしをふりあげる
にぎりこぶしがふるえる
じだんだふむ……69

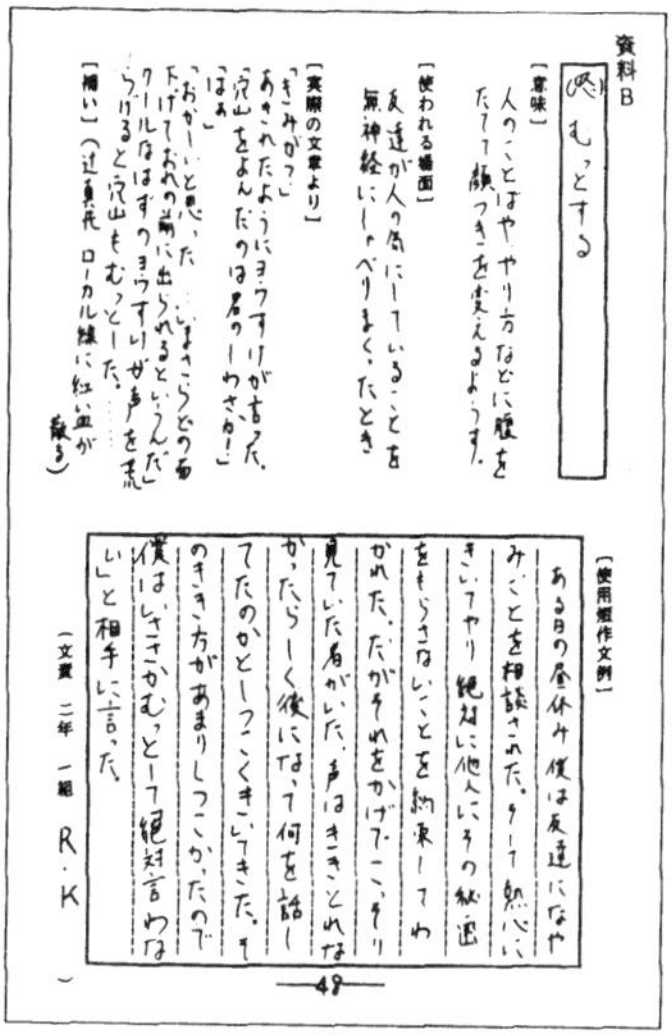

資料B

むっとする

【意味】

人のことばややり方などに腹をたてて顔つきを変えるようす。


【使われる場面】

友達が人の為にしていることを無神経にしゃべりまくったとき

【実際の文章より】

「きみがっ」

あきれたようにヨウすけが言った。

「穴山をよんだのは君のしわざか！」

「はあ」

「おかしいと思った。いまさらどの面下げておれの前に出られるというんだ」

クールなはずのヨウすけが声を荒らげると穴山もむっとした。


【補い】（辻真先　ローカル線に紅い血が散る）

【使用短作文例】

ある日の昼休み僕は友達になやみごとを相談された。とても熱心にきいてやり絶対に他人にその秘密をもらさないことを約束してわかれた。だがそれをかげでこっそり見ていた者がいた。声はききとれなかったらしく彼はなって何を話していたのかとしつこくきいてきた。そのきき方があまりしつこかったので僕はいささかむっとして「絶対言わない」と相手に言った。


（文責　二年一組　R・K）

—48—

うに、同じ「喜」の表現でも、細かいニュアンスの違いがあり、その違いを意識しながら位置を決めていくことは、感情そのものが明快に割り切れるものでもなく、連続的な面もあり、生徒にとってなかなか困難な作業のようである。しかし、この作業を通して、おおざっぱであった感情のとらえかたがずいぶん細かい部分で意識できるようになったようである。

第三次では、第二次で並べた語句編の中から、「自分たちの生活に必要だと考えられる語句」「今後使う必要のあると思われる語句」を選択させ、上に示す資料Bのような「表現編」を作らせる。生徒は一人三つの語句を担当する（三つはそれぞれ異なる心情である）。「実際の用例」を探すのが困難で時間がかかった。また、「使われる場面」も案外難しかったようである。しかし、この「使われる場面」を書くことが、細かいニュアンスを明らかにしていくものであると考える。以上のような指導の結果得られた生徒作成資料は、全員の分をプリントして配布し、「語彙ノート」にファイルさせた。上に示した資料Aが「感情表現語彙辞典」語句編の一部、資料Bが「同」表現編の一部である。

生徒の学習反省カードには次のような感想が多く、一応の成果はあったと考えてよいであろう。

・新しい試みであったが、きちんとできたし楽しくできた。「驚」を表す言葉でも、「目を丸くした」と「あいた口がふさがらない」とでは、ちょっとずつニュアンスが違っていて、言葉って面白いなと思った。（M・M女）

・日ごろ使い慣れた言葉でも、同じような意味を持つ言葉があるとは予想しなかった。こんなに言葉があるのに自分はあまり使っていないように思う。ほかの分野の言葉もふやしたい。（K・S男）

五　実践に対する考察と評価

(1)　感情表現が多くあることは理解できたが、それを生徒が今後の実際の作文にどう生かすかが大きな問題である。それを検証する方法を考える必要がある。感情の分類が不十分なために（本来、そういうものは十分にはなし得ないのかもしれないが）、せっかく編集しても検索が難しい。何らかの簡便な検索法を考える必要がある。

(2)　「感情表現辞典」の形式にこだわらず、語句の集めかたや整理の仕方について、生徒自身のアイデアを生かしながら生徒にとってほんとうに便利なものでありたい。

第三節　作文指導に活かす語彙指導試論──感情表現の場合──

一　表現指導における語彙指導の重要性

生徒が作文を書くときに困ることの一つに「叙述の段階になってどのような語句を選択すればよいか分からない」というのがある。これには二つの実態があり、一つは、その部分を表現する語句が思いつかないという場合、一つは、その部分を表現する語句はいくつかあるが、どれが最もぴったりするかわからないという場合である。

表現（作文）学習における「語彙指導」の重要性について、長谷川孝士氏は、「語句・語彙の深まり・広がりを求めようとすれば、表現とりわけ『書くこと』の活動のなかで、もっと指導の徹底をはかるべきである。」と述べられて、表現活動の中での語彙意識の伸長の重要性を説かれ、また、「語の選択をするための手がかりとなるような学習表現語辞典の類がほしい。」として、「表現のための類語辞典」の必要性を述べておられる。(1)

甲斐睦朗氏は、語彙指導の目標を「一人一人の子供に語彙力を確かに身に付けさせること」とし、さらにこの「語彙力」を支える四つの事項のうち、二つめに、「文章を書いたり話をしたりするときに言葉を正確に、そして効果的に使用できる力」を認め、表現活動における語彙力育成の必要性を述べておられる。(2)

さて、語彙指導実践にあたっては、その指導原理を明確にしておく必要がある。安達隆一氏は、

単語を文の中で処理することは、語を言語という総体において「たて（統合）の関係」でとらえることに

ほかならない。つまり、単語は「たて（統合）の関係」において、顕在化するということである。
一方、語彙は単語を直接的な要素とする一つの集合体である。文から知的操作によって得られた単語は、それぞれが相互に有機的な連関性をもちつつ語彙という集合体を形成する。この場合、要素としての個々の単語は、形態や意味の相違を超えて単位として等質な統一体である。このような言語の側面を、前述の「たて（統合）の関係」に対して、「よこ（連合）の関係」といってよい。

として、語彙指導の指導原理を

この「たて（統合）の関係」から「よこ（連合）の関係」へという方向は、子どもたちが語彙習得において無意識的に実践してきた方向である。さらに、「よこ（連合）の関係」から「たて（統合）の関係」へという方向は、理解した語彙を言語活動において使用する方向である。この「たて（統合）の関係」から「よこ（連合）の関係」へ、さらに「よこ（連合）の関係」から「たて（統合）の関係」へという循環において、語彙の量的・質的拡充が果たされることになるはずである。

と述べておられる。[3]

いま、この理論に基づいて、表現学習における学習者の語彙意識の問題として置き換えてみると、次のようになる。

(1)　表現しようとする文のある部分に、適合すると考えられる語句を思い浮かべられること。〈たて（統合）の関係〉

(2)　思い浮かべた語句の含まれる語彙体系が想起できて、関連のある語句との異同が認識できること。〈よこ（連合）の関係〉

(3)　そののちに、再度、表現しようとする文のある部分に最も適合する語句が選択できるとと。〈たて（統合）の関係〉

本稿は、右の(2)と(3)の問題について、中学生の作文における感情表現力を高める指導法の実践的解明を示し、「表現（作文）学習における語彙指導のあり方」について考察を試みるものである。

さて、作文学習における語彙指導は、作文過程の「叙述の指導」の問題として、位置づけることができる。どんな語句を用いて表現するかという問題である。さらに、語句選択の適否や効果を考えることは、表現者が自己の感情や思考をより明確に意識することである。したがって、「叙述の段階」で、表現の候補としていくつかある語句の中から、最もふさわしい語句を選択する行為は、単に「叙述の指導」の問題だけにとどまらず、表現者の発想や感情・思考にもつながる問題となる。しかし、従来の作文指導では、「叙述」と「発想・感情・思考」を関連させて言及することが少なかった。

そこで、本稿では、中学生の作文における感情表現力の実態を示し、さらに、意味的構造に着目して自己の感情を的確に表現する「語句選択」指導の一例を示した。

なお、作文における表現語彙指導研究の課題には、「児童・生徒の表現語彙使用実態の調査」や「教育基本語彙選定」がある。前者には、管見では、井上一郎氏[4]や国立国語研究所[5]の調査、後者には浜本純逸氏らの試案[6]などがある。前者は、児童の作文を対象としたきわめて貴重な計量的総合的調査であるし、後者は、児童・生徒に教えたい基本語を選定したもので、これも貴重な報告である。

しかし、特定の意味領域に着目した表現語彙の調査や実践は乏しく、本稿で報告する「意味的構造に注目して、感情の微妙な違いを表現し分ける学習」は、語彙指導の視点からも作文の指導の視点からも豊かな語彙力を育てる指導法の究明につながるものと考える。

二　作文における感情表現を問題にする理由

「感情表現」を取り上げる意味を教育的な観点から整理すると、次の三点になる。

1　一人ひとりの生徒の感情表現の豊かさは、そのまま生徒の感情の網の目を細かく豊かにすると考えられること。ある感情を表す表現を知っていることは、その感情を意識に残すことである。

2　概括的な表現でくくってしまえる一つの感情の中にも、微妙にニュアンスの違いがあり、その違いを意識して表現できることは、表現の的確さ、豊かさにつながるものであると考えられること。

3　日本語には感情表現が豊かにあり、工夫次第で新しい感情表現の可能性があるということ。

三　中学生の作文における感情表現の実態

中学校入学当初、「中学校○○初め――中学校に入学して初めて心動かされたこと――」と題して作文を書かせたことがある。○○には、感情を表すことば（「驚き」「喜び」など）が入る。その一部を次に示す。―線部が感情表現と考えられる部分である。

A　……みんなはよくがんばったのですが、非情にも一五対一六で負けてしまいました。一点差です。みんなは「惜しいなあ。あと五秒あれば同点に持ち込めたのに。」と言っていました。中には、くやし泣きをしていた先輩もいました。ぼくは、「そんなにくやしいのかな。」と思いました。「来年、さ来年の大会は、絶対に優勝してやる。」

と思いました。

B　……この学校での喜び初めは、当然合格したときの喜びです。特に、抽選がうまくいって入学が決まったときは、たいへんうれしい気持ちになりました。わたしはこのとき、たくさんの友達を作りたいと思いました。……（中略）……「ここ、すわってもいいですか。」わたしは驚いて顔を上げました。

Aは、クラブの対外試合で負けたときの先輩の様子を見ていた一年生の作文である。感情の高ぶりが十分予想される場面にもかかわらず、「思いました。」を多用し、また、先輩の悔しさも、単に「言いました」と表現するだけで、感情表現としては、きわめて平凡である。このように、「思う（思った）」を多用する感情表現は、中学生の作文にはきわめて多い。

Bは、入学試験に合格し、友達をたくさん作りたいと願う生徒に、見知らぬ合格者が声をかけた場面である「うれしい」「驚く」など、感情を概括的に表す表現を多用し、感情の細かい動きを表現するまでには至っていない。このように、概括的な感情表現を多用するのもまた、中学生の作文にきわめて多い。

四　感情表現の豊かさ・的確さをめざす作文指導例

1　指導例A（中一対象・全九時間）

指導例Aは、感情表現の曖昧さを自覚し、よりよくそのときの感情を表そうとする能力や態度の育成を目的とした実践である。

(1)　**単元名**　出会い――中学校○○初め――

(2)　**指導目標**　感情を豊かに表現する一方法として、感情を表す語句に視点をあて、ことばの拡充を図ったり、適語を選択する能力を高めたりする。

(3)　**学習目標**

①　中学校に入学して、初めて心動かされたことをくわしく書いてみよう。

②　気持ちを表す部分では、その気持ちにぴったりすることばや表現を選ぼう。

(4)　**学習計画**（全九時間）

①　○○のことばを決め、題材集めをする。（○○には、「喜び」「驚き」などの感情を表すことばを入れる）
………一時間

②　カードに、できごとや気持ちを詳しく書く。……一時間

③　カードを並べ変え、文章の組み立てを考える。……一時間

④　下書きをする（気持ちの部分を詳しく書く）。……一時間

⑤　気持ちを表す部分について、もっとぴったり言い表すことのできることばや表現をさがしたり考えたりする。……三時間

⑥　清書する。……一時間

⑦　友人の助言を得て、反省を書く。……一時間

2　指導例Ｂ（中二対象・全九時間）

指導例Ｂは、ある感情を表す語句群を語彙としての体系の中に位置づける視点を育てること、語彙としての視点から語句選択ができる力を育てることをねらいとした実践である。

(1)　**単元名**　「中学生版感情表現辞典」を作ろう

(2)　**指導目標**

①　感情を表す語句を拡充させ、それらの微妙なニュアンスの違いを意識して使い分けることのできる能力

や態度を養う。
② 語句を「何らかの体系としての語彙」として見ることのできる態度を養う。

(3) 学習目標

感情を表す語句を増やし、効果的に作文に生かそう。

(4) 学習計画(全九時間)

第一次 学習のしかたに慣れる段階(三時間)

① 「驚」の気持ちの表現を思いつくまま、できるだけ多く集める。また、「驚」の体験を思い出し、「いつ」「どこで」などの項目に従ってメモをする。……一時間

② ①で集めた「驚」の気持ちの表現の一覧表、『感情表現辞典』(中村明 一九七九 六興出版)の語句編、類義語辞典などから「驚」の表現をさらに多く得、そのうちの二つの語句を効果的に使った短作文を書く。……一時間

③ ②の作文の「驚」の語句の使い方について友人の助言をもらい、作文をさらに検討する。……一時間

第二次 「中学生版感情表現辞典」語句編作成の段階(四時間)

④ 『感情表現辞典』(中村明)に示された十種類の感情(喜・怒・哀 怖・恥・好・厭・昂・安・驚)をクラスごとに分担し、それぞれの感情を表す語句を多く集める。……二時間

⑤ ④で集めた語句を『感情表現辞典』語句編の一覧表に、よく似た感情を表す語句が近くになるよう書き込む。……二時間

第三次 「中学生版感情表現辞典」表現編作成の段階(二時間)

⑥ ⑤でできた一覧表から各自異なる一語を選び、「意味」「実際の用例」「それを用いた短作文」などを書

く。……二時間

五 指導結果としての感情表現の変化

1 指導例Aの場合

指導対象とした一六〇名の生徒の作文のうち、「喜」の感情の表現を指導前と指導後で比較すると、次のようになる。指導前に比べ指導後は約二倍の表現例が見られる。さらに詳細に表現を検討すると、そのときの感情を詳しく表現しようとする態度、そのときの感情にぴったり合う表現を探そうとする態度が見受けられ、中学生でも、表現意識が集中すれば指導の成果の上がることが確認できる。

【指導前】―全三三例

思う（思った）／満足／楽しい（楽しかった）／楽しみ／楽しそう／うれしい（うれしかった）／うれしくなってくる／うれしく思う／喜び／喜びが二重／歓喜／いい気分／気持ち（が）いい／すっとする／心がすっきりした／意気揚々と／よかった／信じられない／感激する／ラッキーな／たまらなかった／飛び上がりたいほど／天国のよう／らくらくと／ワクワクした／ドキドキと／笑った／話がはずむ／何も言わずに／早足で／やったーと思う／ヤッターという気持ち／わかった気がする

【指導後】―全六一例

〔自分で考えた表現〕

喜んだ／うれしい気持ち／うれしさがこみあげる／楽しく思う／楽しそうだ／おもしろい／ちょっといい気分／よかったと思う／わくわく（する）／ウキウキする／心が落ち着かない／何倍もの喜び／口元がほころんでくるような気持ち／心に花が咲いた気分／涙が出るほど／とびはねてしまいそう／えらくなったような気分／心が

軽くなったよう／夢のようにさえ思う／頭を下げたい気持ち／口に表せない／よかったとつくづく思う／すがすがしい声／空のすみずみまですきとおっているような気持ち／心がさわぐ／心がうきたつ／飛び上がった／飛び上がって喜びたい／笑いながら／疲れがふきとぶ／ニヤッとする／ニコニコする／おどるような気分／胸がおどった／自慢したいくらいうかれてしまう／足取り軽く／心がはずむ／心がはずんでくる／笑顔を浮かべずにはいられない

〔辞書を使って調べた表現〕

気分がよい／喜びの気持ち／楽しい／うれしい／うらやましく／思いがけなくラッキーな／やわらかい表情を見せる／胸をおどらせる／心がおどる／壮快だった／晴れ晴れとした気分／すっとする／息をついた／顔の筋肉がゆるんでくる／うきうきする

〔その他の方法で調べた表現〕

うれしくてたまらない／晴れ晴れとした気持ち／天にのぼったような気持ち／心が軽くなる／うきうきする／わくわくしながら／早足で時間がたつのも忘れる

2　指導例Bの場合

生徒が「中学生版感情表現辞典」に集めた表現のうち、「喜」の表現に焦点を当てる（全部で一二八例ある）。そして、中村明氏が明らかにされている内容面・表現面の多様性[7]が、中学生の場合、どれほどのものか、考察を加えてみたいと思う。

(1)　内容面

中村明氏は、「喜」に、微妙に異なる四〇種の感情を認め、文学作品等から用例を示しておられる。次に示す①〜㊵までがそれで、下に掲げたのはそれに応ずる生徒の集めた表現である。

①　めでたさ（一例）……めでたいと思う
②　喜び（五例）……喜び／喜ぶ／喜ばしい／小躍りする／笑う
③　驚喜（なし）
④　随喜（一四例）……喜びにふるえる／手放しで喜ぶ／歓喜／友達に抱きつきたくなるほどうれしい／飛びあがるほどうれしい／ことばにあらわせないくらいうれしい／有頂天になる／信じられない／感があまる／飛び上がる／身がふるえる／感謝感激雨あられ／顔をくしゃくしゃにする／声がうわずる
⑤　愉悦（一例）……ガッツポーズをする
⑤　法悦（なし）
⑦　愉楽（なし）
⑧　愉快（なし）
⑨　嬉しさ（五例）……嬉しい／うれしくてたまらない／うれし泣きする／うれし涙／顔がほころぶ
⑩　ほくほくという感情（一例）……もうけてしまったような
⑪　有難さ（五例）……涙が出るほどうれしい／かたじけない／ありがたく思う／どうもありがとう／拝むような気持ちになった
⑫　恐縮の気持ち（一例）……あたまをかいた
⑬　その延長としての心苦しさ（なし）
⑭　満足感（一例）……満足する
⑮　充実感（なし）
⑯　満悦の感（二例）……にんまり／しめしめ

⑰　幸福感（三例）……しあわせ／幸福な気持ち／思わずほほえんでしまいそうで
⑱　得意な感じ（五例）……得意満面／得意になる／ほこらしい／ブギブギ／Vサインをした
⑲　その頂点としての有頂天な心（一例）……鼻高々
⑳　楽しさ（二例）……楽しい／心楽しい
㉑　明るい感情（一例）……明るい
㉒　晴れ晴れとした感じ（四例）……晴ればれとする／晴ればれしい／晴れたように／輝く
㉓　胸のすく快感（五例）……快い／心地よい／気持ちがいい／いい気持ち／気分最高
㉔　さっぱりした感じ（一例）……すっきりした気分になる
㉕　さばさばした気持ち（なし）
㉖　せいせいした気分（なし）
㉗　すがすがしさ（一例）……すがすがしい
㉘　爽快さ（二例）……爽快／爽やか
㉙　痛快な感じ（なし）
㉚　満更でない気分（一例）……まんざらでもない
㉛　悪くない感じ（二例）……悪い気がしない／悪くない
㉜　申し分ない気持ち（なし）
㉝　心の軽い状態（七例）……心が踊る／踊りまわる／軽快に／軽快な気分／軽い足取り／ふわふわする
㉞　胸のふくらむ思い（なし）
㉟　ほのぼのとした感じ（一例）……ほのぼのとする

㊱　わくわくした気分（一例）……わくわく

㊲　浮き立つ気分（一七例）……浮き浮きする／浮かれる／足が地につかない／スキップをして走りそうな／夢のようだ／いてもたってもいられない／ルンルンする／ランラン／飛びまわる／飛びはねる／舞い上がる／空に飛んでいくような気持ち／天にもあがりそう／天にも上ったような気持ち／天まであがるほど／はしゃぐ／はしゃぎまわる

㊳　いそいそした気持ち（一例）……気になって眠れない

㊴　恍惚感（なし）

㊵　弾む気持ち（四例）……走りまわりたくなるほどうれしい／かけだしたくなるほどうれしい／心が弾む／声がはずむ

ここに示した九四例は、四〇種類のどれかにあてはまると考えられるが、残り三四例はこの四〇種類には分類できなかった。この三四例には、新たに分類項目を増やしてもいいと思われるのもある。例えば「てれくさい」「くすぐったい」などは「てれくさい気持ち」などとしてもよいかもしれい。また、二以上の項目に該当する表現もあるが、重複を避け、最も近い項目に入れた。

生徒の表現は、この四〇種類のうち、二八種類を満たしており、中学生における「喜」の感情表現の内容面での多様性を示している。問題は、多様な表現の持つ微妙な異なりが無意識のまま使われ、意識に残らないことにある。もし、それらの異なりが意識でき、使い分けができるなら、生徒は感情表現をより緻密に行うことができるし、生徒の感情そのものの緻密さも増すことになる。

生徒は、学習計画⑤（よく似た感情を近くに配列・グルーピングする）を通して、感情表現や感情そのものの微妙な違いを意識でき、そのときの感情に最もふさわしい表現を選択する力をつけていく。

(2)　表現面

「感情を表現する方法」に着目して、分類してみることにする。中村明氏は、「その表現手段の性格的な違いに注目し、言語的手続きとしての特質を抽出してみたい」として、次の九分類をされている。(1)と同じく、「喜」の場合を例として、生徒の表現を示す。

①　ある一つの動詞がなんらかの感情を指示する場合（二五例）

喜ぶ／手放しで喜ぶ／感動する／胸を打つ／感動が胸からこみあげる／感激する／興奮する／気が昂ぶる／胸がいっぱいになる／信じられない／満足する／有頂天になる／晴ればれとする／すっきりした気分になる／浮き浮きする／浮かれる／小踊りする／心がはずむ／心がおどる／得意になる／ほのぼのとする／感があまる／心待ちにする／ほっとする／輝く

②　ある一つの名詞がなんらかの感情を指示する場合（一〇例）

喜び／歓喜／得意満面／しあわせ／爽快／爽やか／気分最高／鼻高々／うれし涙／感無量

③　ある一つの形容詞がなんらかの感情を指示する場合（二〇例）

喜ばしい／嬉しい／嬉しくてたまらない／かたじけない／ありがたく（思う）／楽しい／心楽しい／明るい／晴ればれしい／すがすがしい／快い／心地よい／気持ちがいい／まんざらでもない／てれくさい／いい（気持ち）／おもしろい／めでたい（と思う）／ほこらしい／くすぐったい

④　言いたいことの反対を否定することによって、遠まわしに伝える場合（二例）

悪い気がしない／悪くない

⑤　感覚を別系統に転換させる表現法（なし）

⑤　オノマトペを用いて感覚的に伝えようとする場合（八例）

わくわく／ルンルンする／ランラン／ふわふわする／しめしめ／ドギドキ／ブギブキ／にんまり

⑦　単なる形容で済まない場合に比喩という手段に依拠して伝達する感情表現（一五例）

ことばにあらわせないくらいうれしい／夢のような／晴れたように／足が地につかない／飛び上がるほどうれしい／スキップをして走りそうな／走りまわりたくなるほどうれしい／かけだしたくなるほどうれしい／友達に抱きつきたくなるほどうれしい／空に飛んでいくような気持ち／天にもあがりそう／天にも昇ったような気持ち／天まであがるほど／もうけてしまったような／拝むような気持ちになった

⑧　感情そのものの表現ではなく、その感情が原因となって起こる主として生理的な現象あるいはその変化のほうを描くことによって、その原因を推測させるという間接的な感情表現（九例）

涙が出るほどうれしい／どきどきする／顔が赤くなる／顔がほてる／涙が出てとまらない／涙を浮かべる／目頭が熱くなる／息がつまりそうになる／背中がむずむずする

⑨　ある感情の結果として起こる行動を描くことによって、その原因となった感情のほうを推測させようとする表現（三一例）

喜びにふるえる／ガッツポーズをする／飛び上がる／飛びはねる／舞い上がる／踊りまわる／軽い足取り／はしゃぐ／はしゃぎまくる／笑う／吹き出す／笑いが出る／笑いがとまらない／顔がほころぶ／腹をかかえて笑う／泣く／うれし泣きする／泣き出す／気になって眠れない／声がはずむ／身がふるえる／元気づけられる／思わず声を出す／声がうわずる／思わずほほえんでしまいそうで／顔がしまらない／Vサインをした／あたまをかいた／顔をくしやくしゃにして／てれ笑いをした／大声で笑った

このほかにも、「清らかな（気持ち）」「軽快に」「愉快な（気分）」「幸福な（気持ち）」のような形容動詞を中心にした表現や「どうもありがとう」などというものもある。

表現方法で多いのは、①・②・③のように、「ある動詞・名詞・形容詞がなんらかの感情を指示する場合」、⑦の「比喩」、⑨の「感情の結果としての行動を描く場合」である。逆に少ないのは、④「言いたいことの反対を否定して、遠まわしに伝える場合」、⑤「感覚を別系統に転換させる場合」である。⑧の「感情そのものの表現ではなく、その感情が要因となって起こる主として生理的な現象あるいはその変化のほうを描くことによって、その原因を推測させるという間接的な感情表現」も比較的少ない。

以上の「中学生版感情表現辞典」に生徒が集めた表現（「喜」）の、⑴内容面、⑵表現面の分析結果から、作文学習における「感情表現」の語彙指導実践課題として、次のことがらが考えられる。

1　少ない表現法のうち、特に④・⑧などは、中学生にとっては高度な表現法かもしれないが、意識的に試みさせる指導があってもよいのではないかと考える。特に⑧「生理的現象やその変化を描くことで、その原因を推測させる場合」は、⑨（感情の結果としての行動を描く場合）と似た表現でもあるので、学習可能であるし、学習させる必要もあるのではないかと考えている。

2　中村明氏の表現面からの分析のうち、⑧や⑨をさらに発展させると、「風景描写」や「物の描写」で感情を表現する学習を組織することが必要になる。例えば、「うれしい」と書かずに、そのとき目に映ったものや聞こえたもの、風景を書いて感情を表そうとするものである。実際、次の六で示す作文例のように、中学生でも表現可能な方法であり、この表現方法を身につけることは、生徒の感情表現の幅を広げることにもなる。

3　オノマトペについて、取り立て指導を考えてみたい。今回の「喜」の表現は用例が少なかったが、中学生はずいぶん豊富に持っている。また、オリジナルでユニーク、しかもその感情を表現するのにはぴったりであるという表現も期待できる。語感を養うのにも有効であろう。

六　「中学生版感情表現辞典」の表現（作文）への活用

作成した「中学生版感情表現辞典」が表現活動に生かされることが、本実践の大きなねらいとするところである。そこで、この「中学生版感情表現辞典」を使う作文活動を組み、実際に使わせてみた。

その結果、「中学生版感情表現辞典」にある表現を活用することはもちろん、それらに触発されて、新しい表現を工夫する効果も見られるようになった。特に、感情の直接表現だけでなく、人物の動作・表情、周りの情景などで感情を表現しようとする工夫が見られたのは大きな収穫である。作文の一例を掲げ、考察を加えよう。

> この日は朝からゆううつだった。プログラム三番、女子八十メートル走は、開会式・体操が終わって、すぐ始まる。昨日の練習ではハードルを倒してしまたっし、失敗しそうでこわかった。「ハードルなんかにしなかったらよかったな。でも、八百メートルリレーとかはいやだったしな。始まるのが早すぎる。」などとぶつぶつ言っていた。開会式が終わり、だんだん近づいてくるにつれて、心臓がうるさく鳴ってくる。（中略）
>
> わたしはそっとスターティングブロックに足をかけた。心臓は、目覚まし時計が鳴っているようだった。旗振りの人をじっと見る。そのとき何を考えていたのかはわからないけれども、頭の中は真っ白だったと思う。旗が赤から白へ。「始まる。」大きく深呼吸する。ぎゅっと手に力を入れた。（中略）
>
> 白いテープが飛び込んできた。今までの緊張がぷつんと切れたように体がふわっと軽くなり、いままで気がつかなかった気持ちのいい風が横を通り抜けた。さらっとしたやわらかい感触がある。「やった。やった。」飛び上がりたかった。また、ドキドキして、顔がほてっている。信じられない。「1」のカードが渡された。わたしはそれをしっかりとにぎりしめた。

体育大会の八〇メートル走でのスタート前のドキドキした感情が、一位でゴールした喜びに変わるまでの短い時間の感情の動きを克明に書いた作品である――線部が感情の直接表現、……線部が行動や体の様子で感情を表現した部分〰〰線部が情景描写によって感情を表現した部分である。――線部はともかく……線部や〰〰部が大変多いことは特徴的である。体育大会という題材を取り上げているために、人物（わたし）の行動や体の様子の描写が多いのは当然としても、その表現で感情を表そうとしているのは「中学生版感情表現辞典」に触発された結果である。中には「中学生版感情表現辞典」に示された表現もあるが、自分で工夫した表現も見られる。また。数は少ないが、〰〰線部の情景描写による感情表現はかなり効果的である。感情を直接表現した――線部も感情の起伏や盛り上がりがよく伝わり、これを否定するものではないが、また、決してそれのみでよいということにはならない。間接的な感情表現も効果的である。肝要なのは、そのときの感情をできるだけ細かくとらえ、できるだけ表すのに近い、あるいはふさわしい表現を工夫することである。あるいは、表現を吟味しながらさらにそのときの感情を細かく見つめ直すことである。

七　今後の課題

「感情表現」の指導における今後の課題については前述したので、ここでは「作文指導における語彙指導」に関する課題を示す。

1　「感情表現語彙」に相対するものとして「論理表現語彙」が考えられる。語彙そのものの選定は、教育基本語彙の選定と並行して行われつつある現状であるが、その具体的な指導法についてはまだ明らかではない。特に、説明的文章や論理的文章の表現指導の必要性が叫ばれている昨今、実践的な解明がぜひ必要とされる領域である。

2　「感情表現語彙」「論理表現語彙」ともに、作文活動における語句選択の「目安」が生徒に示せる形で明らかになっていない。筆者はかつてその試案を示したことがあるが、[8]先行文献だけでなく、生徒の作文例を通して、再度明らかにする必要のある課題である。また、それらの「目安」が表現能力として定着するための練習学習の組織化を考えてみたい。

注

（1）長谷川孝士「語句・語彙の指導」（『月刊国語教育研究』第七十集　一九七八・三　日本国語教育学会）
（2）甲斐睦朗「語彙指導の基本的な考え方」（『語彙指導の方法　指導事例編』一九八九・二　光村図書）
（3）安達隆一「語彙拡充のための指導はどうあるべきか」（『教育科学国語教育』№二六七　一九七九・一〇　明治図書）
（4）井上一郎「作文の語彙Ⅰ」「同Ⅱ」（『文教国文学』第十四号、十五号　一九八四・二、一九八四・九　広島文教女子大学国文学会）
（5）国立国語研究所『児童の作文使用語彙』（一九八九・四　東京書籍）
（6）浜本純逸編『中学校語彙指導の活性化』（一九九〇・二　明治図書）
（7）中村明「心情の表現」（今井文男編『表現学大系総論編第一巻　表現学の理論と展開』所収　一九八六・七　教育出版センター）による。感情の一〇分類、「喜」感情の内容面から分析の四〇種類、表現面からの分析九種類が示されている。
（8）米田猛「中学生の作文における語彙の指導」（第八一回全国大学国語教育学会群馬大会口頭発表　一九九一・一〇）

第四節　ちょっと気になるこんな日本語——わかりやすく話す——

一　育成すべき「説明力」

「報告」や「説明」は、日常生活できわめて頻度の高い表現行為である。それゆえ、学習者にその能力を身につけさせることの必要性は、言を俟たない。確かな材料に支えられた筋道だった「報告」や「説明」は、表現者の質の高さを証明するものである。しかし、教育の現場では、音声言語指導としての指導意識の明らかな「報告」や「説明」の指導は、あまり見受けられない。

そこで、本実践では、「報告や説明」という表現行為を取りあげ、その表現目的を、「聞き手に内容を理解させること」と設定した（学習者によっては、また、話によっては、さらに高いレベルの「納得させる」まで目的にしてもよい）。そのために「わかりやすく話す」ことが必須の条件であるが、この「わかりやすく」は、学習者の発達段階によって、実にさまざまなとらえられ方をする。そこで、今回は次の点に特に留意させて、「わかりやすく」を指導することにした。これは、学習者の努力目標にもなるわけである。

○　話のテーマが明確で、テーマを語るにふさわしい事例を用いること。
○　話全体の筋道がはっきりしていること。
○　聞き手を意識した表現の選択や、必要に応じた補助物の提示を行うこと。

一方、指導過程を考えるうえでの留意事項として、短時間の取り立て学習（あるいは練習学習）的な表現活動ではなく、表現活動の一連の過程（主題の決定→取材・選材→構成→推敲→表現）をふまえた学習となっている。

特に、取材・選材活動や話全体の構成を考える活動にも時間をかけて、すぐに音声表現活動に入らない点は、作文指導と相通じるものである。

二　話題選定の意図と使用する学習資料

話題は、「生活の中のことばの問題」を取りあげ、「ちょっと気になる日本語」を対象に、その事例や問題点を報告または説明させる学習とした。「ら抜きことば」が新聞紙面をにぎわし、とりわけ話しことばの乱れは、多く見聞するところである。今回は、文字言語の問題も含めて、ことばの問題を取りあげている。ただし、ここにいう「気になる」とは、単に「変だな」「問題を感じるな」というものだけでなく、「工夫があるな」「効果的だな」と感じるものも含めている。しかも、単純な「ことばの間違いさがし」ではなく、いいようでもあり、よくないようでもあり、というふうな疑問に思ったものを取りあげることにした。

本実践で使用する学習資料は、指導者の「話し方に関する話」（作文でいうところの「文話」）と、のちに示す「モデル学習者の話し方」が主なものである。前者は、「取材のしかた」「話の組み立て方」「音声表現の際の工夫」など、必要に応じて指導者が説明するものである。また、後者は、それらの工夫点・努力点を実際に音声化して目の前で級友が見せてくれるものである。このように音声化したものを実際に見られることは、かなり効果的である。

三　教材の指導目標・学習指導計画

(1)　教材の指導目標

①〈価値目標〉日常生活の中のことばのさまざまな問題について興味をもたせる。

②〈技能目標〉要旨がはっきりと分かるように、全体の構成を工夫して話す能力を養う。
③〈態度目標〉人前でも臆せずに話そうとする態度を養う。

(2) **教材の学習指導計画**（全一二時間）

第一次　表現の意欲を高め、要旨に基づいて話の材料を集めさせる段階
1　音声による表現学習、原稿は作らず報告をする学習であることを知らせ、表現意欲を高めさせる。（一時間）
2　「ちょっと気になる日本語」を思いつくままあげさせ、仮の要旨を決めさせる。（一時間）
3　仮の要旨に基づいて、取材活動をさせる。（三時間）

第二次　分かりやすく話すための努力目標を定め、分かりやすい話の内容や構成を考えさせる段階
4　練習学習により、「分かりやすく話す」ための留意点を確かめる。また、共通の学習目標、個人の学習目標を決めさせる。（一時間）
5　要旨を定めるとともに、構成メモを利用して、分かりやすい話にするための内容と構成を考えさせる。時間配分や資料提示の方法についても予定に組み込ませる。（一時間）

第三次　実際に説明し、反省したり助言したりする段階
6　内容面と表現面からそれぞれ特徴のある二人をモデルとして、「分かりやすい話し方」を学ばせる。（一時間）
7　実際に説明を行い、反省や助言を行う。「自分のための『分かりやすく話す』ための十か条」を作らせる。（四時間）

四　指導上特に留意すること

(1)　取材活動等の準備

「報告」や「説明」を行うのに、表現者がそのことを十分知らないで行うのが無理であるのは、自明のことである。「音声言語」の学習をイメージするとき、声に出して、学習する場面ばかりがどうしても先行してしまう。もちろんその活動なしにはこの学習は成り立たないが、話させるための準備に時間をかけることも忘れてはならない。その意味では文字言語による作文活動とある時点まで共通する学習活動である。

本実践においても、話題の決定から取材活動までに四時間を費やし、多くはグループ活動をしながら、情報がより多く集まる形態をとった。また、説明をわかりやすくする手段として、補助物の使用を義務づけたために、その作製や取材にも時間を費やしている。補助物は、例えば紙にかいた図表や絵であったり、家族や友達の話し方を録音したりインタビューしたりしたものであったり、気になる日本語を使っているテレビ番組の録画であったり、書物の必要な部分をＯＨＰシートに拡大したりしたものなど、学習者の発想を生かした種々のものが提示されている。

この取材活動の時間を学習指導計画の中にきちんと位置づけておくことが、この種の実践の成否の鍵の一つを握っていると言えるであろう。

(2)　構成メモのあり方と原稿の有無

本実践では、次ページに示すような話し方計画表（概略のみを示す）を学習者に作成させ、学習を進めた。ここで問題にしたいのは、その中の「話の組み立て表」である。本実践では、「話し始め」と「話し終わり」は話すとおりの原稿を書かせ、途中の部分は材料の要点のみをメモさせることにした。全文の原稿を書かせずとも話ができると判断したからであり、全文原稿を書かせると「読む」ことになってしまわないかという恐れがあった

話し方計画表

二年一組　二十一番（N・I子）

1　わたしは、「「すみません」の使われ方」について

調べたことを報告（説明）しようと思います。このことばや表現は、「「すみません」が「ありがとう」の代わりをしている」という点が

「ちょっと気になる」日本語なのです。

2　この報告（説明）をするために、次のような材料（具体例）が集まっています。下に書いたような理由で、

今回の報告（説明）に使おう（使わないでおこう）と思っています。

＜材料＞

①何かを買ったとき、店員さんがいう「すみません」

＜使おう（使わないでおこう）と考える理由＞

→「ありがとう」の意味で、わたしの言いたいことのよい例だから使う。

3　話全体のおよその組み立ては次のとおりです。

時間	話す内容	気をつけること	実物の提示
0	①話し始め＝こんな経験があります。電車の中で、席をつめたあとで「すみません」と言われたのです。 ②＜考え＞「すみません」の三つの意味。	ちょっと疑問をなげかけるように話す。	
	○結び＝これからは「ありがとう」という気持ちのときは、「ありがとう」と言いたい、と思っています。	強く言いきるように言う。	

からである。

原稿の有無については、次のような段階があると考えられる。学習者の発達段階やその時点での能力によって選択する必要がある。ただ、「原稿を作る」ことと「原稿を見る」こととはまったく別の問題であり、いずれの場合も（たとえ、第一段階の「全文原稿を作る」場合であっても）原稿をできるだけ見ないようにすることが大事である。なぜなら、それは「話す」ではなく「読む」になるからである。

・第一段階……全文原稿を作る。内容や構成を確認する意味がある。初期の指導としては必要なときもある。
・第二段階……各段落の話し始めの原稿を作る。
・第三段階……全体の話し始めと結びは原稿を作る。ほかは、材料の要点メモにとどめる。
・第四段階……材料の要点メモのみにする。
・第五段階……原稿は全く作らない。話す「内容」は覚えておく。（話すとおりに丸暗記するのではない。）

本実践では第三段階で試みたわけであるが、それまでの学習経験の乏しさから、やはり「読む」学習者が多く見受けられたのは、指導のあり方を考えさせられる結果となった。原稿を書いているわけではないのだが、そのような話し方がいいと感じているのであろうか。あるいは、完璧な話を意識しすぎたのだろうか。話しことばはある程度不完全さを前提にしたことばであり、書きことばのような完全さを要求してはならないのであって、話しことばと書きことばは違うものであるということを、話しことば教育（学習）の前提として、指導者も学習者も意識せねばなるまい。

(3)　話しことばらしさ——書きことばとの違い——

書きことばと異なる「話しことばらしさ」を何に求めるかは、いろいろと論議のあるところである。結局のところ、音声言語活動には文字言語活動には絶対起こり得ない「場面適応性」の問題が常に存在し、それこそが音声言語活動の成否を決定すると言ってもよいであろう。

説明や報告の場合に限って考えれば、「聞き手はそのことにどの程度の知識をもっているのか、全く知らないのか、部分的に知っているのか、よく知っているのか」「聞き手は、その説明や報告を聞きたいと思っているのか、そうでないのか」「自分と同じ話題で話した人は、自分の話以前にいるのか、いないのか。いるならそれのどの部分を生かすのか、生かさないのか」等々、さまざまな要素がからみ、話をする現場でその都度、「話し始めはこれでいいか」「話の順序や組み立てはこれでいいか」「(聞き手の理解度を確かめながら) 要点は繰り返したり、大きな声で言ったりしたほうがいいのか」などの判断が行われなければならない。

本実践では「構成メモ」に従う学習者も多くいるが、話題が同じ場合、話し始めに変化をもたせたり提示する資料を異なったものにしたりして、中学生なりの判断があったようである。

五　「説明力」を高める授業の実際――第三次の６における発表モデルの話し方の指導の場合――

次の二つの視点と具体的なポイントから、モデルの学習者の説明を観察させる。これらは、自分が説明するときの努力目標でもある。また、モデルの学習者には、これらの努力目標について事前に特に指導を加えて、聞き手が指摘しやすいようにしておく。モデルを学習に用いる場合、そのモデルに学習要素がきちんと含まれていることが重要である。

⑴　「分かりやすく説明するための内容」という視点から

①　要旨（テーマ）が明確で、それを語るにふさわしい事例を用いているか。

②　説明全体の筋道が明確であるか。

③　聞き手を意識して表現を選択したり、必要に応じて補助物を提示したりしているか。

(2)「分かりやすく説明するための音声表現」という視点から

① 話す速度……初めてその説明を聞く人が理解できる速度であったか。

② 音量……注意を促したい部分や強調したい部分での音量の変化や調節をしたか。

③ 言葉の調子……「自分の考えを述べる部分」と「それ以外の部分」の変化や注意を促したい部分や強調したい部分での変化を工夫したか。

④ 間の取り方……聞き手の理解を助ける補助物の提出のタイミングを工夫したか。

六　学習者に見る「説明力」の高まり――第三次・モデルの学習者の説明――

学習者の発表例を一例示す。これは、第八時のモデルとなった学習者のものである。文字だけではその場の雰囲気は伝えにくいので、参考程度にとどめておきたい。家族へのインタビュー（録音したもの）、ＯＨＰで示した具体的な資料など、資料提示に工夫がある。また、話しぶりも落ち着いている。ただ、クラスで最初の発表をするという緊張感からか、聞き手の反応や理解度を確かめながら話したり、構成やことば選びを臨機応変に行うというのはできていない。

こんな経験をしたことがあります。電車の中で席をつめたそのあとで、あるおばさんに（次を強く言う）お礼の意味で「すみません。」といわれたのです。わたしはそのとき何も感じなかったのですが、よく考えてみると「ありがとう」の代わりに「すみません」を使うのがおかしいかなと思い、この問題を調べてみました。 「すみません」の使い方には大きく三つあるようです。一つめは、何かをまちがったときによく言う「すみません」、これは「あやまり」の意味ですから普通の使い方です。	↓自分の経験をもとに、関心をもった話題に導入している。具体的な経験を述べているので、聞き手にも分かりやすい。 ↓話題となることばについて、三つの視点から分析を試

二つめは、レストランで水がほしいときに言う「すみません」、これは「依頼」つまり「ひとにものを頼む」ときの使い方ですから、やはり普通の使い方です。問題は、次のような例です。店でものを買いました。そのとき、店員さんの言う「すみません」です。これは「ありがとう」の意味ですから、「すみません」ではなく、やはり「ありがとう」と言うのが適切だと思います。

実は、このことを家族に尋ねてみたのです。そのときの録音を聞いてください（録音テープ＝落としたハンカチを他の人に拾ってもらった場合の「すみません」「ありがとう」の使い分けについてインタビューしたもの・約一分）。どちらかというと、祖父や祖母は「ありがとう」を使い、父、母は「どちら」も使う、弟は「すみません」を使うようです。国立国語研究所が同じ質問をしたときの結果をまとめたのが、この表です（と言ってOHPをつけ、説明に合わせて指示棒を指す＝文化庁『ことばシリーズ31言葉に関する問答集15』六七ページ掲載の調査結果をTPシートにコピーしたもの）。十代、二十代では「ありがとう」も使われていますが、「すみませんより少なく、三十代、四十代と年があがるにつれて「ありがとう」が増えていきます。ただ、これは、三一年前の調査ですから、そのとき十代だった現在四十代の父や母は、「すみません」を多く使う年代なので「ありがとう」と迷っているさっきの録音結果と合うことになりますね。

このように「ありがとう」の意味で「すみません」と使う人が多くなっているのが、今のこのことばの使い方です。「ありがとう」と言われるときはとてもうれしいのですが、その代わりに「すみません」と言われるのは何か変な気持ちです。わたしも知らない間に使っているかもしれません。これからは「ありがとう」の気持ちのときには「ありがとう」と言いたい、と思っています。

（約四分）

みている。ここでも具体的な言語運用場面を示し、聞き手の理解を助けている。

↓家族に取材した結果を述べている。しかも、その取材の様子の録音を使ったので、説得力が増している。

↓次に、権威のある機関が調査した結果を活用している。先の家族の取材との整合性を述べることで、より説得力を強くしている。また、OHPを用いて調査結果をグラフ化したものを示し、説明にタイミングよく活用している。

↓最後に、自分の考えを強調し、また、自分の言語生活への思いを述べている。説明全体のくくり方としてよくできている。

七　評価と処理

本実践で、学習者の学習に関する「評価」について留意した点は、次のようであった。

○　評価の観点をはっきりさせる。「評価の観点」は学習者の努力目標でもある。

○　話の現場で評価する。話しことばの「場面適応性」を考慮すれば、その場での評価が一番である。

○　学習者の自己評価（反省）・相互評価（助言）を積極的に取り入れる。文章表現による評価法を用いる。

○　学習が一過性とならないように二回めの発表を行い、一回めと合わせて評価する。

(1)　学習者の反応と変容

「わかりやすく」話すために、筋道を立てて話そうとする態度や、適切な例示を適切なタイミングで取り入れようとする態度はかなり育成されたようである。前者は、具体的には話の組み立てを何回も練る学習者――例えば、聞き手が知っていそうな例示や経験から話し始めてだんだん言おうとする内容へ導いていったり、自分の考えの位置をあれこれと工夫したり――が多くいたことがそれを語っている。後者は、適切な事例を求めて学校図書館・公共図書館はもちろん、それよりも生きた事例を求めて、街頭インタビュー・家族との話し合い録音・写真やスケッチによる実物の記録、自分たちがふだん読んでいる漫画や小説などに現れた問題例など、意欲的な取材活動がそれを示している。

(2)　授業の評価

全員が友達の前で表現するので、真剣で生きた言語活動が組織できたように思う。一方で、「話の場」への適切な対応を学習する（指導する）必要性と困難性も実感できた授業であった。この部分の指導が積極的に試みられないと、音声言語指導は、文字言語指導からなかなか抜け出せない。

第五節　擬音語・擬態語の不思議な世界——現代の文化を話し合う——

実践のポイント
1　子どもたちの言語生活に密着した話題を設定し、情報を活用する学習を取り入れたこと。
2　「話し合い」の特質をふまえた能力の育成を図ったこと。
3　「話し合い」に入る前に、「話し合い」のモデルを示したこと。

一　単元の設定

1　話題

「擬音語・擬態語」のうち、「感情を表す擬音語・擬態語」に着目して、指導を展開している。日本語の擬音語・擬態語の豊富さは周知のとおりであるが、中学生においては、その理解や使用が十分とは言いがたい。安居總子氏は「概して、人間の心のひだを濃やかに表現する言葉が、子どもたちはまだ使いこなせないということができよう。」と指摘されている（「子供たちの擬音語・擬態語」『日本語学』一九八六・七月号　明治書院）。

2　活動の形態

「話し合い」の学習とする。「話し合い」の内容とともに、「話し合い」のあり方が指導の目的でなければならない。この部分を曖昧にしておくと、「話し合うことの指導」が成立しにくい。したがって、話し合う内容が深まることと同時に、「話し合い」そのもののあり方を論議し意識させなければならない。特に、本実践での「話し合い」は、共通の納得できる結論を出すことよりも、お互いの刺激によって、さらに自分の考えが深まったり広がったりすることをねらう「話し合い」である。したがって、第七時の発表会も、考えが広がったり深まったりしたことの報告会としての性格を持つ。

「話し合い」の指導においてねらうべき指導事項や育てたい能力・態度は数多いが、他の音声言語活動（「独話」など）にはない能力＝「話し合い」でしか育たない能力に注目したい。それはお互いの「相互触発」による考えの深まりや広がりである。西尾実氏は、これを「正・反・合の弁証法的論理の成立」とし（「言語生活の探究」二九三ページ　一九六一　岩波書店）、大村はま氏は「自己開発の瞬間」と述べている（「大村はま国語教室第二巻」一〇〇ページ　一九八三　筑摩書房）。これこそが「話し合い」の醍醐味であり、楽しさやおもしろさである。その経験が、異質の他者を受け入れる温かさやゆとり、他者の意見に触発され、それをも取り入れて、よりよい考えを構築していくしなやかさなどの人間性をも養うことにつながる。

また、話し合いの学習では、司会者が大きな役割を果たす。例えば、小主題（論点）の立て方などは、司会者の手腕に負うところが大きい。したがって、司会者には一定の事前指導が必要である。特に、モデルを示す場合、そのモデル自身が、音声言語教材として機能するわけであるから、指導者の指導意図と司会者の言動・構成員の言動とは関連が図られなければならない。

3　学習者の実態と学習の必要性

「話し合い」の経験はあるが、「話し合い」の学習をしたことがないというのが実状である。特に、相手の話を受けながら、自分の意見を展開していくことには、慣れていない。また、急いで結論を出すのではなく、自分の考えを深めたり広げたりすることを意識した「話し合い」も経験に乏しい。「話し合い」のしかた、あり方を学習させたい。

4　系統上の位置

(1)　能力……第一学年時より、授業中の友達同士の対話を意図的に行っているので、相手が分かるように話そうとしたり、相手の考えを聞こうとする能力や態度は、徐々に身についている。

(2)　形態……二人による「対話」は経験ずみである。「話し合い」形態も経験しているが、多くは学級活動など、国語科指導以外の場であって、国語科としては、初めてである。

5　学習資料（次の二の2に示した「辞典類」と「学習プリント」）

二　単元の計画

1　目標

(1)　擬音語・擬態語の広がりやニュアンスの違いに気づき、擬音語・擬態語の表現力の豊かさについて理解させる。

(2)　相手の考え方を受け入れて、自分の考えを広げたり深めたりする話し合いの能力を養う。

(3)　辞典を中心とした情報操作能力・情報処理能力を養い、情報を積極的に活用しようとする態度を養う。

2　単元構成上の工夫

(1)　学習資料の情報源として各種の辞典（国語辞典、類義語辞典、擬音語・擬態語辞典等）を活用し、その利用のしかた、記載事項の読み取り方、自分の資料として活用するための加工のしかた等について、学習させる。また、辞典に触発されて、自分の考えを新たに発想する方法についても、中学生なりに学ばせたいと考えている。そのために、学習の初期の段階で、全員に共通した課題や資料を与え、課題解決の方法を共通して経験させることが必要になる。

情報が氾濫する「情報化社会」で、自分が必要な情報を探し、読み、自分なりの解釈や加工を加えて、新たに自分が情報の発信者となる態度――情報に対する主体的な態度――は、これからの社会を生きる生徒にとって重要である。

本実践で生徒に提供した辞典類は次のとおりである。

【国語辞典類】……生徒各自のものなど多数

【類義語辞典類】

①『類義語辞典』（徳川宗賢・宮島達夫著　一九七二　東京堂出版）

②『角川類義語新辞典』大野晋・浜西正人編　一九八一　角川書店）

③『類語活用辞典』（磯貝英夫・室山敏昭編　一九八九　東京堂出版）

【擬音語・擬態語辞典類】

①『擬音語・擬態語辞典』（天沼寧編　一九七四　東京堂出版）

②『擬音語・擬態語辞典』（浅野鶴子・金田一春彦著　一九七八　角川書店）

③『擬音語・擬態語の読本』（尚学図書編　一九九一　小学館）

④『擬音語・擬態語使い方辞典』（阿刀田稔子・星野和子著　一九九三　創拓社）

(2)　指導者自作の「学習プリント」を準備する。「学習プリント」の内容とねらいは次のとおりである。

①　学習プリント①……「擬音語・擬態語」とは何かを説明したもの。

②　学習プリント②……「にこにこ・にたにた・にやにや」を例に類義語間の違いを全員に考えさせるもの。擬音語・擬態語辞典における「にこにこ・にたにた・にやにや」の用例からそのニュアンスの違いを考えさせている。

③ 学習プリント③……三種類の辞典（国語辞典、擬音語・擬態語辞典、類義語辞典）における「にこにこ・にたにた・にやにや」の説明を示したもの。辞典の使い方・読み方を指導する。

④ 学習プリント④……グループで、類義語のニュアンスの違いを論議するときの「話し合いの手引き」である。台本形式によるモデルと考えてよい。

⑤ 学習プリント⑤……話し合いにおける発言で、意識して使用してほしい接続語句の一覧を示している。「添加型」「順接型」よりも「逆接型」「対比型」「同列型」「補足型」「転換型」の接続語句使用を勧めている。

⑥ 学習プリント⑥……モデルとしてクラスで行う話し合い（六人）のよさを見つけてメモをするプリント。座席どおりに机の位置が示してあり、簡単に書き込める。

⑦ 学習プリント⑦……グループ別に集めた擬音語・擬態語の類義語を整理するためのプリント。「表す気持ちの近いもの、使う場面の似ているもの」を視点にして分類を試みさせている。

⑧ グループで調べた内容を報告するときの「報告の手引き」である。④と同じく台本形式によるモデルである。

3 学習計画（全七時間）

第一次――学習の方法を学ぶ段階――

(1) 「擬音語・擬態語」とは何かを知り、「にこにこ・にたにた・にやにや」を材料に、そのニュアンス（意味・用法など）の違いを考える。また、辞典を活用して、「にこにこ・にたにた・にやにや」の違いについて考えを深め、話し合いに参加できる内容と心構えを作る。

(2) 実りある話し合いのしかたを考える。

(3) 話し合いモデルを見てよりよい話し合いのあり方を考え、第五時以降の話し合いのときの個人目標を持つ。

第二次――第一次の学習を自分の話し合いに応用する段階――

(1) グループごとに、感情を表す擬音語・擬態語を集める（グループごとに調べる感情が異なる）。また、指導者の指定する語句について、その意味や用法の違いについて考える（個人の調べ学習→グループの話し合い）。

(2) (1)で集めた語句を分類・整理する観点を考え、整理する（個人の考え→グループの話し合い→個人の整理）。

(3) グループでの話し合いを通して、(4)のまとめの発表会の準備をする（発表内容の検討・係の分担など）。

(4) 発表会をする。学習の整理をする。

4 評価

(1) よく似た感情を表す擬音語・擬態語の微妙なニュアンスの違いをどこまで明らかにできたか。

(2) 「話し合い」の前の自分の考えがどれだけ広がったり深まったりしたか。

(3) 進んで「話し合い」に参加し、課題の解決を図ろうとしたか。

三　学習の実際

第六時は、グループでの話し合いが中心となる。以下に示すのは、「浮き立つ気持ち」を表す擬音語・擬態語を集めたグループの話し合いの一部を、文字化したものである。

なお、前時（第五時）にこのグループが集めた「浮き立つ気持ち」を表す擬音語・擬態語は、

いそいそ、うきうき、そそくさ、そわそわ、ふわふわ　ほくほく、らんらん、るんるん、わくわく（五十音順）

の九語である。

司会　それでは、この九語をどのように分類したらよいかを話し合います。アイディアを出してください。
P1　例文を作ってみたらどうですか。使う場面が違うかもしれません。
P2　例文よりも、わたしたちがどんな場面で使うかいろいろ出し合ったらどうでしょうか。使い方の違いが分かると思います。
司会　では　P2さんの言う方法で考えてみましょう。
P3　「いそいそ」というのは、これから誰か会いたい人に会いに行くとき、使う感じがします。
P4　「うきうき」や「わくわく」も同じ感じがするなあ。落ち着かなくて……。
P3　でも「いそいそ」というのは、それが行動や態度に表れているのじゃないかな？　例えば、鼻歌を歌っているとか、動作が軽やかだとか……。
P2　「うきうき」や「わくわく」は、行動や態度に出るときもあるけど、その気持ちを隠すこともできるよ。
司会　そうしますと、「いそいそ」グループと「わくわく」グループの違いは、行動や態度に「浮き立つ気持ち」が出るか出ないかの違いとしておきます。
　「ほくほく」は、どう分類したらいいですか。
P1　お年玉なんかもらったとき、「ほくほく顔」って言うけどなあ。
P3　たくさんもらったときは、そう言うよね。
P1　今年なんか、予想以上にもらってうれしかった。
P3　だから「ほくほく」っていうのは、予想以上によかったとき、うれしい気持ちを表すんじゃないの。
P1　ということは、何かがあったあとにしか使えないことになるなあ。

この話し合いはかなりうまく進んだ例である。その要因を分析すると、次のような点が指摘できる。

(1)　使う場面を考えて、その違いから意味の違いを考えようとしたこと。

(2)　意味の違いを考える上で、いくつかの有力な視点を考えついたということ。

(例)・気持ちが行動や態度に出るかどうか。
・何かの行動の前の気持ちか、あとの気持ちか。

(3)　積極的な話し合いへの参加で、新しいアイデアが生まれたこと。

このグループは、この話し合いのあと、下のようなまとめをOHPに書き、報告会の準備をした。

「浮き立つ気持ち」を表す擬音語・擬態語(九語)
1　いそいそ……〔意味〕期待がかなう予感があって動作が軽くなり、その動作で、周りの人がその気持ちを感じる場合。「そわそわ・そそくさ」なども同じ。
2　うきうき……〔意味〕うれしさ・楽しさなどで愉快になって、落ち着かない様子。1と違って、必ずしも、動作に出るわけではない。「わくわく・らんらん・るんるん・ふわふわ」なども同じグループ。
3　ほくほく……〔意味〕予想以上によかったり楽しいことがあったりして、笑顔になる様子。

四　授業者の提言

(1)　話題の設定について……表現の学習となると、特別な話題を準備する必要があるように思われがちである。本実践のように、日常生活の中で、あるいは、すでに学習したことの中からというふうに、取材段階で時間のかからない話題を工夫したい。指導のねらいは、あくまでも音声言語による表現能力を身につけることにある。

(2)　モデルの設定について……音声言語指導の場合、生徒の目前で実際に行われるモデルは、大きな効果がある。その際には、指導事項が含まれるように指導者の配慮が必要である。

第六節　「ら抜きことば」を考える――パネル・ディスカッションをする――

一　育成すべき「説明力」

パネル・ディスカッションとは、テーマについて異なる見解を持つグループの代表者（パネラー）が出て討議のきっかけを作り、参加者も討論に加わる話し合い形態の一つである。参加者が代表者と対等の立場で参加するという特徴があり、その意味から、参加者の参加度合がパネル・ディスカッションの成否に影響する。また、代表者立論の段階での自由な討論に、参加者も加わると、理想的なパネル・ディスカッションになる。

今回の話題「ら抜きことば」は、その使用をめぐって微妙な違いを持つ数種以上の意見があり、ディベートのように、対立する二つの意見だけでは解決しきれない問題である。また、問題の完全解決よりも他の意見やその根拠を聞いて自分の考えの幅を広げることも、この話題の場合、大切なこととなる。ディベートでもなく、単なる話し合いでもないパネル・ディスカッションという活動形態を選んだ理由がここにある。

「説明力」との関係について言えば、他の意見の者との微妙な違いを的確に説明できる力が大きな課題となる。また、自分の意見を支えている確かな根拠を説明できる力もポイントとなる。そのためには、確かな取材活動（話すための準備）が欠かせない。

二　話題選定の意図と使用する学習資料

話題となる「ら抜きことば」とは、本来なら可能の助動詞「られる」が付いて「見られる（見る＋られる）」

「食べられる（食べる+られる）」となるものが、「見れる」「食べれる」というふうに、「ら」が抜けた状態になる言語現象である。その進出はめざましく、その使用をめぐっての論議も盛んである。しかし、「認める」「認めない」の論議よりも、場や相手に応じて使い分けができ、また、これを契機にことばの問題に関心を持ち続けることのほうが大切なことであって、国語科の立場からは、言語への関心や興味を育成するよい機会ととらえることができよう。生徒にとっても、自分たちの身近な言語生活上の問題だけに、興味や関心を持って、話し合うことのできる話題である。

　また、言語に関する問題は、生徒の経験の差をあまり考慮しなくても取り上げることのできる題材として、今後の実践的な開発が期待される領域でもある。

　学習資料としては、

(1)　ら抜きことばに関する生徒の使用実態をグラフ化したもの（自分たちの言語生活の実態をとらえるため）

(2)　一九七七年・一九八四年・一九九二年・一九九五年のら抜きことばに関する新聞記事（ら抜きことばに対する世論の変化や人々の意識の変化をとらえるため）

(3)　ワークシート六枚……内三枚は(1)・(2)を資料化したもの。残り三枚は、パネル・ディスカッションの前のグループ・ディスカッション記録用紙、パネル・ディスカッションの進め方（台本型モデル）などの学習の手引き

を使用する。

三　教材の指導目標・学習指導計画

(1)　教材の指導目標

①〈価値目標〉ら抜きことばをめぐるさまざまな考え方を学び、ことばへの認識を高めさせる。
②〈技能目標〉パネル・ディスカッションという話し合い形式を知り、実際に運用させる。
③〈態度目標〉パネル・ディスカッションを通して、話し合い、高め合うことの大切さを感得させる。

(2)　教材の学習指導計画（全七時間）

第一次　ら抜きことばについて学ぶ段階……二時間
1　ら抜きことばそのものの理解、発生、使用実態、ら抜きことばに対するいろいろな考え方を学ぶ。
第二次　パネル・ディスカッションの準備をする段階……三時間
2　グループディスカッションを通して、さまざまな考えを知り、グループとしての意見を確立する。
第三次　実際にパネル・ディスカッションを行う段階……一時間
3　パネル・ディスカッションを行い、ら抜きことばについて考えを深める。
4　パネル・ディスカッションを通して、討論の技能を養い、話し合って高め合うことの大切さを学ぶ。

〔パネル・ディスカッションの進め方〕
①　パネラーの発言（二分×五人）
②　パネラーへの質問――他のパネラーかフロアーから（五分）
③　質問への応答――パネラーかグループメンバー（五分）
④　全員による討議（一〇分）
⑤　パネラーによるまとめの発言（一分×五人）
⑥　司会者によるまとめ（二分）

第四次　学習の整理や反省の段階……一時間
5　パネル・ディスカッションで学んだ内容を生かして、ら抜きことばについての自分の考えを書く。また、学習の感想や反省を書く。

四　指導上特に留意すること

(1)　学習者の実態と学習の必要性

パネル・ディスカッションは初めての学習体験である。公の場で、自分の考えを筋道立てて述べたり、それに対する自分の考えを述べたりする経験は、きわめて少ない。そのような意味で、まもなく社会に出る義務教育最終学年には、どうしても学ばせておきたい「話し合い」形態である。

(2)　単元構成上の工夫

①　ら抜きことばに関するアンケートを行い、自分たちの言語生活の実態と話題を展開するうえでの材料として活用する。

第一時にアンケートを行い、生徒自身のら抜きことばの使用実態を明らかにした。例えば「明日の朝、七時までに学校に来れる人は、必ず来てください。」という「来れる」について、

ア　話しことばの場合と書きことばの場合とに分けてアンケートを行った。

イ　「ふだんのことばづかいと変わらない」「何だか変だとは感じているが、実際には使っている」「変だと感じ、使うのを避けている」の三段階で集計した。それをグラフ化して、パネル・ディスカッションの資料として活用した。

ことばの問題を扱うときは、このように、自分たちの言語生活を資料として活用することが、学習の活性化につながる。

②　新聞記事や雑誌記事等を示し、ら抜きことばに関する世論の動きを解釈したうえで、材料として活用する。

③　よく似た考えを持つ者同士のグループ・ディスカッションをパネル・ディスカッションの前に行い、意見

の耕しを図る。

④　パネル・ディスカッションに際しては、台本型モデルを提示し、その進め方・発言の仕方等を指導する。モデルの頭注には「モデルを見るときの留意点」、脚注には「パネル・ディスカッションを行うときの生徒個々の学習目標欄」「ら抜きことばに対する立場と理由の記入欄」を設けている。

⑤　参加者はグループ内で役割分担を行い、自グループに質問して自分たちの立場を補強する役、他グループに質問して、考えを正す役など、参加者側の聞き方にも目的を持たせる。

⑥　パネル・ディスカッションを行うときの座席等の配置を考慮する。具体的には、教室の前に長机二脚（パネラー用）を置き、フロアーは椅子のみとする。よく似た意見を持つ生徒で小グループを作って座る。

⑦　「活動の形態」で述べたようなパネル・ディスカッションの特徴から、パネル・ディスカッションでは司会者が大きな役割を果たすことになる。本実践では、パネル・ディスカッションが初めての生徒がほとんどであることを考慮して、司会は指導者が行うことにした。今後の慣れとともに、生徒自身が司会できるように考えたい。

五　「説明力」を高める授業の実際

パネル・ディスカッションを進めるにあたり、自分たちの考えを明確に説明する必要がある。そのためには、明確な根拠、他の学習者の意見の予想とそれへの対応を考えておくことが肝要である。第二次でパネル・ディスカッションのための内容的な準備を行うときには、次のような観点で学習を進めた。

⑴　自分の考えと、そのように考える理由を書かせる。

⑵　同じ考えの学習者がグループを作り、考えを立証する根拠や実例を補強する。同時に他の考えの学習者の

意見を予想し、それへの対応を考えさせる。

(3)　グループの主張点を再度確認し、パネリスト・質問者1・質問者2、資料係などの分担をさせる。

特に、本実践の話題である「ら抜きことば」は、学習者の言語生活に日常的に存在するものであり、多様な視点からその是非が論議されるものである。例えば、

○　話しことばでは容認されるが、書きことばでは使用が難しいのではないか。
○　私的な場では容認されるが、公的な場では使用が難しいのではないか。
○　「ら抜きことば」に慣れない世代との会話等では使用が難しいのではないか。

などの視点があり、他の学習者と異なる視点での意見も十分考えられる。

パネル・ディスカッションのよさは、対立する考えではないが、視点を変えれば意見の食い違いがある場合、お互いの考えから学び合い、自分の考えを広げたり深めたりできる点にある。そのためにも、自分の考えを明確にしておく必要がある。

六　学習者に見る「説明力」の高まり―第三次・パネル・ディスカッションの実際―

（フ＝フロアー・パ＝パネラー）

司会　それでは、意見の交換を始めます。 Aフ　他のグループの「ら抜きことばは文法的に間違っている」という意見、わたしたちはそう考えないのですが〈Aパ〉さん、それについて考えを聞かせてください。 Bフ　わたしたちは、ら抜きことばの使用について気をつけるべきだと考えていますが、具体的に「気をつける」場面を〈Bパ〉さん、教えてください。	↓パネラーの発言だけでは、不十分なため、同じグループか

Dフ　〈Dパ〉さん、ら抜きことばは、時代の流れと言える資料があったら、示してください。

司会　まずは、自分のグループへの援護質問ですが、〈Aパ〉さん、どうですか。

Aパ　ことばが変わっていったら、文法も自然に変わっていくから「間違っている」とは言いにくいのではないでしょうか。

Bパ　「公の場」や「書きことば」では、やはり注意すべきだと考えています。テレビやラジオでは年輩の人に通じにくいし、前のクラスアンケートでも「書きことば」のほうを気にする人が多いというのが理由です。

Dパ　ワークシートの新聞資料では、ら抜きことばがすすんでいることが証明されています。時代の流れではないでしょうか。

Eパ　わたしたちもら抜きことばの使い方には気をつけるべきだという考えです。やはり、年輩の人は気にするし、何となく失礼に聞こえます。相手の人に不快感を与えるのは、失礼だと思います。

司会　論点を整理してみます。一つは、年輩の人に伝わりにくい心配もあるが、時代の流れだからしかたがないという考え、二つめは、公の場で、場面によって使い分けようという意見ですね。

Aフ　〈Bパ〉さんに質問します。「正しい日本語を使わないといけない」という発言の「正しい日本語」という言い方はどうなんでしょうか。

Bパ　日本にいるすべての人に通じる正しい日本語という意味です。ら抜きことばは、伝わりにくいと困るから注意したほうがいいというつもりなのですが……。

司会　「場面によって使い分けるべきだ」という意見があるけれど、どう考えますか。

Bパ　公の場やプライベートな場の使い分けというよりも、書きことばと話しことばに

ら、さらに意見を引き出す質問が出る。

↓発言の理由や根拠を示している（最初の発言で説明できなかったため）

↓質問のなかったグループのパネラーも参加する。

↓〈Bパ〉の発言の真意を確かめる質問が出る。

↓論点を「使い分け」の部分にしぼる。

ついて意見を述べてみたいと思います。書きことばはあとに残るから、文法を気にして使い分けする人も多いけど、話しことばは状況の展開が速いから、可能と尊敬の使い分けのできるら抜きことばでよいと思います。

司会　同じグループ内でも、年輩の人に対してら抜きことばが「伝わる」「伝わりにくい」というふうに意見の食い違いがきっとあると思いますが、どうですか。

Bパ　グループ内でも微妙に意見の違う部分があるんです。理由なんかもね。

司会　同じ意見の中の微妙な違いは大事にしましょう。

Aパ　場面によって使い分けたらいいと言いますが、実際に使い分けはできるかなあ。ふだん使っていたらそのまま出ると思いますけど……。

Cパ　わたしは、ら抜きことばに対してふだんから不快感を感じているので、使い分けできると思いますが、わたしたちの年代は、違和感なく使っているので、難しいと思います。

Dパ　私自身は気にしているので、自分はできますが……。（後略）

↓同じグループ内の微妙な違いについて言及する。

↓「使い分け」についての意見が相次ぐ。

七　評価と処理

次の視点で自己評価・相互評価を行う。

(1)　パネル・ディスカッションに積極的に参加して、自分の考えを正確に伝えたり、相手の考えについて自分の考えを述べたりすることができたか。

(2)　ことばの問題について、興味や関心を持つことができたか。また、今後も持ち続けることができるか。

(3)　今後も、パネル・ディスカッションに参加しようとする意欲が持てたか。

第二部　「言語文化」の学習指導研究

第一章　「言語文化」学習指導の基礎論

第一節　中学校〔伝統的な言語文化と国語の特質に関する事項〕の指導

一　〔伝統的な言語文化と国語の特質に関する事項〕新設の趣旨

〔伝統的な言語文化と国語の特質に関する事項〕は、平成二〇年版中学校学習指導要領（国語）において、新設された事項である。その趣旨は、文部科学省『中学校学習指導要領解説国語編』（平成二〇年九月）（以下『解説』）によれば、次の二点に集約できる。

① 我が国の歴史の中で創造され、継承されてきた伝統的な言語文化に親しみ、継承・発展させる態度を育てること。

② 国語の果たす役割や性質についてまとまった知識を身に付けさせ、言語感覚を豊かにし、実際の言語活動において有機的に働くような能力を育てること。

〔伝統的な言語文化と国語の特質に関する事項〕は、⑴と⑵とで構成され、⑴は「ア　伝統的な言語文化に関する事項」「イ　言葉の特徴やきまりに関する事項」「ウ　漢字に関する事項」で構成されている。⑵は書写に関する事項である。

⑴の指導においては、「Ａ　話すこと・聞くこと」「Ｂ　書くこと」「Ｃ　読むこと」の指導を通して指導するものであることが重要である。

二　「伝統的な言語文化」とは何か

『解説』によれば（二二ページ）、「言語文化」とは、

①　我が国の歴史の中で創造され、継承されてきた文化的に高い価値をもつ言語そのもの、つまり文化としての言語

②　それら（著者注―文化としての言語）を実際の生活で使用することによって形成されてきた文化的な言語生活

③　古代から現代までの各時代にわたって、表現し、受容されてきた多様な言語芸術や芸能

など、幅広い概念である。今回の改訂では、「伝統的な言語文化」というふうに「伝統的な」が付いているため、古典関係に限られているような印象を受けるが、決してそうではない。

三　「ア　伝統的な言語文化に関する事項」の内容

「ア　伝統的な言語文化に関する事項」は、「伝統的な言語文化」のうち、特に古典についての指導事項である。従前は、「Ｃ　読むこと」の配慮事項に示していた古典の指導に関する事項が、今回〔伝統的な言語文化と国語の特質に関する事項〕の「伝統的な言語文化」に位置づけられ、古典の指導事項として、明示的に示された。

(1)　古典指導の基本的な考え方

中学校三年間を通して「古典入門期」であるという立場に立つ。中学校学習指導要領「国語」の指導事項では、次のように学年の進行に従って、古典への親しみを増すことをねらっている。（傍線著者）

【第一学年】(ア)　文語のきまりや訓読の仕方を知り、古文や漢文を音読して、古典特有のリズムを味わいながら、古典の世界に触れること。

【第二学年】(ア)　作品の特徴を生かして朗読するなどして、古典の世界を楽しむこと。

【第三学年】(ア)　歴史的背景などに注意して古典を読み、その世界に親しむこと。

第一学年においては、小学校における古典の学習を踏まえ、さらに古典の世界に触れることを指導する。その際、文語のきまり（歴史的仮名遣いや係り結び、古今異義語、現代では使わない助動詞・助詞など）を教材に即して必要な事項を指導する。また、音読をすることにより、古典の文章のもつリズムを体得させる。古典の学習が「音読に始まり、音読に終わる」とはよく言われることである。

第二学年においては、第一学年の「音読」を踏まえて、作品の特徴を生かした「朗読」を取り上げ、古典の世界を楽しむことを指導する。「朗読」は、自分が朗読するときの工夫、他の人の朗読の工夫などを通して、なぜそのように朗読するのか、そのように朗読することでどんな効果が得られるのかなどを吟味することにより、新たな読み方、とらえ方を発見することにもつながる。古典の解釈を多様にすることは、近現代の文学教材の扱いと同じで、古典を読むことの楽しさを発見できる契機となる。

第三学年においては、「歴史的背景」などに注意して、古典に親しむことを指導する。「歴史的背景」は、その時代の趨勢、作者の立場や状況、作者をめぐる人間関係などであるが、あくまでも教材理解に役立つと事柄を精選することが大事である。「歴史的背景」を踏まえて古典を読むことで、人間のさまざまな姿を古典に見出すことになろう。

(2)　古典教材の発掘

中学校古典指導の教材開発について、「郷土教材」の発掘を指摘しておきたい。「古典に関する教材」については、中学校学習指導要領「国語」の「第3　指導計画の作成と内容の取扱い」の(5)に示してあるとおり、古典の原文に加え、古典の現代語訳、古典について解説した文章などが示されている。これらは、教材としての提示の仕方にかかわるものである。一方、その内容については、「第3　指導計画の作成と内容の取扱い」の(2)に示された教材一般に関する事項がある。

古典教材の場合、地域に由来する題材が多く存在することが多い。例えば、万葉集であれば、全国各地にその題材が取られている。身近な土地が古典と結びついていることを知れば、学習者の古典への興味・関心は高まることが期待できる。

その際、内容価値の視点、能力育成の視点から教材を発見する力量と、それを教材として構成する力量が指導者に求められる。

四　「国語の特質に関する事項」とその指導内容

「国語の特質に関する事項」は次の二面から考えることができる。

(1)　日本語という言語はそもそもどのような働き（機能）をもつ言語か。

各学年の指導事項(ア)がそれである。

第一学年では、「伝達」という言語の機能に着目し、「音声の働きや仕組み」を取り上げている。音節の基本的な構造などへの理解とともに、アクセント、イントネーション、プロミネンスなどの音声的特質を理解させ、

「A　話すこと・聞くこと」と密接な関連を持ちながら、指導に当たることが重要である。「アクセント」は、「個々の語句について、社会的慣習として決まっている相対的な際だたしさの配置」のこと、「イントネーション」は「音声言語において、息の段落ごとに現れる声の高さの変動」、「プロミネンス」は「話し手が、ことばの中で、その時その時に最も重要な意味を表す部分を特にはっきり発音するもの」である。音読・朗読はもちろん、日常の話し言葉におけるこれらの影響や効果を考えさせることが重要になる。

第二学年では、「話し言葉と書き言葉」「共通語と方言」「敬語」を取り上げ、その特徴や働きについて理解することを指導する。「話し言葉と書き言葉」については、その特色や役割の違いについて理解させるとともに、適切に使い分けられるよう、日常の言語生活に結びつけた指導が重要である。例えば、作文（書き言葉）の中に、不用意に話し言葉を交えたり、逆に効果をねらって混在させたりすることなどについて考えさせたい。「共通語と方言」については、共通語・方言の果たす役割を理解させ、時と場合に応じて使い分けられるように指導することが大切である。「敬語」については、体系的な知識とともに、人間関係の中で敬語の果たす役割を理解させる。基本は、尊敬語、謙譲語、丁寧語であるが、文化審議会答申「敬語の指針」に示された尊敬語、謙譲語Ⅰ、謙譲語Ⅱ（丁重語）、丁寧語、美化語についても、生徒の実態に応じて取り上げる。

第三学年では、「時間の経過による言葉の変化や世代による言葉の違い」や「敬語」を取り上げる。「時間の経過による言葉の変化」については、一つには古典指導との関連が考えられる。現代日本語がどのような経緯で現在のような語形や語意をもつように至ったかなどを調べたり考えたりすることは、言語文化への興味・関心が高まる契機になる。また、現代語の中にも語形や使い方が変化しつつあるものもある（例えば、ら抜きことばや「全然」の用法など）。このような学習を通じて、言葉は変化するということを理解させる。また世代による言葉の違いについても、共時的に見た場合の若者と年配者、通時的に見た場合の一人の人の使用する言葉の変化（例えば

「一服」ということばは年配になるほどよく使う。）などに着目させることが重要である。「敬語」については、相手や場面に応じて、適切に使い分けることができるように指導する。

(2)　日本語の音声・音韻、語句・語彙、文法、表現には、どのような特色があるか。

「語句・語彙に関する事項」「単語・文及び文章に関する事項」「表現の技法に関する事項」に分類される。なお、「音声・音韻に関する事項」は、前述の(1)で述べた。

「語句・語彙に関する事項」は、第一学年の(イ)(ウ)、第二学年の(イ)、第三学年の(イ)の指導事項である。

第一学年の(イ)では、辞書的な意味と文脈上の意味との関係について述べたものである。ただし、文脈上の意味が辞書的な意味と全くかけ離れたものになるとは考えにくいので、辞書的な意味がどのようにして、文脈上の意味に変化するのか考えさせる必要がある。また、文脈上の意味を推測したのち、辞書の意味を調べ、さらに再度文脈に埋め戻す作業を行う必要がある。そのことが「語感を磨く」ことにもつながっている。

第一学年の(ウ)では、「語彙」への理解・関心を指導する。第一学年では、「事象や行為」など、具象的で身近な事柄を表す語句に気付かせることをねらう。語（句）の集まりが「語彙」であるが、それは、多様な観点での集まりを作ることに気付き、その集まりの中では、共通点と差異点を微妙なバランスで保持しながら、語（句）と語（句）との関係を作っていることに気付かせる。そのことも「語感を磨く」ことにもつながる。

第二学年の(イ)では、「抽象的な概念」を表す語について指導する。抽象的な語句を取り上げ、それが表す具体的な中身を考えさせることなどを通して、語感を磨く。また、類義語・対義語・多義語なども指導する。

第三学年の(イ)では、慣用句・四字熟語の知識、和語・漢語・外来語などの使い分けを指導して、語感を磨き、語彙を豊かにすることの指導を行う。特に和語・漢語・外来語などの使い分けの指導は、語感を磨くのに大いに役立つ。例えば「やど―旅館―ホテル」などを印象や使用文脈などから比べさせ、その語感の違いを考えさせる指導などである。

中学校三年間を通して語感を磨くには、さまざまな視点で、語句を比べる力が要求される。例えば、意味の視点（類義語・対義語）、語種の視点（漢語・和語・外来語）、位相の視点（若者語、改まった場とくだけた場）などである。比べることによって、共通点とともに、微妙な差異をとらえる力こそが「語感を磨く」のに大いに役立つ。

「単語・文及び文章に関する事項」は、第一学年の(エ)、第二学年の(ウ)(エ)(オ)である。

第一学年の(エ)では、「単語の類別」「指示語、接続語などの語句」について指導する。「単語の類別」では、自立語と付属語の大別からはじまるいくつかの品詞について指導するとともに、それぞれの品詞が文のどのような成分になるかを指導する。中学校で指導する文法体系は、いわゆる「橋本文法」（橋本進吉氏の提唱する文法学説）によっているが、他の文法学説も踏まえたうえで、橋本文法の長所・短所もわきまえておく必要がある。また、単に暗記だけの学習に終わらせることなく、言葉の分類や体系について興味・関心を抱かせるよい機会ととらえて指導する必要がある。

第二学年の(ウ)は、「文の成分の順序や照応」「文の構成」について指導する。文を組み立てている主語・述語・修飾語・接続語・独立語などの語順を指導する。また、「文の成分の照応」については、特に主語・述語の照応について指導を強めたい。「書くこと」の指導とも関連する。さらに、「文の構成」については、語順や照応によって、表現効果がどのように変わるのかを学習させる必要がある。これも、「書くこと」と大いに関連する。

第二学年の(エ)は、「単語の活用」と「助詞・助動詞」について指導する。「単語の活用」では、単語の類別と関係づけながら活用の有無によって単語を分けることを理解させる。また、「助詞・助動詞」では、語と語との関係を示したり、意味を付け加えたりする働きを理解させるとともに、自らの表現活動とも密接な関係があることを日常の言語活動を取り上げながら指導する。第二学年の(オ)は、「相手や目的に応じる話や文章の形態や展開の違い」について指導するものである。話や文章の形態としては、例えば「事実や事柄を伝える説明や記録」「手紙などの通信」「感想や意見」などである。話や文章の適切な形態を選択することは、話すこと、書くことの指導の際の重要な条件である。

六　「漢字に関する事項」の内容

中学校での漢字指導については、次のようになっている。

(1)　「読むこと」の指導

【第一学年】小学校学習指導要領の「学年別漢字配当表」に示された漢字に加え、その他の常用漢字のうち二五〇字程度から三〇〇字程度までの漢字を読むこと。

【第二学年】第一学年までに学習した常用漢字に加え、その他の常用漢字のうち三〇〇字程度から三五〇字程度までの漢字を読むこと。

【第三学年】第二学年までに学習した常用漢字に加え、その他の常用漢字の大体を読むこと。

中学校での漢字指導は、小学校のように「学年別配当」が決まっているわけではない。したがって、使用教科書に沿って漢字指導を行えばよい。第三学年の「大体」については、どの字と決まっているわけではないので、常用漢字の全部と理解する。したがって、漢字を「読むこと」については、中学校卒業までに、全部の常用漢字を読むことを指導する。

(2)　「書くこと」の指導

【第一学年】「学年別漢字配当表」のうち九〇〇字程度の漢字を書き、文や文章の中で使うこと。

【第二学年】「学年別漢字配当表」に示されている漢字を書き、文や文章の中で使うこと。

【第三学年】「学年別漢字配当表」に示されている漢字について、文や文章の中で使い慣れること。

「書くこと」の指導については、中学校卒業までに「学年別漢字配当表」に示されている漢字を書けるようにする。ただし、第一学年・第二学年が「文や文章の中で使うこと」となっているのに対し、第三学年では、「文や文章の中で使い慣れること」となっていることに注意が必要である。このことは、単に漢字の書き取りテストなどで書けるだけでなく、生徒の言語生活の中で、必要に応じて自然に使ったり、意図や目的に応じて使い分けたりすることができるということである。

七　「書写に関する事項」の内容

書写の指導が国語科の指導の範疇であることをよく理解し、指導に当たる。決して芸術としての書道を指導するのではない。第一学年では、「様々な場面に応じて楷書で書くこと」「行書の基礎的な書き方を理解して書くこと」を、第二学年では「行書の漢字と仮名の調和を考えて書くこと」「楷書又は行書を選んで書くこと」を、第三学年では「文字を文化として認識し意図を明確にして文字を書くこと」を指導する。

また、中学校学習指導要領「国語」の「第３　指導計画の作成と内容の取扱い」の２⑵に注意して指導することが大切である。すなわち、

ア……「正しく整えて」はひとまとまりと考える。「速く」も中学校書写において求められる要素である。

イ……毛筆書写は各学年で行うことを示している。毛筆書写では、一点一画を丁寧にゆっくり書くので、硬筆で書く際の点画が強く意識される。毛筆が硬筆で書く際の書写の能力の基礎を養うということの意義である。

ウ……書写の配当時数について、第一学年・第二学年では年間二〇単位時間、第三学年では年間一〇単位時間程度となっている。

第二節　〔伝統的な言語文化と国語の特質に関する事項〕指導研究の領域と課題

一　問題意識

次期学習指導要領が検討されている。平成二六年年三月三一日とりまとめの『育成すべき資質・能力を踏まえた教育目標・内容と評価の在り方に関する検討会――論点整理――』では、「21世紀型能力」という用語に代表されるような児童・生徒に育成すべき資質・能力の明確化を図る議論がなされている。

一方、現行学習指導要領の趣旨に基づく教育実践は、どの程度まで進んでいるのであろうか。小学校、中学校の国語科における現行学習指導要領の具現化はどうであろうか。

平成二〇年版学習指導要領「国語」では従前の〔言語事項〕が廃止され、新たに〔伝統的な言語文化と国語の特質に関する事項〕が設けられた。その趣旨は、

> 我が国の言語文化を継承・発展させる態度を育てることや、国語が果たす役割や特質についてまとまった知識を身に付けることとともに、実際の言語活動において有機的に働くような能力を育てる
>
> （文部科学省（二〇〇八）『小学校学習指導要領解説国語編』六ページ、以下『解説』）

ことにある。その指導事項(1)を一覧すると、

ア　伝統的な言語文化に関する事項

イ　言葉の特徴やきまりに関する事項

ウ　漢字に関する事項

があり、これとは別立てで「(2)書写に関する事項」がある。この指導事項(1)は、

「A　話すこと・聞くこと」「B　書くこと」及び「C　読むこと」の指導を通して、次の事項について指導する。

とあるように、三領域を「通して」というのが原則である。が、実際には、特にアの「伝統的な言語文化についての事項」については、多くの場合「C　読むこと」が中心となるであろう。すなわち、従前には「C　読むこと」の指導事項で指導していた古典を含む「伝統的な言語文化」の指導を、より「伝統的な言語文化」固有の指導事項として特化して示したものとみるのが妥当なところであろう。もちろん、A領域、B領域においても、例えば「表現の学習」で、「伝統的な言語文化に関する事項」で学んだ内容を活用することは十分考えられる。

また、上記の「ア　伝統的な言語文化に関する事項」と「イ　言葉の特徴やきまりに関する事項」との関係は、〔伝統的な言語文化と国語の特質に関する事項〕（傍線著者）というように「と」でつながれた「伝統的な言語文化」「国語の特質」を単に並置したものと見受けられるが、果たしてそれでいいのか。両者はお互いに影響を与え合っていると考えられるが、いかがであろうか。

以上のような細かな問題はあるが、何よりも大きい問題と考えられるのは、〔伝統的な言語文化と国語の特質に関する事項〕の【教育内容】や【教育方法】について、あまり論議されていないという学会・研究会の実情ではないだろうか。とりわけ【教育内容】については、例えば小学校においては、全学年において「伝統的な言語

文化」の指導が必要であるにもかかわらず、また、中学校においては、小学校の「伝統的な言語文化」の指導との系統性をどう考えるかという大きな課題に直面しているにもかかわらず、論議が進まない。むしろ論議の中心、実践の中心は、文部科学省を初めとする教育行政の主導のもと、「言語活動」を中心とした【教育方法】にあることは、憂慮すべき事態と言わねばならない。

　このことについて、竹村信治（二〇一四）に興味深い論考がある。「研究者が国語教育を考えるということ――『言説の資源』をめぐる」というタイトルをもつこの論考の書き出しは次のごとくである。

> どうかすると倫理問題にもなってしまいそうなこの命題は、いかにも扱いにくい。加えて、〈教育〉に踏み込まないことが〈研究者〉としての証しと考える向きもあって、そこにはどんな言葉も届きそうにない。さらに、高等教育の場で目覚め、あるいは解放されて研究に邁進する方々にとっては、そもそも関心の外にあるのが〈教育〉の話題だろう。（五ページ）

　ここには、〈研究者〉の、〈教育〉に対する「乖離」が辛辣に述べられている。その原因として、「教材（文学）を教える」「教材（文学）で教える」のいわゆる「を」か「で」かの問題を指摘し、

> 「教材（文学）を教える」は「教材（文学）で教える」に駆逐されたというわけだ。（中略）こうして「で」が前景化し、「を」は後景に退いた。それにしたがって日本語学・日本文学〈研究者〉登場の舞台も失われていく。教育系雑誌は授業作り提案と実践報告、学習指導要領解説で埋め尽くされている。結果、〈教育〉は「を」組〈研究者〉の踏み込めない世界、「を」組〈研究者〉は〈教育〉の関心の外となりつつあ

る。（五〜六ページ）

とし、論考の末尾で、

わたくし自身は、両者を乖離させるのではなく重ね合わせる地平がないかとあれこれの模索中といったところ。「古典を伝えること」が「古典で伝えること」でもある地平。

と、竹村氏の決意を述べている。

これは、【教育内容】と【教育方法】の有機的関連を意図した発言であり、後述する日本語学・日本文学等の関連科学と国語科教育学との連携も視野に入れた発言と受けとめることができる。

また、『國語と國文学』第九二巻第一一号（通巻一一〇四号）（二〇一五・一一）は、「教育と研究」という特集を組んだ。その編集後記が、日本語学・日本文学と国語科教育との関連について、現状を次のように指摘している。

今回「教育と研究」と題する特集を組んだ。国語学・国文学研究の専門誌である本誌でこのような特集を組むことは、あるいは違和感を生むかもしれない。しかし（中略）かつては教育関連の記事・論考も少なからず掲載されていた。このように、中等学校（中学校・高等学校）における国語教育と、国語学・国文学の研究とは、不即不離の関係にあったはずである。ところが、現在両者は不幸にして乖離しがちである。中学・高校の教員はさまざまな校務に追われ、新しい研究の成果を取り入れる時間的な余裕がなかなか持てない。そして、いわゆる研究職にある人々は、専門性を深めることに専心するあまり、その研究の意義や面白さを平易に語る努力が、かつてよりも少なくなってきている。

しかし教育にしても研究にしても、作品や文章を、より正確に、より魅力的に読み解き、それを伝えたいという意欲を根底に置くことでは、共通しているはずである。（中略）

それ（著者注—本誌に掲載された論文）は教室で日々生徒と向き合っている国語の先生へのあと押しとなるだけでなく、細分化の弊害も見せている研究を振り返り、研究自体を活性化させる意味をも持つだろう。

ここに述べられている問題意識は、前述の竹村（二〇一四）にも通底するものであり、また、著者自身も痛感しているところである。

『國語と國文学』誌に限らず、例えば日本語学会の学会誌である『日本語の研究』（旧誌名『國語學』）は、第一輯（一九四八・一〇）～第五輯（一九五一・二）だけを見ても「国語教育」をタイトルに含む論文が毎号あり、また、国語教育雑誌として伝統のある『教育科学国語教育』（明治図書）においては、第一号～第一〇〇号の執筆者の中に、国語学者の遠藤嘉基・大石初太郎・時枝誠記・永野賢・林四郎などが名を連ねる。国文学者では、筆者が学生時代に講義を受けた奈良教育大学名誉教授の吾郷寅之進先生（中世歌謡がご専門）の名もある。[(1)]

素材的教材研究が国語学・国文学的研究になってしまっては、古い時代の教材研究に戻ってしまうが、一方で、指導方法や実践の工夫ばかりの指導的教材研究のみでも、教材研究は偏っている。要は、両者のバランスが重要なのであるが、昨今は素材的教材研究がかなりおろそかにされているという印象もある。

以上の実情に鑑み、本稿では〔伝統的な言語文化と国語の特質に関する事項〕の実践上の課題を次の四点として、考究を試みた。

(1)　教材開発をどのように進めるのか

「教材開発」は、国語科教育のどの領域においても求められるものであり、教科書教材のみに頼る授業は、自ずから限界がある。とりわけ、「伝統的な言語文化」に関する教材開発は、小学校・中学校学習指導要領「国語」の『解説』にも示すとおり、[2]学習指導上不可欠な作業であり、学習者の能力・意欲の伸長に欠かせないものである。

(2)　教材解釈に、従来とは異なる新しい解釈はないのか

「伝統的な言語文化」に関する教材は、一つは、江戸期以前の古典作品が大きな教材群であり、一つは、近現代の短歌・俳句・詩等を中心とする短詩型作品群や昔話・民話などの再話型作品群がある。いずれも、教材が固定化・縮小化の傾向にあり、その解釈についてもほぼし尽くされた感がある。しかし、日本語学・日本文学など国語科教育学を支える関連科学では、毎年新しい見解が次々と示されている。

国語科教育学だけが、過去の解釈を十年一日の如く変えないでいいのか。新しい解釈は、国語科授業の新しい面を切り開くはずである。

(3)　「伝統的な言語文化」と「国語の特質」との関係をどう捉えるか

「伝統的な言語文化」とは、『解説』によれば、「文化としての言語」「文化的な言語生活」「多様な言語芸術や芸能」であるという。ならば、それらを支える言語（国語）は日本人の考え方や感じ方を支え、その特質はその考え方や感じ方に大きな影響を与えているはずである。単に「と」で並置されただけと解釈するのは、もったいないように感じる。

(4)　「伝統的な言語文化」と学習者の言語生活とをどのように関連付けるか

学習者にとって、「伝統的な言語文化」（特に、古典）は遠い世界のものであり、その学習の必要性や私たちの

生活に与えている影響などは、彼らの視野外にある。例えば、五七調は現代短歌や現代俳句には言うまでもなく、標語や校歌の歌詞にも見られるし、文語的な言い回しも使用されている。言語だけの問題だけではなく、表現された思想や内容は、日本人の美意識・人生観などに大きな影響を与えている。

グローバル社会の到来により、人々の視線は、海外へ世界へと向いているが、グローバル社会の基盤は、自国の文化を知り、理解し、尊重することである。グローバル社会とは、自分とは異なる考え方も尊敬し、尊重する社会のことであり、グローバル社会は、自らの思想を知り、その依って来たるところを知り、理解し、尊重することでしか実現できない。

以下、右記の(1)～(4)の問題意識に基づき、〔伝統的な言語文化と国語の特質に関する事項〕の指導研究における課題を考察したい。

二　教材開発―教材化研究―をどのように進めるのか

(1)　教材開発―教材化研究―の必要性
教材開発は、学習者の言語能力伸長を目的として、原作品を教材に仕立てるいわば「（広義の）教材化研究」であり、内容として考えられるのは、次のとおりである。
①　教科書既出作品における他箇所の教材開発
②　教科書未掲載作品の教材開発
③　地域の特徴や独自性を発揮する教材開発（②の中でも特に）
本研究集録（著者注―本稿の掲載誌）では、上記①～③のすべてに亘って提案した。例えば、枕草子の教科書掲載箇所以外の教材開発（①）、中学校における江戸期作品の教材開発（②）、小学校低学年における地域に伝わ

る昔話の教材開発（3）など、多岐に亘っている。

さて、「伝統的な言語文化」に関する最近の教科書掲載作品（教材）の傾向を見ると、固定化・縮小化が進んでいる。「固定化」とは、いわゆる「定番」作品や「定番」教材のことであり、「縮小化」とは、教材そのものの数が減少していることをいう。

この現象は、次のような問題を引き起こす可能性がある。

① 小学校・中学校・高等学校で、定番教材を繰り返し学習することになる。そして、学習内容も大差のないものとなり、学習者の学習意欲の低下を招く可能性がある。この問題は、小学校・中学校・高等学校共通の定番教材の指導の在り方について再考を求めるものでもある。この問題について指摘はあるもの(3)、根本的な解決には至っていない。

② 原作品の思潮を語るいくつかの用語（例えば、「をかし」の文学、無常観など）、あるいは、作者の性格を語るいくつかの評価語が、原作品のほんの一部を読むことで理解したように学習者が錯覚する。もとより原作品の全部を読むことは不可能であるが、原作品の思潮や作者の性格は多様であり、簡単に語れるものではない。原作品に対する固定観念や誤解を助長することになりかねない。

③ 教材原文と合わせて示される梗概部分の簡略化が進み、原文解釈に必要な記述が示されないというようなことも起こっている。（例えば、教材「扇の的」では、原文前の梗概が、かつての教科書では、ほぼ原文に沿って現代語で示されていたのに対し、最近は、あらすじを簡略に整理する形で示されている。そのため、人物形象に必要な情報が抜け落ちている。）

(2)　教材開発―教材化研究―の視点と手順

原作品を学習者の言語能力伸長に適合する教材とするためには、次のような視点と手順が必要である。

①　教材の発掘……教科書に掲載されなかった作品や箇所の中で、「教材」として意義のある適切なものを見付ける作業。なお、過去の教科書に掲載されていたものを復活させる作業も含む。

「教材」として意義のある適切なものは、

ア　陶冶的価値（学習者の人間的成長に資する価値）を含むこと。特に、「伝統的な言語文化」に親しむ態度を育成する視点も含むこと。

イ　アの陶冶的価値内容が、その教材を学習する発達段階（学年段階）に適切であること。

ウ　教材に含まれる言語抵抗が、学習者の発達段階や学習経験に適し、その教材の学習によって、学習者の言語能力が育成されること。

などの条件を満たすものである。

②　（狭義の）教材化研究……①で見付けた作品や箇所を、学習者に示すときの示し方について研究する作業。原文の示し方、現代語訳を掲載する部分と示し方、語注・事柄注の箇所と示し方、関係資料の選定と示し方等が課題となる。

③　教材研究（素材的研究・指導的研究）……選定した作品や箇所そのものの理解・解釈・鑑賞に関わる素材的研究と、授業の際の学習課題や指導計画、評価等に関する指導的研究とが課題となる。②③の成果を上げるためには、資料収集の容易さも大事な条件となる。

実際には、これらの三つの研究は、この順序で行われるよりも、並行して行われたり、順序が逆になったりすることも多い。

以上述べたように、「教材開発」と一口ではいうものの、学習者が「伝統的な言語文化」に親しむことができ、理解や鑑賞を深めるためには、一定の手続きを必要とする。また、指導者は日常的に情報収集に努め、教材として開発できる可能性の検討や、関連する資料等の集積を怠らないことが必要である。

三 教材の解釈に、従来とは異なる新しい解釈はないのか

(1) 日本語学・日本文学等との連携による教材解釈の研究

国語科を専門とする教員は、大学時代に日本文学や国語科教育、まれに日本語学や漢文学を研究領域として(具体的には、卒業論文の執筆領域として)過ごした者が多い(ただし、中学校・高等学校教員の場合が多く、小学校教員の場合はそうとは限らない)。しかし、教育現場に身を置いた途端、大学時代の研究は遠のき、日々の授業に奮闘することとなる。それはそれで悪いことではないが、教材研究に本格的に取り組もうとするとき、大学時代の研究方法や文献探索はやはり役立つものである。とりわけ、古典指導への取り組みは、日本文学や日本語学の最新の成果を知らなければ、古い解釈論(多くは、教師用指導書に示された)で十年一日の如く、授業を続けることになる。

ただ、小学校・中学校・高等学校の教員が、日常的に日本語学・日本文学等の最新の研究成果を享受することは困難なことである。これについて、須藤敬(二〇一四)は、

作品に対するすぐれた解釈、評言を知っており、学問的手法に基づいたテキストクリニックの方法を身に付けているのが国語教師なのではないだろうか。(中略)もし学問的成果を授業に取り込むことなく、解釈を生徒にまるごと委ねたら、国語教師の専門性はいつ、どのように発揮されることになるのだろうか。(一二ページ)

と述べ、本文を理解するために、①引用ができる、②調べ方を知っている、の二点を国語教師の専門性が発揮できるところとして、指摘している。

菊野雅之（二〇一四）は教材「扇の的」を取り上げ、従来の教材解釈とは異なる解釈を示している。重要なのは、菊野が従来の解釈を検討するために参考にした文献が、今井正之助（二〇一四）、津本信博（一九九一）、中村格（一九八三）、梶原正昭（一九八二）、大津雄一（二〇一三）など（詳細は菊野雅之（二〇一四）を参照）に及び、それらを総合的に勘案している点にある。著者も菊野（二〇一四）に示された文献について、すべて原典を熟読したが、その文献検索の豊かさと的確さには、学ぶところが大きかった。

また、枕草子第一段「春はあけぼの」は人口に膾炙し、小学校・中学校の共通教材にもなっているので、何も問題はないと思われがちであるが、例えば、中学校各社の本文表記や現代語訳を比べてみるとよい。「春はあけぼの」の第一文は、従来からその下に「をかし」の省略があるので、「をかし」を補うように指導されてきた。しかし、現行教科書では中学校五社中四社がその解釈をとっていない。この点について、日本語学や日本文学では、古くから論議のあるところである。[4] また、季節と時間帯との組み合わせ（春—あけぼの、夏—夜、秋—夕暮れ、冬—つとめて）についても、なぜそうなのかという論議は日本語学・日本文学では多くの論文がある。

大事なことは、多様な考え方が存在することを知っていることであり、そのための資料収集を怠らないことである。

四　「伝統的な言語文化」と「国語の特質」との関係をどう捉えるか

平成二〇年版学習指導要領では〔伝統的な言語文化と国語の特質に関する事項〕が新設された。単純に考えれば、「伝統的な言語文化」の部分に、「読むこと」領域における「古典」等に関する指導事項が特化され、また「国語の特質に関する事項」の部分にかつての〔言語事項〕の内容が移動したということになり、「伝統的な言語文化」と「国語の特質に関する事項」との関係が特に喧伝されているわけではない。

　しかし、筆者はこの両者を関連付けて学習の場に取り上げることで、学習効果を上げることに結びつくと考えている。その意味で両者をつなぐ「と」の意味は大きい。すなわち、原文解釈に生きる「国語の特質に関する事項」の学習であってほしいと思うのである。

　例えば「係り結び」をどう教えているか。いわゆる係助詞の種類と連体形・已然形の結びを教え、「強調」の働きを強調し、あとは暗記の対照として済ませてはいないだろうか。

　山口仲美（二〇〇六）によると、「強調」の意の係り結びには「念を押して強調する」「指し示して強調する」「取り立てて強調する」の違いがある。また、「疑問」の意の係り結びは、「文全体の内容を疑問の対象とする」「文の一点を疑問の対象とする」の違いがあると述べている。

　また、例えば、竹取物語の次の場面は、文末に助動詞「き」が多用されている。

> ある時は、風につけて知らぬ間に吹き寄せられて、鬼のやうなるもの出（で）きて、殺さんとしき。ある時は、来し方行末も知らず、海にまぎれんとしき。ある時（に）はかてつきて草の根をくひものとしき。ある時は、言はん方なくむくつけなるもの来て、食ひかからんとしき。

　この場面は、くらもちの皇子がかぐや姫の要求に応じて、「蓬莱の玉の枝」を取りに行ったとされる場面である。蓬莱山は実在しないので、このくらもちの皇子の言葉も全くのうそであるが、姫を得んがために「見てきた

ようにうそを言う」皇子の「涙ぐましい」努力が滑稽さを誘う。助動詞「き」は、大野晋（一九七四）によれば、

「き」の承ける事柄が、確実に記憶にあるということである。記憶に確実なことは、自己の体験であるから、「き」は「……だった」と自己の体験の記憶を表明する場合が多い。（一四四〇ページ）

とあり、同様に、藤井貞和（二〇一〇）も、

「き」が見てきたかのように語ることから、確実な過去を、特にある時点を特定し、そこに語り手が居合わせたことを証言する意味をのこしてゆく。（六七ページ）

と述べている。

係り結びにしても、助動詞「き」にしても、単に文法の問題ではなく、それが表現効果をもっていることに心すべきであろう。そもそも世の表現物は、書き手の意図を読み手にいかに効果的に伝えるかについて腐心したものであり、国語科教育も表現の「効果」の吟味なくして、教科の本質を果たし得たとは到底言えないものである。古典もその例外ではない。

となれば、その表現効果を支えているのはまさに「国語の特質」と言わねばなるまい。次期学習指導要領では、国語科改訂の一視点として、

言語に関する能力を向上させる観点から、外国語教育と効果的に連携させ、音声、文字、単語・語句、文構造、表記の仕方等の特徴や違いに気付き、言語の仕組みを理解できるようにすることを示している。(5) ここに言うところの「外国語の教育と関連させ」というのは、その必然性をあまり感じないが、「言語に関する能力を向上させる」のであれば、単に言語に関する知識を得るだけではなく、得た知識を使って、古典において正確で豊か、かつ深い解釈ができれば、「国語の特質」が知識として孤立することはないであろう。

五　「伝統的な言語文化」と学習者の言語生活とをどのように関連付けるか

「伝統的な言語文化」として扱われる「古典」等の理解と、学習者の生活や心情・思想とを安易に結びつける指導は、慎むべきである。授業でよく見かける指導者や学習者の言動に「昔の人も現代の人も思いや考えは同じなんだねえ。」というのがあり、確かにそういう一面が、学習者を「伝統的な言語文化」に親しませる一助となることは否定できないが、そればかりだと「伝統的な言語文化」に触れる価値は半減するであろう。

現代と異なる何かを学ぶことも「伝統的な言語文化」に親しむ視点である。それはやはり「伝統的な言語文化」でしか学べない何かである。現代と同じであれば、何も「伝統的な言語文化」で学ぶ必要はない。

そのうえで、次のような点に留意したい。

(1)　現代の我々の生活の中に息づいている「伝統的な言語文化」の「ものの見方」への意識を高めたい。それは、例えば「季節の移ろいの微妙さ」を愛でたり、「人の心の繊細さ」を感じたりする感性の有りようである。

(2) 現代語に通じる「伝統的な言語文化」の中の表現について、意識を高めたい。それは、例えば、「五七調のリズム」であったり、文語的な言い回しであったりする。例えば、街中の標識や掲示、書名や見出し、短詩型文学の表現、校歌や唱歌に残る歌詞などは、文語的表現の宝庫である。

また、例えば、徒然草第八九段「猫また」における「這ふ這ふ家に入りにけり」の「這《は》ふ這《は》ふ」も現代語の「ほうほうの体《てい》」につながるものであることを知ったとき、古語を古語としてとらえるのではなく、現代語とのつながりとしてとらえることになろう。同じ日本語としてのつながりと変遷を感じることは、「伝統的な言語文化」を理解することに通じるものである。

注

(1) 吾郷寅之進先生のご論考は、「教材研究と指導案の関連」(同誌第四〇号、一九六二年四月)と題するものである。中世歌謡がご専門の先生が、このような内容のご論考を執筆しておられたのは、驚きと発見であった。

(2) 例えば、小学校第一・二学年においては、「地域に伝わる伝説」(四四ページ)、第三・四学年においては、「各地域に縁のある歌人や俳人、地域の景色を詠んだ歌や句」(六八ページ)などの教材開発を示唆している。

(3) 吉田茂樹(二〇一五)「小中高で重複する共通教材の段階的・系統的な学習指導の開発――〈伝統的な言語文化(古文)〉を中心に――」日本国語教育学会『月刊国語教育研究』№五一三、中桐由里「小・中・高における『伝統的な言語文化』の段階的指導の可能性――和歌教材についての学習の系統性を中心に――」日本国語教育学会『月刊国語教育研究』№五二一などに指摘がある。

(4) 大きく分けて、①従来どおり「をかし」が省略されていると考える説、②「をかし」などはもともとなく、ずばりと「春はあけぼの」と述べているとする説、③(をかしきをりは―前提条件)「春といえば、あけぼのだ」とする説、などがある。

(5) 中央教育審議会初等中等教育分科会教育課程部会教育課程企画特別部会(二〇一六・八)「論点整理」三四ページ

文献

大野晋（一九七四）『岩波古語辞典』岩波書店

菊野雅之（二〇一四）「『扇の的』教材研究――「ふるつはもの」の言葉と義経の人物像を中心に――」日本国語教育学会『月刊国語教育研究』No.五〇九

須藤敬（二〇一四）『古文教材の考察と実践――教育と研究のフィールドをつないで――』おうふう

竹村信治（二〇一四）「研究者が国語教育を考えるということ――『言説の資源』をめぐる」『リポート笠間』No.五七

藤井貞和（二〇一〇）『日本語と時間――〈時の文法をたどる〉』岩波書店

山口仲美（二〇〇六）『日本語の歴史』岩波書店

第三節　「言語文化」の継承・創造へ

一　「言語文化」という用語

「言語文化」という用語の問題を考えるときに、西尾実の次の言葉に注目したい。（『言語生活の探究』一九六一　岩波書店）

現在におけることばの文化は、文芸にしても、哲学にしても、科学にしても、ほとんど「読む文化」になってしまっている。ところが、ことばの文化なるものの本来からいえば、これは常態であるとはいわれない。事実、歴史のうえにみても、古事記・日本書紀その他の文献が伝えている神話・伝説・祝詞・歌謡などは、われわれの祖先が、語り・宜り・歌った生活が遺した「聞く文化」の語り伝えられたものを資料としたものである。（一九四ページ）

指導に当たって、私たちは文字言語の文化としての教材を中心に扱うイメージを抱いてしまうが、ここに指摘されていることは、音声言語の文化としての「言語文化」の重要性である。その意味で、平成二〇年版学習指導要領の〔伝統的な言語文化と国語の特質に関する事項〕の「ア　伝統的な言語文化に関する事項」で指導事項として示された「読み聞かせを聞く」「音読や暗唱をする」「朗読をする」等の活動は重要である。また、「話す文化」とともに「聞く文化」にも目を向け、音声言語による文化形成を意識したいものである。

二　「地域教材」の活用

「伝統的な言語文化」の指導に当たり、各地域に縁のある作品を教材化することは効果のあることである。しかし、次のような視点で慎重な配慮がいる。

(1)　教材化の際に

①　各発達段階で読ませるべき内容的価値の見きわめ。

○古典の世界を楽しませるもの

○ストーリー性があり、読み手である学習者を引きつけるもの

○人間としての生き方や考え方を考えさせるもの

指導者は「現代との共通点」を強調して学習者を古典の世界に親しませようとするが、意外に「現代との相違点」がそのことを実現することも多い。現代にはないものの考え方や行動は、学習者を古典の世界に引きつける。

②　教材化を図るときの諸条件への配慮。

○教材本文の提示の仕方（原文のみ、原文と注、原文と部分現代語訳、原文と全文現代語訳、現代語訳のみ、解説文付き、参考資料付きなど）

○注の示し方（どの語に注を付すかの判断、「ことば注」と「ことがら注」の区別、頭注・脚注形式か傍注形式か）

③　学習の全体計画の明示と適切な「学習の手引き」の設定。

○自作の教材集になる可能性が高いので、学習者が学習の見通しをもち、自らが意欲的に学習を進めることのできるよう、学習計画を明示し、教材の本質をつく「学習の手引き」を作成する。

(2)　指導の際に

あくまでも国語科の指導である。地域への理解を深めると言っても、それは言語の面から迫るべきである。「地域教材」のよさは、学習者が身近に体験できる点にある。学習者が体験している「地域」をその教材はどのように言語化したのか、その視点の鋭さ、表現の巧みさをこそ読み取らせなければ、国語科の機能は果たせない。単に「地域への理解を深める」程度では、社会科との区別がつかない。志賀直哉が奈良の風景を叙して「名画の残欠が美しいように美しい」と述べたのは、奈良で生まれ育った著者に大きな衝撃を与え続けている。

三　受容から継承・創造へ

言語文化は「創造」と「継承」の繰り返しである。このことは、言語文化の学習に当たっての基本的姿勢でもある。

言語文化＝古典という理解では、今改訂の趣旨にはそぐわないであろう。文部科学省『中学校学習指導要領解説国語編』（平成二〇・九　以下『解説』）では、「言語文化」を

①　我が国の歴史の中で創造され、継承されてきた文化的に高い価値をもつ言語そのもの、つまり文化としての言語

②　それらを実際の生活で使用することによって形成されてきた文化的な言語生活

③　古代から現代までの各時代にわたって、表現し、受容されてきた多様な言語芸術や芸能

など、幅広いものとしている（二一ページ）。

これらの観点から、現在の私たちの言語生活そのものが、「言語文化」そのものであるという認識に立つことが必要である。

「言語文化」の学習を古典の学習だけに特化してしまうと、「受容」という面が強調され、学習者の「言語文化」に対する認識も偏りが生じる。学習者自らの言語生活に古典はどのように息づいているのか（例えば、会話の一節に古典を引用しながら、例えることができる、古典に描かれた人々の考え方は私たちの考え方にどのような影響を与えているのか考える、など）、という「継承」の視点が必要である。

また、自らの言語生活を振り返り、自らが言語文化の「創造」者であることの視点も必要である。例えば、「若者言葉」「方言の進出」「敬語の乱れ」などのさまざまな言語事象は、まさに現代の言語文化であり、私たちはそれを創造している一員であること、よって、そのことに関心を抱き、さまざまな言語事象にどうつきあえばよいかを考えることが重要であることを十分指導したい。

『解説』で「伝統的な言語文化を継承・発展させること」（傍線著者）を強調していることの意味は大きい。

第四節　「言語文化」の指導で育てる国語学力

一　「伝統的な言語文化」の内容

文部科学省『中学校学習指導要領解説国語編』（平成二〇年九月）では、「言語文化」を

① 我が国の歴史の中で創造され、継承されてきた文化的に高い価値をもつ言語そのもの、つまり文化としての言語

② それらを実際の生活で使用することによって形成されてきた文化的な言語生活

③ 古代から現代までの各時代にわたって、表現し、受容されてきた多様な言語芸術や芸能

など、幅広いものとしている（二一ページ）。

①は、文字や文法、文章などの言語そのものの創造・継承・発展を指している。

②は、言語を使用しての諸活動であり、意義のある「話す・聞く」「書く」「読む」などの活動を指している。

③は、言語による価値のある産出物であり、多様な作品や芸能がこれに当たる。当然古典作品もこの中に含まれる。

ところで、〔伝統的な言語文化と国語の特質に関する事項〕に対する解釈に次のような課題がある。

一つは、「伝統的な言語文化」の指導＝古典の指導という解釈である。前述のように「伝統的な言語文化」に

はもちろん「古典」も含まれる。しかし、短歌や俳句はどうか。落語はどうか。これらには、古典に含まれるものもあるが、現代においても盛んな文化や芸能である。中央教育審議会『幼稚園、小学校、中学校、高等学校及び特別支援学校の学習指導要領の改善について（答申）』（平成二〇・一・一七）における指摘で「言語文化と国語の特質に関する事項」のごとく「言語文化」と使用していた語が「伝統的な」を冠したために生じた限定的な解釈と思われる。筆者は「伝統的」を冠することなく「言語文化」のままのほうが、現代の多様な「言語文化」も含めて解釈できる点で、よりふさわしい用語であったと考えている。

二つめは〔伝統的な言語文化と国語の特質に関する事項〕のうち、「国語の特質」に関しては、あまり論じられないことである。おそらく現行学習指導要領の「言語事項」の書き換えという理解をしているために、さほど問題にはされないのであろう。「国語の特質」という以上、他の言語と比べる観点をもって、「特質」を学ぶことがふさわしいと解釈できる。「日本語の特質」と言ったほうが正確であろう。そうであるならこの「国語の特質」は「伝統的な言語文化」にも大いに関連があると言わざるを得ない。なぜなら、前述①のごとく、長い間はぐくまれてきた「特質」であり、今も私たちが継承している「特質」だからである。「国語の特質」を知ることは伝統的な言語文化を理解継承する上で大事なことである。本稿は、「伝統的な言語文化」に言及するのが目的であるから、これ以上の言及は避けるが、「国語の特質」の内容論、指導論の論議が活発になることを期待したい。

二　戦後における「言語文化」言及の経緯

村石昭三「言語文化」（日本国語教育学会編『国語教育辞典』二〇〇一　朝倉書店）によれば、戦後における「言語文化」を論じた代表する論として、垣内松三『形象論序説』（一九三八）、西尾実『国語教育学の構想』（一九五一）、湊吉正「言語生活と言語文化」（一九七六）を挙げている。

垣内松三の「国民言語文化」の構想は、国語学・国文学・国語問題・国語教育の全領域を把握する語として用いられた。そして、「言語の高度の発展」と「精神の高度の発展」とが、文化を発展させると論じ、「国民言語文化」を最広義において「国語の力」と言い換えて、「国語の力」の「日常性」「世界性」「歴史性」を訴えている。（参照　『近代国語教育論大系15　昭和期Ⅵ』二五三〜二五六ページ　一九七六　光村図書）

この垣内松三の言説は、当時の思想や国情を反映したものと言えるが、「国語の力」の「日常性」については、今改訂の「伝統的な言語文化」を考える上で参考になろう。垣内は教材「國語の力」の「我々は國語によつて話したり、考へたり、物事を學んだりして、日本人となるのである。國語こそは、まことに我々を育て、我々を教へてくれる大恩人なのである。」を引用して、「日常性」を説いている。言語文化が我々の日常を創っているという考え方は、伝統的な言語文化が、ややもすると自分たちの日常生活とは別の場所にあるものととらえられがちな傾向に警鐘を鳴らすものである。

西尾実の言語生活論に基づく「言語文化」は、私たちの言語生活の地盤段階を談話生活、発展段階を文章生活と呼び、完成段階を言語文化と呼ぶとしている。前二者を狭義の言語生活とし、この狭義の言語生活教育徹底のためには、言語文化教育を位置付けることの必要性を説いている。（参照　『西尾実国語教育全集第四巻』四七〜五六ページ　一九七五　教育出版）

この西尾実の言説は、談話生活や文章生活が、最終的には文芸・哲学・科学等の言語文化を見通していなければならないことを述べたものであり、言語文化の創造者としての学習者を育成するという視点に立つものである。伝統的な言語文化を単に「古いもの」の受容と継承という視点でとらえるのではなく、新学習指導要領が定義する「言語文化」のうち、「言語を実際に使用することによって形成されてきた文化的な言語生活」を創造することを目指すことが、伝統的な言語文化を指導する重要な意義であろうと考える。

湊吉正は、言語的世界を言語体系、言語生活、言語文化の三領域に分け、そのうちの「言語文化」を、文化的価値をになう言語作品、言語活動様式としている。この場合、伝承的性格が前面に出ているタイプと発見的性格が前面に出ているタイプとに識別されると述べている。さらに、国語教育の中核的目的として、言語文化から人間の文化一般へ通じるルートの探索を挙げ、豊かな言語文化への関与をめざす国語教育の必要性を説いている（参照 湊吉正『国語教育新論』一九八七 明治書院一〇〜一二ページ）。

湊吉正の言説は、言語体系や言語生活を言語文化と分けた点で、学習指導要領が定義する言語文化とは異なるが、人間文化一般に通じる言語文化を説いたことは参考になる。

三 「伝統的な言語文化」の指導で育てる学力とは何か

今改訂の〔伝統的な言語文化と国語の特質に関する事項〕のうち、「伝統的な言語文化」に関する事項が目指す方向として、次の点を評価したい。

1 「伝統的な言語文化」を「古典」に限定せず、現代とのつながりも視野に入れた点
2 言語文化を継承・創造・発展の視点からとらえている点
3 読みの指導事項から古典の指導事項を特化して取り出した点

文部科学省『中学校学習指導要領解説国語編』（平成二〇年九月）によれば、国語科改訂の内容として「(5)伝統的な言語文化に関する指導の重視」を挙げ、その趣旨として、

伝統的な言語文化は、創造と継承を繰り返しながら形成されてきた。それらに親しみ、我が国の言語文化を継承し、新たな創造へとつないでいくことができるよう内容を構成している。（後略）

と述べている（七ページ）。

ここに示された学力に関する重要語は「親しみ」「継承し」「創造へとつないで」であろう。

このことから伝統的な言語文化の指導で育成すべき学力は、次のごとき「態度的な学力」ではないだろうか。それは、一つには伝統的な言語文化を受容し、継承する態度であり、一つには、継承から創造へと発展させようとする態度である。平たく言えば、前者は伝統的な言語文化を「いいな」と思う感性と、それを自分の言語生活に取り入れる態度、後者は伝統的な言語文化をいつまでも残そうとする態度と自らの言語文化を創り出していく態度と言えよう。

この場合の「言語文化」とは、学習指導要領が示す三つ（一の①②③）を意識しなければならない。①について言えば、例えば平仮名一文字をとっても、どのような言語体系の中で創造され、継承されてきたかを考えさせたい。②について言えば、具体的に文字を使う個々の「書く」生活場面や「読む」生活場面で、平仮名はどんなふうに使われ、どのような効果をもたらしているかを考えさせたい。③について言えば、例えば平仮名を駆使した詩や短歌などを味わい、その巧みさやよさなどを考えさせたい。

このように考えると、この「伝統的な言語文化」に関する指導が単なる古典の指導で終わってはならないし、育てるべき学力も単に古典理解力だけではない。とりわけ、現代を生きる学習者自身が、言語文化の創造の担い手であることは、「若者言葉」や「敬語」「方言」などの題材をもとに、強く意識させたいところである。自分たちが創造している言語文化に関心をもち、さまざまな言語文化とどのようにつきあえばよいのかを考えさせることが重要である。

第五節　「伝統的な言語文化」の教材研究のポイント

一　「言語文化」とは何か

「言語文化」とは何か。『学習指導要領解説国語編』（小学校・中学校）（平成二〇年版）によれば、次の三つであることが分かる。

① 我が国の歴史の中で創造され、継承されてきた文化的に高い価値をもつ言語そのもの、つまり文化としての言語

② それらを実際の生活で使用することによって形成されてきた文化的な言語生活

③ 古代から現代までの各時代にわたって、表現し、受容されてきた多様な言語芸術や芸能

いわゆる「古典作品（教材）」は、③の一部ということになる。したがって、教材研究（教材選択）の際には、①〜③を視野に入れた幅広い考え方が求められる。

例えば、平仮名や片仮名は、日本で創造され、継承されてきた文字文化の一つである。これらの来歴や創造の思想を学ぶことは、文化としての言語（文字）に触れることになる。また、そのような文字を使って営んできた私たちの言語生活は、さまざまなコミュニケーションを可能にし、また、文化的な生活を創造してきた。さらに、これらの文字は、多くの言語作品を産出し、私たちはそれを受容してきた。そして、例えば短歌や俳句は、今もこれからも継承され続けるであろう。

したがって、私たちは、単に古典作品（教材）だけを「伝統的な言語文化」ととらえないで、日本語の言語体

系やそれを使って営んでいるそれぞれの時代の人々の言語生活をも含めたい。『中学校学習指導要領解説国語編』は、アの「伝統的な言語文化に関する事項」を解説して「伝統的な言語文化のうち、特に古典についての指導事項である」（二二ページ）としている。

二　「伝統的な」が冠せられたことの経緯と功罪

中央教育審議会答申（二〇〇八）において、国語科の改善の基本方針として示された時点では、「我が国の言語文化」のごとく、「伝統的な」は冠せられていなかった。したがって、古典はもちろんであるが、現代の言語文化（方言や敬語、若者言葉等）も含めた、いろいろな時代の言語文化や言語生活をも見直す広い視野としてとらえることができた。しかし、「伝統的な」という用語が冠せられたことにより、「伝統的な言語文化」＝「古典」という図式が出来上がったことは、残念なことであった。

新教育基本法において、「伝統と文化」の教育の重視が示されたことが、この「伝統的な」という用語を冠したことに影響したのは間違いない。このことで「言語文化」という用語の指し示す範囲に限定的なイメージを抱くことになった。

現代の言語文化には、「伝統的」とは言えないが、多様な興味のある現象が生じている。例えば、「新方言(1)」と呼ばれる言語現象が認められる。現代生活には多様な言語文化が存在し、私たちはその中で生きている。現代の私たちの生活に息づいている多様な言語文化を対象に、国語科の時間が展開できれば、どんなにか生きた学習になるであろう。

三 「と」でつながれていることの意味

〈伝統的な言語文化と国語の特質に関する事項〉という名称をどのように理解するか。「伝統的な言語文化に関する事項」は、古典指導に関する指導事項を特化させたものであり、「国語の特質に関する事項」は、従前の「言語事項」に関する指導事項を特化したものであるという理解が一般的である。つまり、両者は特に関係をもたず、並列されているという理解である。

著者は、これを単に二つの事項を繋いだだけのものではなく、「と」で繋がれていることの意義を熟慮する必要があると考えている。つまり、「国語の特質（日本語の特質）」と「伝統的な言語文化」とは、お互いに影響を与え合いながら、存在しているということを認識すべきである。しかし、現状は「伝統的な言語文化」に関する論及は盛んであるのに対し、「国語の特質」に関しては低調で、まして両者の関連については論じられることが少ない。

例えば、中学校第三学年の「国語の特質」として取り上げられている「時間の経過による言葉の変化」の一例として「古今異義語」がある（「異義」とは言うものの、実際はその語のもつ数種の意味の使われ方の頻度による意味の分担度の違い）。「あはれ」「をかし」が、今ではほとんど用いられない意味として、源氏物語や枕草子に現れ、作品全体を貫く語として機能している。当時の「あはれ」「をかし」はどんな意味だったのか、今の「あわれ」「おかし」とどうつながるのか。そのように考えると一語の意味変化が、言語文化を支えていることになる。

また、中学校第二学年では「国語の特質」として「方言」の果たす役割を学ぶ。方言は地域の風土や文化とともに、歴史的・社会的な伝統に裏付けされた言語である。そのような方言で語られる昔話や民話は、地域の人々のどんな思いや願いが語られているのか。それを読むことにはどのような意義があるのか。「国語の特質」と関連付けて考える必要がある。

四　「音読」一辺倒への疑問

小学校でも〔伝統的な言語文化と国語の特質に関する事項〕が新設され、「伝統的な言語文化」に関する指導について多くの試みが示されている。しかし、「音読」「朗読」「暗唱」による「読み慣れ」や「古典のリズムの感得」に力点が置かれる傾向が強い。

音読・朗読・暗唱の指導の重要性は言うまでもないが、指導がそればかりに偏っていないか。

例えば、万葉集における万葉仮名の用字法は「見て楽しむ」古典と言える。「恋」を「孤悲」と記した言語感覚、「山上復有山」を「出」とするユーモアなどは優れている。また、平家物語における「平曲」は、「聞いて楽しむ」古典であろうし、方言で語られる「昔話」などは、その表現力の豊かさや温かさを味わいたい。

また、古典を学ぶことが、学習者の言語能力の育成とどう関連するのかを明確にすることが必要である。音読・朗読・暗唱が学習者の言語生活〔言語活動〕における能力としてどのように働くのか。言語能力を育てる国語科の授業において、「伝統的な言語文化」の指導だけが、能力育成の例外であるというわけにはいかないのである。

五　「文語のきまり」等の指導に関する考え方

このことに関しては、例えば、中学校第一学年の〔伝統的な言語文化と国語の特質に関する事項〕のアの(ア)の『解説』で、

古文や漢文を音読するために必要な「文語のきまりや訓読の仕方」について指導する。

こととされている。これまでも、過度な教え込みや暗記を強要するような指導は否定されてきた。しかし、例えば「係り結び」について、そこで使用されている表現価値について教えてきたか。過度の教え込みや暗記強要を避けることと、文語のきまり等を軽く扱うこととは、同義ではない。そのことが、古典の理解を遠ざけるものであるならば、問題である。

例えば、徒然草第五二段（仁和寺にある法師）の場合、仁和寺の法師の言の描写に、

「……聞きしにも過ぎて尊くこそおはしけれ。……」とぞ言いける。

というのがある。「 」の中は法師の言であり、地の文は法師の言に対する書き手の評価であると解釈できる。法師が「……こそ……けれ。」と言ったのは、

① 本当に尊く感じている。

② 本当はたいしたことなかったが、そのように言っておかないと前後のつじつまが合わない。

の二通りの解釈が可能である（②の解釈のほうがおもしろい）。いずれにしても、法師が、見てきた以上に石清水八幡宮のことを誉める心情の表れが係り結びになったと言える。

また、地の文の「……とぞ……ける」の係り結びは、語り手が法師の言の大げさなことをからかったものと見ることができる。係り結びによる二つの強調表現が、この話をよりおもしろくしているのである。つまり、法師が「いやあ、それはそれは立派なお社であった。とても感動したわ。」と満足げに、やや大げさに述べていることに対し、語り手が「とまあ、こんなこと言ってるけどね。あなたの見てきたのは目指す社ではなかったんだけど、大丈夫?」とからかっている風景である。

助動詞の「き」と「けり」についても同様に、「直接体験」とか「間接体験」という仕分けではなく、その助動詞を使わざるを得ない状況とは何なのかを考えるとおもしろい。例えば、竹取物語では、かぐや姫の「蓬莱の玉の枝」が欲しいという希望を叶えるために、くらもちの皇子が、次のように言う。

　ある時は、……鬼のやうなるもの出来て殺さんとしき。ある時には……海にまぎれんとしき。ある時は……くひものとしき。ある時は、食ひかからんとしき。

架空の産物である蓬莱山に、まるで行ってきて大変な努力をしてきたかのごとく述べて、姫を得ようとするくらもちの皇子の気持ちは、この助動詞「き」が物語っている。

解釈上有効で効果的な「文語のきまり」は、積極的に取り上げ、その表現価値や効果について、学習者に理解・感得させるべきである。また、そのことを教材研究段階で見極めることのできる指導者の知識・力量が必要である。

藤井貞和（二〇一〇）によれば、古語においては、時間を表す助動詞（き、けり等）を六種類使い分けていたという。このような成果を指導者はたえず吸収する必要がある。

六　伝統的な言語文化に関する指導事項

「伝統的な言語文化に関する指導事項」は、小学校・中学校を通して、(ア)の指導事項が、音読・朗読・暗唱等、「声に出して読むこと」を通して、古典に親しませることを意図し、(イ)の指導事項は、古典で学習したことを現代と比べて、共通点・相違点に気付いたり、古典学習の成果を自分たちの生活に取り込んで、現代の生活と古典の世界との関連づけを図ることを意図している。

ここでは、(イ)の指導事項について、教材研究上、いくつかの考慮すべき点を述べる。

小学校第三～四学年における「ことわざ」「慣用句」「故事成語」の指導は、日常生活で使ってこそ、「伝統的な言語文化」に親しむことになる。そのために、短文づくりを課すことが多いが、具体的な生活場面を切り取った会話（対話）場面の作成や実演を勧めたい。

小学校第五～六学年における「古典について解説した文章」は、直接古典を読ませることなく、古典の世界に親しませることをねらう。留意すべきは、古人の生活が、私たちの生活とはかなり異なっていることである。例えば、食べ物にしても現代のような豊かな時代ではなかったこと、夜も現代のように明るくはなかったこと、交通の便などは今とは比べものにならないほど不便であったことなど、十分な注意が必要である。なお、能、狂言、人形浄瑠璃、歌舞伎、落語などの鑑賞については、実演を見るのが理想であるが、少なくともビデオ教材は必要になろう。狂言などは、文字で見るよりも、ビデオ等で見るほうが、学習者にはずっと分かりやすい。

中学校第一学年の「様々な種類の作品」については、指導者側の知識が問われる。文学辞典などで古典作品の概略を知るとともに、例えば、『新日本古典文学大系』（岩波書店）などの解説を読んでおくことが必要である。最新の研究成果が求められる。

中学校第二学年の「古典に表れたものの見方や考え方」について、「現代と共通するもの」「現代とは大きく異なるもの」の両者が考えられるが、授業では意外に前者が強調されることが多い。「古典への親しみ」を意識したものと思われるが、学習者は後者に興味を示すことも多い。つまり現代との異なりが古典への目を開かせることもあり得るのである。

第三学年の「古典に関する簡単な文章」については、「引用」以外にも、古典に表れたものの見方考え方への意見を書くなど、積極的に古典と対峙する態度を養いたい。

要は、指導事項を達成できる教材を選択できるかどうかということである。その大前提として授業者は古典が好きかということが問われている。

注

（1）「若い世代に向けて使用者が多くなりつつある非共通語形で、使用者自身も方言扱いしているもの」で、「ウザッタイ・ウザイ（うっとうしい）」「ジャン（ではないか）」などの語。

文献

中央教育審議会（二〇〇八）『幼稚園、小学校、中学校、高等学校及び特別支援学校の学習指導要領等の改善について（答申）』
藤井貞和（二〇一〇）『日本語と時間——〈時の文法〉をたどる』岩波書店

第六節　「伝統的な言語文化」の特質を生かすアクティブ・ラーニング

一　国語科のアクティブ・ラーニング

それは、「言葉」に対して主体的・対話的で深い学びの実現を目指すことである。「言葉」に対してとは、

○「言葉そのもの」に対して

○「言葉で表された内容と、言葉との関係」に対して

の二側面がある。言葉に対して、「なぜ」と主体的になり、他者との対話で「なぜ」についての考えを広げ、自分なりの「なぜ」の解決に向かうことである。「言葉」の「なぜ」を論ずることは、「言葉」に対して能動的（アクティブ）になる。そして、それを具現化する教科は国語科以外にはない。単なる「学習方法論」としてだけではなく、国語科のアクティブ・ラーニングとは何かを強く意識すべきである。

なお、本稿で論じる「伝統的な言語文化」とは、もちろん、いわゆる「古典」のみを指すものではないが、本稿では、主としていわゆる古典教材を念頭に論を進める。

二　古典の読みにおける主観と客観

長谷川孝士（一九七三）は、古典の読みにおける主観について、「主観と客観との往復による相互操作をとおして、読み深め、読み拡げ、さらに読みひらきをめざす」と述べる（八ページ）。さらに、「主観」の恣意性を排除するために、西郷信綱・永積安明・広末保（一九六六）を引用しながら「修正」「拡大」「分析」「批判」など

を経たところの「組織化」「客観化」の必要性を説く。とりわけ「分析」の有効性と重要性について、「分析とは（中略）享受そのものを表現に即してもっと意識化することである。」に注目している。（一〇ページ）

同様に、アクティブ・ラーニングの主体性は、分析的・自覚的享受を通して、より客観性をもつ主体性へと進化（深化）する。

また、西郷・永積・広末（一九六六）には、「古典は、とにかくわれわれの生きている現代とはかなり違った時代の、それに固有な拘束や生活のなかでつくられた文学である。しかも、当時の人々には自明な黙契であったはずの、そうした拘束や条件や生活はいわば陥没し、われわれの肉眼には見えなくなっている部分が多い。」として、「むしろその異様なわからなさに驚嘆するところから、自己同一の世界は破れ、真の批評や学問が始まるのではなかろうか。」と述べて、古典の「異化作用」の意義を説く（一九六〜一九七ページ）。

アクティブ・ラーニングの対話的な学びはまさにこの「異化作用」である。とりわけ古典の場合は、教材との「異化作用」が出現しやすい。

三　まずは教材の「素材的研究」を

徒然草「神無月のころ（第一一段）」は、なぜ「少しことさめて、この木なからましかば」なのか。「仁和寺にある法師（第五二段）」の「かばかり」は「これだけ」なのか、「これだけか」なのか。枕草子「春はあけぼの（第一段）」で、例えば「夏」はどうして「夜」なのか。平家物語「扇の的」で、与一に怒りはなかったのか。

日本語学・日本文学などの分野では、新しい研究成果が次々と公表されている。国語科教育実践者は、もちろんその研究に携わることは本務ではない。しかし、それらの研究成果を活用することは、本務と言えるものである。そして、それらの研究成果を獲得する方法を身に付けるべきである。十年一日の如き教材研究で授業に臨んで、果たして「考える価値のある学習課題」「教材の本質に迫る学習課題」を提示できるのであろうか。

アクティブ・ラーニングが真の意味で、つまり「頭がアクティブに関与していること」を実現するために、実践者は専門家たちの研究成果や研究課題を発達段階に応じて「学習課題化」し、学習者に提示できること、学習者はそれに対して、松下佳代（二〇一五）の指摘する「内的活動における能動性」（一八ページ）を発揮して、専門家たちの課題に関与することが肝要である。

四　教材構成の工夫や教材開発を

万葉集における大津皇子の悲劇や越中国在任中の大伴家持は、そのストーリー性、テーマ性から教材として価値のあるものである。(1) 教科書中の単発教材をそのままではなく、「連作」としての扱いやテーマ性のある関連教材の開発、さらには、地域に関連の深い教材の開発などが必要である。

小学校・中学校・高等学校の段階で、一つの古典作品を丸ごと読むという授業は、実践が容易ではない。各作品の一部が教材として提出されている現状ならば、作品別の指導よりも、歴史を通すテーマ別に教材編成を工夫してみてはどうか。

また、御伽草子の「一寸法師」と昔話のそれとの比べ読み、今昔物語集や宇治拾遺物語と芥川龍之介の作品との比べ読みなども、「伝統的な言語文化」と「現代の言語文化」とのつながりを実感させるものである。そこでは、「話す・聞く」「書く」という言語活動が必然のものとなり、指導者・学習者ともに明確な目的意識の下、創造性のある言語活動が展開される。目的なきアクティブ・ラーニングは無意味である。

注

（1）拙論（一九八九）「古典和歌の読み広げの学習――郷土の古典『二上万葉』の自主編成」巳野欣一編『楽しく学べる古文・漢文の指導』明治図書、米田猛・松田明大（二〇〇八）「中学校国語科古典指導における『地域教材』の開発試論―教材『越中万葉』の開発と実践」『富山大学人間発達科学部紀要』第二巻二号、に詳しい。

文献

西郷信綱・永積安明・広末保（一九六六）『日本文学の古典　第二版』岩波書店
長谷川孝士（一九七三）『〈教え方叢書〉別巻　中学校古典の授業――全国実践事例――』右文書院
松下佳代（二〇一五）『ディープ・アクティブラーニング』勁草書房

第二章　古典指導の研究的実践論

第一節　「古典に親しませる」とはどうすることか

一　生徒を「古典に親しませる」ための指導者側の条件

本稿では、主に中学校における「古典指導」の在り方について、考察を行う。古典に限らず、本特集にある「生徒をとらえる」ことは苦労を要することである。とりわけ古典学習を本格的に始める中学校段階においては、指導方法の工夫によって「生徒をとらえる」ことができれば、その生徒の人生はずいぶん豊かになるのである。

そのための第一条件は、指導者がどれほど古典に親しんでいるかという点にかかる。国語科教育では「指導者が教材に惚れ込む」ことが学習者の学習意欲に大きく影響すると言われるが、古典指導の場合は、特にその傾向が強いように思われる。長尾高明氏は、これについて、

みずからの目で、全力をあげて古典に取り組み、そこで得たものを生徒の前に出してゆくこと—それが最

も必要な条件であり、生徒の心を古典へ誘う道でもある。

と述べておられる。(1)

このような考え方は、指導者が「古典好き」であれば、学習者も「古典好き」になるというような単純な図式を想像するが、そうではない。指導者が「古典好き」であると同時に、古典の魅力を学習者に伝えたいという強い思いがなければ、指導の効果は上がらない。そこが古典研究者と古典指導者の違いである。

二　「古典に親しむ態度を育てる」ことの再確認

中学校の古典指導のねらいは、平成二〇年版中学校学習指導要領によれば、「古典を理解する基礎を養うこと」「古典に親しむ態度を育てること」「わが国の文化や伝統について関心を深めるようにすること」である。このうち、「古典に親しむ態度を育てること」について、考察を加えてみたい。

「親しむ」という用語と境界を接する語に「興味や関心を深める」というのがある。これらの使用については、例えば『中学校学習指導要領解説　国語編』(平成一一年、文部省)によれば、「古典に対する興味や関心を深めさせ、生涯にわたって古典に親しむ態度を育てる」(一〇三ページ)のように、まずは、古典に興味・関心をもたせ、深めさせることを目指し、やがて生涯にわたって古典に親しむ態度を育てることになる。この点について、規工川佑輔氏は

関心が価値ある対象に接近する構えを表しているのに対し、親しむは文字通り、いつも接してなじむことである。関心よりも一歩踏み入った状態である。

と述べられ、

学習の過程から言えば、（中略）興味・関心→親しみの深まりを考えてよいであろう。古典に親しみを持つに至れば、古典学習は一応習熟したと考えてよい。

とされている。(2)

さて、この「親しむ態度を育てる」ことについて、二点から問題点を指摘する。

1 「親しむ」とは、古典に現代との共通点を見つけることのみであると指導者も学習者も誤解している。

「親しむ」ことが抵抗なしに行われるのは、自分との共通点があることが常である。古典の指導においても、現代との共通点を学習者に追究させることが「古典に親しむ」ことの近道として行われることが多い。古典とて文学であるから、自分の生活や人生に引き寄せて理解することは間違いではない。その意味で、古典にも共感させられるべき点は数多くある。そのことを学習者に学ばせることは、「古典に親しむ」ことを具現化するのによい方法である。

しかし、一方で、そればかりでは「では何のために古典を読むのか」という問いに答えることができない。例えば、平家物語の「敦盛最期」では、熊谷次郎直実が敦盛を討つことができなかったのはなぜかという学習課題が出る。その解決案として「我が子の小次郎がよはひほど」であることや「容顔まことに美麗」であることがあげられる。つまり、そこに、現代にも通じる親子の情を指摘させるわけである。

だが、直実は「親子の情」だけが要因となって、敦盛を討つことができなかったのであろうか。直実は、源平の戦の世に生きる人間ではあっても、もともと人を討つことに抵抗を感じていたのではないか。単に「親子の情」を沸き立たせたから討てないのではないのである。そうでなければ「この人一人討ちたてまつらずとも、勝つべき戦に負くることもよもあらじ」という表現が生かされない。敦盛一人を討たなくても、負けることのない戦なのに、「味方の軍兵、雲霞のごとく候ふ。」という状況であるから、味方の手前、武士として敦盛を生かすことはできずに、泣く泣く敦盛を討ち、それゆえ直実の発心の思いは強くなるのである。「武芸の家に生まれずは、何とてかかる憂きめをばみるべき」という表現も、敦盛の葛藤をよく表すものである。つまりここには、武士であるがゆえに葛藤する直実の心が描かれているのであり、私たちの生活ではあまり経験することのないものである。

「古典に親しむ」ことを意識するあまりに、内容理解において、安易に現代との共通点を指摘させることは、古典独特の「異質な世界」に触れることによる「親しみ」の感覚を麻痺させる危険性がある。

それとは逆の考え方をすべきなのが、言語面の扱いである。古語も現代語も本来日本語であるから、何かの観点でつながりがあるはずである。まるで外国語を扱うかのごとく古典指導を行うのは、生徒に「古典は難しい」という印象を与えるばかりでなく、日本語への関心や興味を抱かせるという観点からも問題である。

例えば、「古今異義語」と呼ばれている語は、「意味が全く異なる」のではなく、その語が有するいくつかの「意味の消長」が現れた結果なのである。それは、例えば、国語辞典と古語辞典の意味記述の順序を見れば、古語辞典では先に掲出される意味が、国語辞典ではあとになっていることから分かるのである。そこにその語の意味の消長が見て取れるわけで、国語史への関心を高めることのできるよい機会である。古典指導に古語辞典のみならず、国語辞典を活用することを勧める。

また、「係り結び」などは古典学習の暗記事項として象徴的に扱われるが、現代語においても「こそ」は使用するし、「さえ」「まで」など強調の副助詞がある。問題は係り結びの暗記ではなく、なぜそこで「係り結び」が用いられたのか、用いることでどのような効果があったのかを考えることであり、その意味で、現代文の読みと何ら変わりがない。

古典学習における生徒が抱く言語抵抗は、取り除いてやる必要があるが、安易な暗記を強要するのではなく、現代語との関連において学習を進めることが古典に「親しむ」ことへの近道だと考える。そのために、指導者は、そのような知識（特に国語学的な知識）が要求される。

2　中学校の指導と高等学校の指導とに連携や連続性が希薄である。

中学校と高等学校の古典指導は、本来連携を図り、学習効果を上げるべきものである。しかし、現実にはそうではない。一つは、教材の問題であり、一つは指導者の意識の問題である。

教材に関して言えば、「重複」と「飛躍」の問題がある。「重複」は、中学校で学習した教材が、高等学校でも学習対象となる点である。古典に限らず、読む時期が違えば、そのときどきの感得があるとはいうものの、中学校・高等学校と連続した古典学習でそれに大きな期待は抱けない。また、教材の「飛躍」も考慮しなければならない課題である。高等学校教科書には、その内容、教材提出の仕方（現代語訳や注の在り方等）において、中学校教科書よりも格段に学習抵抗があることがある。

教材の「重複」「飛躍」は教科書編集上の問題ではあるが、中学校と高等学校それぞれの教員は、異校種の教科書の教材や指導内容について、十分な研究が必要である。

一方、指導者の意識についても、中学校と高等学校では大きな違いがあるように思われる。中学校の場合、「親しむ」ということに重点を置くので、細かな文法的事項は指導事項としては取り上げない傾向が強い。一方で高等学校においては、文法的事項をはじめとして、かなり深く細かく指導する傾向がある。その結果として、古典に「親しませる」という指導とは言えない指導も行われている可能性もある。

この問題も前述した教科書の問題と同じで、中学校教員は高等学校教員の、高等学校教員は中学校教員の古典指導法について、お互いに研究を深める必要がある。異校種間の連携は教育のさまざまな分野で強く要求されていることであるが、国語科古典指導においては、特に中学校・高等学校の連携が強く求められる。

三　教材発掘のための努力

教材開発のための努力は、古典教材の場合、かなり頻繁に行われてきたと言ってよい。生徒が親しみを感じる古典教材の開発として、例えば、「地域教材の開発」であったり、教材を求める時代の範囲を広くとらえて、室町時代や江戸時代の作品を古典導入の教材にしたりしてきた。

著者は、生徒が古典に親しむために、「地域教材の開発」「テーマ教材の開発」「文語的表現の活用」の三点から教材発掘をさらに推進すべきだと考えている。

1　「地域教材」の開発は、生徒の「古典に親しむ態度」を促進する。

生徒自身の生活の場に「古典」が息づいているのは、生徒が古典に親しむ態度を促進する。問題は、どのような古典をどのように教材化するかということである。

前者については、古典指導に活用できる材料が地域にあるかという課題がある。最近は、地域の文学関係辞典の開発が盛んであり（特に、地域の公立機関や出版社が手がけている）、また、公立図書館においても、地域資料の充実が図られているので、教材の収集にも大きな可能性が出てきた。教育的価値内容をもつ材料を探し出すことが求められる。教科書に掲載されていない作品でも、その内容や難易度が教材として適切であれば、積極的な教材開発が望まれる。

後者については、どのように教材化するかという課題がある。どの部分を教材化するか、どのような注や現代語訳を示すかなど、学習者の理解度を考慮しながら教材化を図る必要がある。いずれにしても、学習のためのテキストを作成する必要があるので、その作成の仕方については研究が必要である。

2　何らかのテーマで古典を読み比べると、生徒の「古典に親しむ態度」を育成できる。

何らかのテーマを設定し、古典を読み比べさせることは、今までの古典指導観に新たな視点を与える。なぜなら、教科書教材を丹念に読み、せいぜい同作者の他の作品を読み比べさせるのが古典指導であるという通念があるからである。

例えば、異なる時代の古典を取りあげるのなら、「旅」というテーマで、「万葉集」と「奥の細道」を読み比べさせるのもよい。この場合、近代・現代の作品も含めて、単元構想を考えるのもよいであろう。

また、同時代の同作品を取りあげる場合でも、単発的に取りあげるのではなく、いくつかの章段を組み合わせたり、一連の物語的扱いを工夫したりすることができる。筆者はかつて「万葉集」の指導で、大津皇子にかかわる一連の万葉集歌を教材化したことがある。(3) 1に述べた「地域教材の開発」とも重なり、古典への親しみを高める効果的な方法であったことを覚えている。

3　日常の文語的表現の収集と教材化は、生徒の「古典に親しむ態度」を醸成する。

日常の身近な文語的表現は、掲示・題名・見出し・書名・俳句・短歌・詩・唱歌などに見られる。(4) このような文語的表現は、内容や趣旨を簡潔に、ときには力強く、印象的に述べるものとして効果的である。つまり、古典における表現は、昔だけのものではなく、脈々と我々の日常生活に息づいているのである。例えば、交通標識等によく見受けられる「カーブ多し」という文語的表現を「カーブが多い」という口語的表現と比べてみると、その語感を生徒に十分感じさせられることができるはずである。

注

（1）長尾高明（一九八四）「古典への学習意欲をどう喚起するか」（小林一仁・市毛勝雄・須田実編『中学国語2』明治図書）

（2）規工川佑輔（一九九一）『魅力ある古典の指導入門』明治図書　一四～一五ページ

（3）飛田多喜雄監修・巳野欣一編（一九八九）『新学習指導要領中学校国語科のキーワード5　楽しく学べる古文・漢文の指導』明治図書　五八～六五ページ

（4）注（3）文献、二六ページ

第二節　文章の展開に即して「人間像」をとらえる指導
――徒然草・神無月のころ――

一　主題とその趣旨・ねらい

話の展開に即して「人間像」を読み取らせる指導で、古典教材「徒然草」第一一段を扱うにあたり、昭和五二年版中学校学習指導要領「国語」の三年B理解領域ア項「話や文章の展開に即して的確に内容をとらえ、目的や必要に応じて要約すること。」の受け止め方を最初に述べておきたい。

(1)「的確に内容をとらえ」ることは、いかなる文章においても、当然のことながらきわめて重要なことである。感覚的な読みの傾向がめだつ昨今、説明的文章は言うに及ばず、文学的文章においても一語一句を押さえた的確な内容把握が要求される。昭和五二年版中学校学習指導要領「国語」では文種が限定されず、古文を含む文学的文章も前述のア項の対象と考えられてよい。

「徒然草」第一一段では、前段における庵の様子のくわしい描写、その庵の主人に対する作者吉田兼好のあこがれの表現を、後段における兼好の愛惜の情が表れている「～こそ～しか」の係り結びの表現を、的確に読み取らせたい。

(2)昭和五二年版中学校学習指導要領「国語」では、「要約」という表現活動が示され、表現と理解との関連指導が示唆されている．文学的文章においても、「登場人物の心理の動き」や「作品の主題」などをまとめるというような表現活動が考えられる．「徒然草」第一一段では、後段における兼好の愛惜の情を「兼好の独白体」で書かせることにより、兼好の思いによりいっそう近づき、深い理解をはかりたいと思う。

二　対象学年・中心的指導事項

三年生が対象である。一年生で古典に興味・関心を持ち、二年生で古典を理解できるようになってきていると思われるので、三年生では古典に慣れ、味わうことができるようにしたいものである。そこで、三年生としては次のような指導事項が考えられる。

①　古典を読んで、作者のものの見方、考え方（人生観・人間観・自然観など）、作者の感覚の鋭さ・新鮮さを理解させること。
②　①により、自分のものの見方、考え方を深め、まとまった感想を持たせるようにすること。
③　文化遺産としての古典を守り、古典に親しむ態度を養うこと。
④　古典の読解に必要な辞書・図表・参考書などを利用できるようにさせること。
⑤　文語文法の基礎を理解させること。
⑥　古典のすぐれた作品の読書に興味を持たせること。

右のうち、④⑤については、本単元当初五時間に特設して指導ずみである。また、①②は前出の教材「春はあけぼの」（枕草子第一段、第二八段）で、指導を行っている。本教材では、これらを受けてやはり①②の指導に重点を置きたい。特に②においては、兼好の思いを現代の生徒の目からとらえ直させ、現代との相対化において指導の徹底をはかりたい。

三　活動形態、教材のジャンル

一斉指導による個人の活動が主であるが、時に、隣席どおしの話し合い等、集団学習を行う。教材は古文（随筆）で、古文の随筆としては、「枕草子」（三年）につぐものである。

四　指導事例

1　単元名「古人の思い」

2　教材　小単元「おりにふれて」の内、「神無月のころ＊徒然草」の第一一段（三省堂『中学校現代の国語3』）

3　教材について

「徒然草」第一一段は、家居と主人との関係を問題にして、庵の主人の欲を惜しむ段である。全体が大きく二段に分かれ、前段と後段とがきわめて対照的である。前段では、庵の主人に対し、兼好は心から感動し、あこがれている。それは、「はるかなる苔の細道を踏み分けて」や「心細く住みなしたるいほり」などの表現にみられるように、今、自分がその細道を踏み分けているような、自分がその庵に住んでいるような、非常に主体的な表現に表れている。また、「かくてもあられけるよと、あはれに見るほどに」もその感動の表現であることは言うまでもない。

一方、後段では、柑子の木による興ざめを少し惜しんでいる。それは、「……囲ひたりしこそ……覚えしか」の係り結びに強調されている。兼好の、庵の主人に対するこの二つの気持ちすなわち庵の主人の人間像（もちろん、それは兼好の目を通して見た人間像であるが）が、きわめて対照的であるため、生徒にとっては、内容が理解しやすい教材であろう。

これらの人間像をとらえさせるため、実際の指導では表現活動をとり入れた。すなわち、前述した表現をとらえさせながら、兼好の目を通して見た庵の主人の人間像を書かせることにより、また、兼好の愛惜の情を独白体で書かせることにより、より的確な内容理解をはかるのである。

4　指導目標（本教材に関してのみ）

(1)　兼好の目を通して見た「庵の主人の人間像」をとらえさせ、それを適切に表現させること。

(2)　(1)でとらえた兼好の思いに対する自分の考え、感想を持たせ、それを適切に表現させること。

5　学習目標（本教材に関してのみ）

(1)　兼好の、庵の主人に対する思いを読み取り、書いてみよう。

(2)　(1)で書いた兼好の思いに対する自分の意見を書こう。

6　指導計画（本教材に関してのみ。全三時間）

（時間）（めあてと指導内容）

第一時　①　学習の計画をたてる―ア学習目標の設定、イ学習内容の確認

②　原文の読みに慣れさせる―ア漢字の読み、イ歴史的仮名遣いの読み、ウ語句の切れ続き

③　語句の解釈をさせ、話のあらましをとらえさせる。

第二時　①　前段・後段それぞれにおける庵の主人の人間像をとらえさせる。

第三時　①　第二時でとらえた兼好の庵の主人に対する思いについて話し合わせる。

②　兼好の思いに対する自分の意見を書かせる。

7　指導の展開

〈第一時〉

①　本時のねらい―学習計画をたて、原文の読みに慣れさせ、注意すべき語句の意味の確認をさせる。

指導事項	生徒の活動	指導上の留意点
①「徒然草」第一一段の学習目標、学習内容を確認する。 ②原文の読みに慣れさせる。	①指導者の説明を聞く。 ②ア　各自が試読をする。 イ　範読を聞く。 ウ　歴史的仮名遣いを現代仮名遣いに修正する。 エ　斉読、指名読により、漢字の	②ア〜ウについては、学習プリント（上段に原文を、下段に訳していない部分を含む口語訳を示したもの）を用いる。 ア　イの範読との差異を明確にさせるため、必ず音読をさせる。 ウ　いふ→いう、あはれ→あわれ、囲ひ→囲い、おとなふ→おとなうなどは簡単に修正できるが、次の修正には注意させる必要がある。 ・もみぢ→もみじ、たづね→たずね、しづく→しずく、うづもるる→うずもるる ・かうじ→こうじ また、次の語については、修正させないように注意する必要がある。 ・はべりしに→わべりしに、かけひ→かけい さらに、うづもるる→うずもれるのような「仮名遣い」の意味の誤解による修正にも注意する。 エ　注意すべき切れ続き—たづね入ること／はべりしに、

指導事項	生徒の活動	指導上の留意点
③ 語句の解釈をさせて話のあらましをとらえさせる。	読みや語句の切れ続きについて、不明・誤りを修正する。 オ　音読の練習、指名音読。 ③ア　学習プリント下段の口語訳の抜けている部分を、前後の文脈から判断して補う。 イ　アの二語の意味を教科書の脚注により確認し、口語訳全文を通読して、話のあらましをとらえる。	しづく／ならでは、つゆ／おとなふものなし、かくても／あられけるよと、枝も／たわわになりたるが、この木／なからましかばと／覚えしか ③ ア　抜いておくのは「あはれ」「ことさめて」の二語の口語訳の部分とする。この二語は、庵の主人に対する兼好の思いの表れている語である。 イ　話のあらましは、時・場所・登場人物・庵の様子・兼好の見たもの・兼好の感じたことを確認させる。（できるだけ、原文の表現を取り上げて答えさせる。）

〈第二時〉

① 本時のねらい―兼好の目を通して見た庵の主人の人間像をとらえさせる。

指導事項	生徒の活動	指導上の留意点
① 読みの確認・あらましの復習。 ② 前段において ア　庵の様子をイメージ化させる。 イ　庵の主人に対する兼好の思いを	① 原文を斉読・指名読する。口語訳を黙読する。 ②ア　庵の様子を表す原文の表現に傍線を引き、庵の様子をイメージ化する。 イ　兼好の思いがわかる表現を視写し、兼好の思いを簡単に説明	②イ　参考として、兼好の世捨て人観を話してやる。兼好は、このような庵での生活にあこがれを抱いており、庵の主人に心から感動している。単に、「よくこんなところに住んでいるなあ。」という驚きの念ではない。「踏み分けて」の主語のあいまいさなども、かえって兼好の

とらえさせ、書かせる。	する文章を書く。	あこがれの表現となっていることも補う。
③ 後段において、前段と比較のうえ、庵の主人に対する兼好の思いを独白体で書かせる。	③ア 兼好の思いがわかる表現に傍線を引く。 イ 兼好の思いを、兼好の独白体により、二〇〇字程度の文章にする。	③ア 「……こそ……しか」に注意させたい。係り結びについては指導ずみであるので、注意を促し、兼好の愛惜の情の強いことを理解させる。

〔②・③で予想される文章のパターン〕

・純粋に残念がる気持ち「欲がなかったらよかったのに……。」

・庵の主人に不満な気持ち「ほんとうに世を捨てたのか……。」

・ますます強くなる世捨ての気持ち「私はますます世の中がいやになった……。」

〈第三時〉

① 本時のねらい—〈第二時〉でとらえた庵の主人に対する兼好の思いについて、自分の意見を書かせる。

指導事項	生徒の活動	指導上の留意点
① 前時の復習。	①ア 原文を斉読・指名読する。 イ 前時③イの文章の代表的なものを読む（指名）。	①イ 本時以前に教師が読んでおき、以後の話し合いの材料となるような文章等を考慮して指名する。
② 庵の主人に対する兼好の思いについて話し合わせる。	② 話し合う。	② テーマを決めて話し合わせる。例えば、「兼好の目を通して見た庵の主人の人間像に誤りはないか」「現代において、兼好の考え方は通じるか」等で、教師側から示してもよい。

③　②の話し合いを参考にさせ、テーマを決めて自分の意見を書かせる。

③　二〇〇字程度の意見文を書く。

〔②・③で予想される意見のパターン〕

・兼好の思いは当然だ。
—・庵の主人は世を捨てたとは言えず、兼好が惜しむのも当然だ。
・たとえ人間に対する囲いでなくても（動物に取られないための囲いであっても）欲が残っているのは残念に思う。

・兼好の思いに反対だ。
—・人間なのだから、どうしても欲が出る。囲いがあってもしかたがない。
・庵の主人は、動物（鹿など）に実を取られないために囲いをしたのかもしれず、兼好一人の判断で惜しんでもしかたがない。
・庵の主人は、兼好の期待しているほどの徹底した世捨て人ではなかった。

・兼好の時代ならば、兼好の思いは通じるが、現代では通じない。
—・現代では、欲を持たなければ、生存競争に敗れてしまう。
・現代人こそが、兼好のような思いを抱けばよいのに……。

④朗読させる。

④朗読する。

五　反省・今後の課題

(1)　「徒然草」第一一段の指導での第一〇段の扱い方

「徒然草」の成り立ちからいえば、一〇、一一段の内容を関連させて指導する方が効果的だと思われる。現行教科書では第一一段のみ掲載している。

(2)　教材の発掘

「人間像を読み取らせる指導」の教材として、本教材のほかに説話等人間像の豊かな「親しみやすい」教材の発掘が必要である。

第三節　書くことを通して古典に親しませることの指導
――徒然草・つれづれなるままに　堀池の僧正　高名の木のぼり――

一　教材名
「つれづれなるままに（徒然草）」（東書）

二　教材の目標
(1)　各段（序・四五・一〇九）における主題と吉田兼好のものの見方・考え方とを確実にとらえさせる。
(2)　(1)でとらえた主題、ものの見方・考え方に対する自分の考え・感想をもたせ、それを適切に表現させる。
(3)　古文のかなづかい・言葉づかいについての理解を深め、注・古語辞典等を利用して、古文を読み取る能力を養う。

三　教材と生徒との関係
「徒然草」の中でも短くて易しい序段・第四五段（堀池の僧正）の教科書教材に、第一〇九段（高名の木登り）を加えてとり上げてみた。内容的にも、序段の「『徒然草』執筆の動機」、第四五段の「笑い話的な側面」、第一〇九段の「教訓的な側面」等、バラエティーに富み、第四五段、第一〇九段については現代の世の中にも通じる話題であるだけに、注のみによるある程度の言語抵抗は考えられるが、生徒にとっても興味のもてる教材であろう。

四　指導事項

一年生での「古典の文章に読み慣れさせ、古典に興味・関心をもたせる」という学年目標に続いて、二年生では「古典を理解できるようにさせ、読み味わうことができるようにさせる」という学年目標を考えたい。

そこで、古典の随筆教材として次のような指導事項が考えられる。

(1)　人間観・自然観など、作者の感覚の鋭さ・新鮮さを理解させること。（学習指導要領二年B理解のイ項と関連する。）

(2)　(1)により、自分のものの見方・考え方を広め、まとまった感想をもたせるようにすること。（同右）

(3)　文語文法の基礎を理解させること。

ただし、(3)については深入りせず、理解に必要な最少限の事項について指導する。

五　指導方法

原文理解のために、理解のポイントとなる語句等の精選がなされなければならない。例えば、第四五段での「『は』・『が』の補い」「接続語の補い」等、第一〇九段では「会話主の決定」がポイントとなる。その他の部分は注や指導者の補説で補う。

一方、表現との関連指導も加味して、古典への興味・関心を高めさせたい。例えば、序段を利用してパロディを作るとか、第四五段の後に「作者の批評」を加えたり、話の続きを創作する（できれば文語で）などして、表現の仕方や文語調に慣れさせることができる。さらに、第一〇九段では述べられている教訓に関して、自分の体験をまじえた意見文（二〇〇字以内）を書いてみて、現代と共通するものの見方・考え方を感じさせることもできる。

六　授業構成（全七時間）

時	本時の目標	学習内容	学習活動	留意点・評価
1	1　「徒然草」の文学史に関する知識を理解させる。 2　序設が音読できるようにさせる。	1　「徒然草」の作者・成立の時代・内容や三大随筆について知る。 2　「日暮らし」「よしなしごと」「そこはかとなく」「あやしう」「ものぐるほしけれ」等の読み方に注意する。	1　上記事項についての簡単なテストに答える。 2　音読練習をする。	1　文学史に関する知識の主な項目については、事前に調べさせておく。 2　グループ読み、個人の指名読み等で評価する。
2	1　序段を読み、「徒然草」執筆の動機等について読み取らせる。 2　序段を暗誦させ、パロディを作らせる。	1　「徒然草」執筆の動機・状況・内容・方法・心情を読み取る。 2　文語の言いまわしに慣れるとともに、リズム感を味わわせる。	1　序段全体を上記五項に分け、口語訳を参考に読み取る。 2　序段を暗誦し、パロディを作る。	1　心情「あやしうこそものぐるほしけれ」については、指導者の補説が必要である。
3	1　第四五段を読み、注等を参考に「堀池の僧正」に至るまでの経過をたどらせる。	1　「せうとに」「榎の木のありければ」「この名、しかるべからず」、接続詞の補い等に注意する。	1　上記の注意すべき部分の口語訳を考える（他の部分は注等を参考にする）。	1　全体の口語訳よりも、上記の注意すべき部分の口語訳を考えさせる。
	1　第四五段の話のおもしろさを考えきせる。	1　「おこりっぽい僧正」と「次々とあだ名をつける世間の人々」とのかけ合いの	1　ノートに自分の意見を書く（最後に「作者の感想・批評」を加えてもよ	

4	2　話の続きを創作させる。	おもしろさを読み取る。 2　文語のかなづかい、言葉づかいに慣れる。	い）。 2　ノートに話の続きを創作する。	2　一部分でもよいから文語で書かせる。（その際、細かい文法上の誤り等は取り上げない。）
5	1　第一〇九段を読み、注等を参考に、話の経過をとらえさせる。	1　「はべり」「さうらふ」「落つとはべるやらん」等の読み方に注意する。「そのことにさうらふ」「恐れはべれば申さず」等の口語訳に注意する。	1　音読練習をする。また、上記の注意すべき部分の口語訳を考える。（他の部分は注等を参考にする）	1　グループ読み、個人の指名読みで評価する（音読）。全体の口語訳よりも、上記の注意すべき部分の口語訳を考えさせる（口語訳）。
6	1　三つの会話の「会話主」と「会話の相手」を考えさせる。	1　文語の敬語に注意して、「会話主」「会話の相手」を決定する。	1　「会話主」「会話の相手」を考える。	1　必ず理由を言わせ、じっくり考えさせる。
7	1　作者の言おうとしている戒めを考えさせ、二〇〇字以内の説明文を書かせる。	1　「むずかしさを乗り越えたときの安心感が油断の心につながる」ということを戒めていることを読み取る。	1　戒めを考え、説明文を書く。	1　説明文は二段落で、第一段では「作者の言おうとしている戒め」を説明し、第二段では、第一段で説明した「戒め」について「成功の経験」「失敗の経験」を書く。

七　授業の展開（第六時）

学習内容	学習活動・反応	留意点
①　本時の学習目標・学習内容を確認する。	①　指導者の説明を聞く。（本時の学習目標＝三つの会話の「会話主」と「会話の相手」とを考えよう。）	
②　原文の読みに慣れる。	②　登場人物・会話主・会話の相手を考えながら、音読の練習をする。	
③　登場人物の人数をつかむ。	③　登場人物は何人かを考える。 ア　三人―高名の木登り・気に登った人・作者 イ　四人―高名の木登り・気に登った人・作者・あやしき下﨟 ウ　五人―高名の木登り・気に登った人・作者・あやしき下﨟・聖人	
④　「聖人」の意味を知る。	④　指導者の説明を聞く。（③のウが成り立たないことが分かる）	④　③のア・イについては保留する。
⑤　三つの会話の「会話主」と「会話の相手」とを考える。	⑤　隣席どうしの話し合いなどもまじえながら、ノートに「会話主→会話の相手」の形式で自分の意見を書く。 〈会話1〉エ　高名の木登り→木に登った人（命令文だから） 〈会話2〉オ　木に登った人→高名の木登り カ　作者→高名の木登り キ　見物人（一人）→高名の木登り 〈会話3〉ク　木に登った人→作者 ケ　高名の木登り→作者	⑤　自由に意見を言わせる。必ず理由も言わせる。 ・会話1のエは簡単に出る。 ・会話2は、オが多く出る。また、オ・カ・キ以外の意見が出ることもある。 ・会話2の会話の相手（高名の木登り）と会話3の

	コ　高名の木登り→木に登った人 サ　高名の木登り→あやしき下臈	会話主（高名の木登り）は、ほぼ確実に出る。
⑥　会話２―会話３の関係について考える。	⑥　会話２と会話３との関係から、会話２は「？→高名の木登り」、会話３は「高名の木登り→？」であることをつかむ。	⑥　⑤のクは成立しないことが分かる。
⑦　「あやしき下臈」が「高名の木登り」であることを知る。	⑦　「聖人の戒め」が、会話のどの部分にあたるかを見つけ、「あやしき下臈」が③の会話主「高名の木登り」であることを知る。	⑦　③のイ、⑤のサは成立しないことが分かる。
⑧　敬語に注意し、会話２・会話３の「？」について考える。	⑧　隣席どうしの話し合いと意見修正をする。 〈会話２〉会話中に「言ふ」という普通の言い方があるから、オではなく、カである。キの見物人は作者と考えてよい。 〈会話３〉会話中に「さうらふ」等のでいねいな言い方があるから、ケである。	⑧　必ず理由を言わせる。
⑨　会話主・会話の相手の確認。	⑨　役を決めて、朗読する。	⑨　地の文は全員で読んでもよい。

八　本教材に対する生徒の感想・反応例

「堀池の僧正」を読んだときにはハッとした。現代にでも通じるではないか。人間の真実の姿があると思った。人の言うことに左右される彼も、やはり人間なのだ。そうせずにはいられないのが人間なのだと思うようになってきた。そう分かってくると、兼好は鋭い目をもって人間を見ているのだ、ということに気が付いた。

古典はただ読むだけではなく、その奥底に秘められた筆者の鋭い感覚や考えを拾い出して、よく考えてみるのもおもしろいということが、とてもよくわかった。（二年女子）

第四節　教材解釈と授業――徒然草・仁和寺にある法師――

一　「仁和寺にある法師」〈徒然草第五二段〉をどう読むか

「仁和寺にある法師」は、次の三段落で構成されている。
第一段落は、石清水八幡宮へ参るつもりが、末社・末寺をそれと取り違えて帰った老法師を客観的に記している。第二段落では、自分の失敗を気付かずに同輩に向かって得意げに話す老法師の独りよがりぶりが滑稽に描かれている。そして、第三段落では、作者・兼好の辛辣な老法師評を端的に示し、単なる説話にとどめず、随筆的世界を作っている。

第一・第二段落の老法師の失敗譚は、「心うくおぼえて」「ある時思ひたちて」に見られる愚直なまでの老法師が、失敗の最大の要因となる「ただ一人」「徒歩より詣でけり」により「かばかりと心得て帰りにけり」ということでもたらされたものである。

その失敗を「年ごろ思ひつること、果たしはべりぬ」「聞きしにも過ぎて、尊くこそおはしけれ」「神へ参るこそ本意なれ」などと同輩に語るところは、老法師の独りよがりと思いこみが如実に表されている。また、「……とぞ言ひける」の係り結び表現には、老法師の考え方や心理状態、作者の思いが強く表れている。

末尾の一文は、とらえ方の違いで老法師への見方も変化する。すなわち、自戒をこめた感想ととれば、老法師の失敗もその愚直なまでの人間性がなせる仕業とやさしく受け止められるが、教訓をこめた説教ととらえれば、老法師を批判する作者の厳しい眼差しが感じられる。いずれにしても、老法師の失敗譚が読み取りの中心になる。

二　「かばかり」と三つの係り結びの解釈

「かばかり」をどのように解釈するか。また、それと関連付けて三つの係り結び「聞きしにも過ぎて、尊くこそおはしけれ」「神へ参るこそ本意なれ」「山までは見ずとぞ言ひける」をどう受け取るかが、第五二段の解釈に大きな影響を与える。

(1)「かばかり」の解釈

ここでは、「ばかり」という副助詞をどう解釈するかが鍵となる。『時代別国語大辞典　室町時代編四』（二〇〇〇　三省堂）によると、「ばかり」の項に

> 本来の程度を表わす用法においては、次代にかけて「ほど」「くらゐ」なども用いられるようになり、「ばかり」は「のみ」が表わしていた限定・強調の意味も用いられることが普通になった。

とある。問題となる「かばかり」は、前半の「程度を表わす用法」と理解した場合、「この程度のもの」となり、後半の「限定・強調の意味」と取ると、「これだけのもの」となる。

また、『新明解古語辞典　補注版　第二版』（一九七四　三省堂）では、「かばかり」の項の二つめの意味としてこの部分を例示して、

> この程度。このくらい。これだけ。「極楽寺・高良など拝みて、――（＝コンナモノサ、コレデオシマイ）と

心得て帰りにけり」

としている（傍線著者）。

さらに、諸注釈では「限定」「程度」両方の解釈があるが、山岸徳平『徒然草評解―文法詳述―』（一九五四　有精堂）では、〔口訳〕の項に

（石清水八幡様といっても）これくらいのものと思い込んで帰ってしまった。

とあり、〔語釈・語法〕においても、

かばかり―この程度。これくらいのもの

とあるわけで、教科書は、「限定」の「これだけのもの」つまり「石清水八幡宮はこれだけだと思った」と解釈しているが、ここは、前者の「この程度のもの」つまり「石清水八幡宮とはいっても、この程度のものか」と解釈してはいかがであろうか。

徒然草執筆時期にどちらの意味であったかは日本語学上の検証が必要であろうが、次の(2)で述べる係り結びの解釈と関連させれば、この解釈のほうが、第五二段をおもしろく読める。

(2)　係り結びの解釈

山口仲美（二〇〇六）は、「なむ」「ぞ」「こそ」の強調表現の異なりについて言及し、

A　なむ―聞き手を意識し、聞き手の目を見つめ、念を押し、同意を求めて穏やかに語る口調をもった文になる。

B　ぞ―「ぞ」の下で説明される動作や状態が起きるのは、「ぞ」の上に示された点においてなのだという、指し示しによる強調表現である。

C　こそ―「こそ」は、その上に述べられた事柄を強く取りたてて強調する。

と、その違いを述べている。これに従って、三つの係り結びを解釈すると次のようになる。

①「聞きしにも過ぎて、尊くこそおはしけれ」の解釈

この部分は、右記のCを適用して考えてみる。「その上に述べられた事柄」というのは、直接的には「尊く」であり、「こそ」を付けてその「尊さ」を取りたてて強調していることになる。しかも、その前の部分の「聞きしにも過ぎて」という表現がすでに強調の意を示している。

これについて、長尾高明（一九七九）は

おのれの見聞を他人に語るとき、実感にもまして誇張するのが人間の常である。（二七ページ）

と述べている。

②「神へ参るこそ本意なれ」

この部分も、Cを適用する。「神へ参る」ことが強調されているのは、この僧の実直さが現れているとも読め

るが、その前の「そも……何事かありけん」「ゆかしかりしかど」と好奇心を起こしているところをみると、その誘惑に引き込まれそうになりながらも、僧であること、石清水へ参ることが長年の願望であったことから、その誘惑を強く打ち消そうとするこの僧の無知（いやいや、神へ参ることが今回の旅の目的であって、他の誘いに負けてはいけない）が引き起こした滑稽な実直さが感じられる。あとの「山までは見ず」をさぞかし得意げに語ったことだろう。

もっと言えば、期待はずれの「石清水」（実際は「極楽寺・高良神社」）ではあったけれど、その期待はずれを懸命に打ち消している姿とも読み取れる。

③「山までは見ずとぞ言ひける」

この部分はBを適用すると、「ぞ」の下で示される動作「言う」は、「ぞ」の上の「山までは見ず」というそのことを指していると解釈する。「えっ、山までは見なかった。そんなこと言ったんだってさ」ぐらいのとらえ方である。

三　授業の実際

二で述べたような解釈に立ち、次のような授業を展開した。

1　教材　仁和寺にある法師（徒然草・第五二段）
2　対象　富山大学人間発達科学部附属中学校第二学年四組
3　日時　二〇一一年九月一日（木）六限・九月二日（金）三限
4　教材の指導目標――指導事項と言語活動の組み合わせ――

古文に現れた登場人物の言動の意味や心理状態、作者の思いなどを、表現上の特色（効果）を踏まえて読み取る能力を養う。そのために、「話のおもしろさ」について感想や意見を交流し、それを踏まえて自分の考えを書く活動を行う。

5　教材の学習目標――中心となる学習課題――

「仁和寺にある法師」のおもしろさについて、意見交流をして自分の考えを書こう。

6　教材の特色と授業の方針

老法師の失敗の要因、老法師の心理状態、老法師の大仰な言動など、また、作者の老法師に対する見方など、この話の「おもしろさ」を支える要素を多様な視点で指摘させるとともに、他者の指摘と自分の指摘との関係を捉えるため、「読みを支えるウェビング状のメモ」を活用して、新しい考え方を追加することを試みる。さらに、メモをもとに感想や意見の交流を行い、最終的には自分のとらえた「おもしろさ」を書くこととする。

なお、教材本文が古文であるので、生徒自身の傍注の効果的利用や授業者の必要に応じた説明（特に、古文特有の言い回しや文法的な事項など）により、本文の的確な理解が必要である。

7　教材の学習指導計画（全二時間）

第一時　歴史的仮名遣いや語句の切れ続きに注意して音読させるとともに、大意を把握させ、老法師の言動や心理状態を理解させる。特に、係り結び使用の意図と老法師や作者の心理状態との関係について、考えさせる。

第二時　第五二段の面白さについて、できるだけ多様な意見を出させ、交流させる。また、交流した結果を踏まえて自分の意見を見直した結果を書かせる。

8　授業の展開

［第一時］歴史的仮名遣いや語句の切れ続きに注意して音読させる。また、「係り結び」等の表現効果を意識して、大意を把握させる。

時間	指導事項	授業者の活動	生徒の学習活動
0	学習目標の把握	1　音読の練習と大意の把握を学習目標とすることを説明する。	1　授業者の話を聞いて、学習目標を理解する。
3	音読の練習	2　範読・斉読等により、音読練習をさせる。 ※　注意すべき仮名遣い まうでけり、かうら、おはしけれ、あらまほしきことなり ※　注意すべき語句の切れ続き 徒歩より／詣でけり、果たし／はべりぬ、尊くこそ／おはしけれ、神へ参るこそ／本意なれ、とぞ／言ひける、あらまほしき／ことなり	2　音読の練習をする。
13	大意の把握	3　大意を把握させる。	3　現代日本語として筋が通るように、大意を考える。
28		4　石清水八幡宮の写真を見せる。 ※　注意すべき語句等 かばかりと心得て、果たしはべりぬ、尊くこそおはしけれ 「神へ参るこそ本意なれ」とぞ言ひける	4　石清水八幡宮が山の上にあることを理解する。
30	老法師や作者の心理の理解	5　「かばかりと心得て」の解釈、「尊くこそおはしけれ」「神へ参るこそ本意なれ」「とぞ言ひける」の係り結びの意図を考えさせる。	5　「かばかりと心得て」の二通りの解釈（誤解と期待はずれ）「尊くこそおはしけれ」に見られる二通りの心理解釈（本当に尊い、誇張している）など、意見交流のための自由な解釈をする。
45	老法師の失敗の原因	6　老法師の失敗の原因を原文より指摘させる。	6　5と同様、原因を多角的に指摘する。

【言語活動に関する指導上の留意事項】

感想や意見を交流するにあたり、内容の正確な理解は欠かせない。古文であるので、大意の把握とともに、「かばかり」という言葉の理解や、いくつかの「係り結び」に現れた老法師・作者の心理や思いの理解について、丁寧に行う必要がある。古文の文法的事項について、深入りする必要はないが、理解・解釈に必要な事項については、教材に即して（指導に効果のある教材で）指導する必要がある。

また、感想や意見を交流するには、生徒がなるべく多様な考えを持てていることが重要である。そのため、右記展開の５・６においては、拡散的な思考を促し、第二時の「話のおもしろさ」の多様性につなげたいと考える。

なお、５における「かばかり」の二通りの解釈とは「（ほんとうに）これだけだと頭から信じ込んでいた」と「なあーんだ、これだけかと期待はずれであった」、「尊くこそおはしけれ」の二通りの解釈とは、「ほんとうに尊いと思った」と「大したことはないと思っているが、人の手前、ちょっと大げさに言ってみた」である。しかし、その解釈に時間をかけるよりも、そのように言う老法師の心理状態を考えさせることのほうが、感想や意見交流により強くつながるものである。

［第二時］第五二段の「おもしろさ」について、感想や意見を交流し、自分なりの考えを書かせる。

時間	指導事項	授業者の活動・留意点	学習者の活動
0	学習目標の把握	1　第五二段の「おもしろさ」について、自分の考えを書くことを目標とすることを説明する。	1　授業者の話を聞いて、学習目標を理解する。
3	音読の練習	2　音読練習をさせる。	2　音読の練習をする。可能ならば、第一時

			で学習した「係り結び」などの表現を意識した音読をする。
10	話のおもしろさについての多様な意見	3　話の「おもしろさ」について、多様な意見を交流し、メモさせる。特に自分にはない考えは、メモすることを指示する。	3　多様な視点で話の「おもしろさ」をウェビング状にメモする。自分にはない考え方を大事にする。
35	自分の考えの再整理	4　3のメモや意見交流をもとに、自分の考えを再度整理して、一〇〇字程度で書かせる。	4　自分のメモ以外にも加えた感想や意見もふまえて、この話の「おすすめのおもしろさ」を書く。
	感想や意見の発表	【以下時間があれば】 5　類型化して代表的な感想や意見を発表させる。ただし、一〇〇字程度では長いので、短く整理して発表させる。	5　発表を聞いて楽しむ。
49	斉読	6　斉読させる。	6　内容を思い返しながら、斉読をする。

【言語活動に関する指導上の留意事項】

感想や意見を交流するにあたり、原文を根拠にすることは重要である。それらの根拠をもとに、自分なりのおもしろさの理由付けを行わせる。そのためには、音読は欠かせない。感想や意見を述べる際には、必要に応じ、何回も原文を音読させることを重視したい。

また、感想や意見を交流する楽しさは、自分とは異なる考えにふれることである。自分と異なる考えに触れたときは、単語レベルのメモでもいいので、メモをさせることに留意する。

なお、作者がこのような話を書いたことに対する「おもしろさ」を指摘する学習者もいることが予想される。

その場合にも、６「教材の特色と指導の方針」に書いたとおり、老法師の言動に対する作者の見方の多面性にも、生徒自身が触れることができれば望ましい。

感想や意見の交流をすることを通して、古文であっても、現代文と同様に、読み手の理解や解釈に多様性のある読みができることを経験させ、「原文の的確な理解の上に立つ古典への親しみ」を感じさせたいものである。

四　学習者の反応

「学習目標」を「この話のおもしろさをできるだけたくさん見付けよう」と設定したので、生徒は多様な観点からそれを指摘している。（生徒数は全体で四〇名）

(1)　全体の傾向

次の点について、生徒はこの話のおもしろさを指摘している。

①　法師が自分の間違い（石清水八幡宮と極楽寺・高良神社を取り違えたこと）に全く気付いていない点（一〇名）

当然の指摘であるが、「極楽寺・高良などを拝んで、『なんだ、これだけ？』とがっかりしている」という指摘は、前述の「かばかり」の解釈を考えてのことであろう。

②　①の間違いを起こした原因が法師の行動にある点（九名）

「徒歩で」「一人で」行ったことを七名が指摘している。また、「山までは見ず」と部分を「自分の意志で選んだことであった」という指摘は、この法師のきまじめさと愚かさが交差しているのを感じてのことであろう。

③　自分の間違いに気付かないまま、仲間の法師に自慢話をしている点（三〇名）

やはりこの点の指摘が一番多い。その中で「法師の話を聞いている仲間の人」に言及する次のような意見がある。「話を聞いているときの仲間の心境を考えるのが楽しい」「法師の言葉しかなくて、仲間の人の会話が出てこない。調子に乗ってしゃべりまくる法師に対し、仲間は法師の勘違いを教えず、黙って聞いているところが面白い」などの指摘は、その場の雰囲気を見事に捉えていると言えよう。また、読み手の立場から、「法師の失敗をさらに仲間に言っているところに、同情もできるし、ばかにすることもできる点が面白い」と指摘している。

④　法師の性格と行動のギャップがあるという点（三名）

「法師はまじめだけれど、それゆえ、周りからはばかにされている点がかわいそうで面白い」「兼好は厳しい目で見ながらも、かわいそうにと思ったのではないか」などの指摘がある。法師のきわめてまじめな性格ゆえに犯した失敗に読者として理解を示している。

⑤　表現の工夫やおもしろさを楽しいという点（四名）

「法師が失敗した理由をいろいろな部分にそれとなく、曖昧な表現をしている。」「いろいろな読み方ができるところがいい。例えば、仲間に話したのは、自慢とも読み取れるし、共感してもらえる話がしたかったとも読み取れる。」など、表現の読み取りの多様性を指摘している。

(2)　個別の反応

本授業の学習目標である「この話のおもしろさをできるだけたくさん見付けよう」を視覚的に示すため、また、思考の整理を促すために、ウェブ状の図を書かせた。その一例を次ページに示す。

この例では、次の四つの観点から、第五二段のおもしろさを捉えている。

①　老法師はなぜ失敗したのか。

図１　思考整理のためのウェブ状の図

② 老法師は、なぜ年寄るまで、石清水八幡宮に参らなかったのか。
③ 老法師は、なぜ勘違いをしたのか。
④ 老法師は、なぜ仲間に向かって自慢したのか。

この例では、これらの観点に基づいて発想を広げていき、「ただ一人」「徒歩より」などの失敗の前提、老法師の思いこみや知識のなさ、「山までは見ず」と思慮ありげに仲間に自慢する老法師のおかしさなどを指摘している。

なお、別の学習者の場合、同じ①の観点から、「神へ参るこそ本意なれ」に触れ、老法師の頑固さや、素直ゆえにもたらされた失敗を指摘していて、上記の例の学習者とは異なる失敗の原因を指摘している。

古典教材も一つの「文学的な文章教材」として読むとき、可能な範囲で多様であることは許容されるべきで、固定的な解釈が、学習者の古典離れにつながることは避けなければならない。そのためには、授業者の豊かな解釈—それは、多くの解釈書の渉猟と、それに基づく思考—が前提になるわけで、この部分を怠っては、古典指導の飛躍は望めないであろう。

文献

長尾高明（一九七九）「徒然草」安西迪夫・長尾高明・滋野雅民・世羅博昭『国語教材研究シリーズ9　古文（散文）編』桜楓社
山口仲美（二〇〇六）『日本語の歴史』岩波書店

第五節　万葉びとのこころ——放送劇をつくる——

実践のポイント
1　郷土にゆかりあるドラマ性豊かな万葉歌を教材化したこと。
2　既成の台本を使うのでなく、台本作りを生徒自身が行ったこと。
3　教材の一場面に着目させ、短い時間の放送劇に仕立てたこと。

一　単元の設定

1　話題

「二上（ふたかみ）万葉」は、郷土に取材した古典和歌（万葉集）学習のための自主教材集である。教材は、悲劇の皇子・大津皇子（おおつのみこ）とその姉・大伯皇女（おおくのひめみこ）の和歌を中心に、「姉弟の情」「人間の生と死」をテーマとしたドラマ性あふれる一連の短歌群（全一〇首）を選択し、構成している。万葉歌を一首のみで理解・鑑賞するのではなく、歴史の流れの中でとらえようと意図した編成となっている（なお、自主教材集編成の詳細については、本書の第二部第三章「郷土教材の開発と教材化論——連作「二上万葉」の場合」——に詳しい）。

本実践は、この「二上万葉」の世界を「放送劇」に作り替えるものである。この二上万葉歌の「放送劇」としての可能性は、

(1)　「二上万葉」掲載の一連の万葉歌が、ドラマ性にあふれ、ストーリーとして十分展開できる可能性を持つこと。

(2)　多くの書物で、この万葉歌が扱われ、登場人物の性格や言動が想像（創作）しやすいこと。

(3)　特に、大津皇子の人生に反映される悲劇性は、現代人の心をとらえて離さないこと。

などが挙げられる。

2　活動の形態

放送劇とは、電波を媒体として表現される劇のことを言うが、学校教育の場ではテープレコーダーに録音して表現する劇も含んでよいであろう。放送劇の特色は、①聴覚に訴えることと、②機械を媒体とすることの二点に集約される。その構成要素は、せりふ・音楽・音響効果の三つである。また、マイク等の放送機器の機能に合致した使い方を知っていることが必要になる。聞き手の側からは、聴覚のみが頼りである。そのため、話しことば指導として、次の二点が指導の重点となる。

(1)　台本作りおよび台本作りの際の「ことば（せりふ）の選択」に伴う言語感覚の育成（特に、音への配慮）

本実践では、万葉歌をもとに、生徒自身の手で放送劇台本を作成することが、一つの大きな学習となる。万葉歌を中心に、資料を補いながらの台本作りは、生徒にとって難しいが、グループ討論を通して、万葉歌の理解・鑑賞を深めて「せりふ」を考える。特に、放送劇台本の場合は、作中人物の内心を説明することはまれであり、人物のせりふや動作の紹介で、心の内を表す工夫が必要である。登場人物の状況とせりふとの必然性についても、理解を深めたい。

また、音声のみを媒体とする放送劇においては、視覚（身振りや表情など）の補助がないために、聞き手のことを考慮したことばの選択が必要になる。聞かれることばであることを意識して、耳で聞いて分かることばで、自然にすなおに受け入れられ、理解されることが必要になる。また、ことばの選択や並べ方、ことばの持つリズムの効果、句読点、「……」などの間や沈黙の持つ働き、効果についても学ばせる必要がある。

(2)　音声化技術（せりふの発音・発声・間の取り方・抑揚等）の高まり

正しく、わかりやすく、印象的に、個性的に伝えるための発音・発声・間、抑揚等の音声化技術の高まりである。具体的には、腹式呼吸による声の出し方（発声）、発音のまぎらわしいことばにかかわる明瞭な発音やガ行鼻濁音（発音）、登場人物の心理状態を反映する間の取り方・せりふの重なりや抑揚の変化（間の取り方・抑揚）等が考えられる。

3　学習者の実態と学習の必要性

(1)　学習内容の視点から……郷土の万葉歌の、その時代背景や物語性に富む史実の展開について、知る生徒は皆無である。それまでに培った古典和歌の理解・鑑賞力を活用して、郷土の万葉歌の理解・鑑賞に取り組むことは、古典への親しみと理解を増すとともに、郷土を知り、郷土を見直す絶好の機会となる。

(2)　学習活動の視点から……放送劇は、台本作成も演じた経験もない。しかし、舞台劇は、学級活動やクラブ活動で経験のある生徒もいる。

4　系統上の位置

(1)　話題……第三学年における古典和歌の学習からの発展となる。また、郷土の話題であるから、日頃慣れ親しみ、生活している場所が万葉歌に登場することは、大きな意義がある。

(2)　活動……第二学年において、古典の音読・朗読や群読の学習経験がある。特に、「平家物語」の群読においては、古典の理解・鑑賞と結びつけて、読み分かち、読み担いを考える台本作りを学習している。したがって、登場人物を音読や朗読の音声表現で表すことは、一応の経験があるとみてよい。その際には、「話し合い」学習を通して、場面の理解や登場人物の心情の想像も自力で進められる経験も持っている。

5　学習資料

(1)　古典（万葉歌）自主教材集「二上万葉」—この教材集中には、放送劇作りのための資料（例えば、理解・鑑賞のための学習の手引き・関連の新聞記事・この万葉歌を素材にした小説等）を含んでいる。

(2)　放送劇台本作りのためのワークシート（台本モデル・生徒用台本用紙）

(3)　テープレコーダー・音響効果用のＣＤや録音テープ（生徒自作も含む）

二　単元の計画

1　目標

(1)　放送劇の制作を通して、万葉歌の理解と鑑賞を深め、特に、姉弟の愛の深さや人間の生と死についての感じ方や考え方を深める。

(2)　放送劇の制作に必要な場面や心情の想像をして、それを効果的に表すせりふや音楽・音響効果の工夫をさせる。

(3)　身近にある郷土の古典を放送劇化して、古典に親しんだり、古典を楽しんだりする態度を養い、郷土への認識を高める。

2　単元構成上の工夫

(1)　郷土に取材した古典教材集「二上万葉」を自作し、その理解・鑑賞学習の発展として、放送劇創作の学習を取り入れたこと。

(2)　新聞記事や関係書物等をできるだけ多く資料として示し、放送劇のストーリー展開や登場人物の言動を考えるための補助としたこと。

(3)　理解や鑑賞の最初から、放送劇を作ることを目的として学習を進めたこと。

(4)　万葉歌の朗読を場面に応じて、入れること。また、必要な効果音や音楽を具体的に示すようにしたこと。

(5)　一グループ四～五人の活動とし、二～五分でおさまる場面を取り上げて放送劇化させたこと。また、いくつかのグループの放送劇を連続させることで、一つの物語になるよう場面を選択したこと。

3　学習計画（全九時間）

第一次（一連の万葉歌について理解や鑑賞をする段階……四時間）

(1)　時代背景を把握し、全短歌の音読練習をする。……一時間

(2)　全十首の短歌の理解と鑑賞をする。（自主教材集の「学習の手引き」の活用）……三時間

第二次（放送劇の構想を練る段階……二時間）

(1)　放送劇を作成する場面を選択し、およその展開を考える。……一時間

(2)　効果音や音楽（ＢＧＭ）も考えながら、放送劇台本を考える。……一時間

第三次（放送劇を実際に演ずる段階……二時間）

(1)　係の分担を決めて放送劇のリハーサルを行い、台本の点検やせりふの言い方、音響効果等とのタイミングを調整する。……一時間

(2)　実際に放送劇を行い、テープレコーダーで録音する。……一時間

第四次（学習の整理や反省をする段階……一時間）

(1)　郷土の万葉歌を学習したこと、放送劇に作り変えたことについての意見や感想を書く。……一時間

4　評価

(1)　郷土の万葉歌の理解と鑑賞が深まり、郷土に対する認識が高まったか。
(2)　放送劇を効果的にするためのせりふ・音楽・音響効果の工夫ができたか。
(3)　放送劇を作ったり聴いたりして、楽しめたか。

三　学習の実際――台本作りのポイントと生徒の作成した放送劇台本――

あとに示す場面を台本化するための話し合いの要点（一グループの例）は次のとおりであった。

(1)　最後の別れを告げた姉・大伯に会いにきた弟・大津のやりきれない気持ちをどのようなせりふで表現するか。そんな気持ちを気づかれまいとする弟をどんなせりふや行動で表すか。さらに、そのせりふをどのように読むか。
(2)　何か言いたげな弟に気づき、不安な心を抱きながら、それを問いつめられない姉の気持ちをどのようなせりふや行動で表すか。また、そのせりふをどのように読むか。
(3)　一晩の時間の流れの節目をどのようにして示すか。その部分には、音楽が必要か。
(4)　万葉歌をどの部分に組み込み、また、それはどんな感じを出して読むか。
(5)　ナレーションをどのような内容をどの程度組み込むか。どんな感じで読んだらよいか。

大津皇子が姉の大伯皇女に会うために伊勢に行き、最後の別れをして飛鳥に帰る場面

ナレ　都で、謀反の罪を着せられ、身の危険を感じた大津皇子は、最後の別れを告げるために姉・大伯皇女に会いに伊勢にやってきたのでした。

（扉を開ける音）

大津　姉上、大津です。会いにまいりました。

大伯　（驚いたように）どうしたのです。こんな夜更けに……。

大津　急に姉上に会いたくて、大和からまいりました。

大伯　（問いつめるように、強く）いったい何があったのですか。

大津　別に何もありません。ただ、姉上に会いたかっただけなのです。

大伯　（やさしく）からだが冷たくなるわ。さあ、中に入って……。

（間。静かな音楽十秒）

大津　やはり姉上と飲む酒はおいしい。

大伯　久しぶりですものね。都ではどうですか。元気にやっているのですか。持統様とはうまくいっているのですか。

大津　（やや小さな声で。とまどいながら）ええ……、みんなやさしくしてくれています。

大伯　そうですか。それはよかった。あなたは、昔から多くの人に好かれていましたからね。

大津　姉上こそ、その美しさは都一でした。早く都に帰っていい人を見つけてください。私は、そのことが気がかりでなりません。

大伯　私こそ、あなたのことが気がかりでなりません。毎日、この伊勢からあなたの無事を祈っているのです。

大津　ご心配にはおよびません。姉上がご心配になるようなことは、何一つございません。

大伯　（とまどいながら）それならばよいのですが……。

（間。静かな音楽十秒。だんだん小さく。小鳥の声。）

大伯　大津、大津。起きなさい。

大津　知らないうちに眠ってしまいました。夜明けはまだですね。そろそろおいとまいたします。

大伯　夜が明けてからでよいではありませんか。

大津　いや、そうもまいりませぬ。おからだにお気をつけて。では……。

大伯　この暗い夜道のことです。あなたこそ気をつけて、大津……。

ナレ　大津皇子の馬が去っていきます（馬のひづめの音、だんだん小さく）。大伯皇女は、大津の姿が見えなくなるまで、じっとたたずんで見守っているのでした。しかし、大津は、一度も姉の姿を振り返ろうとはしませんでした。

大伯　二人行けど行き過ぎ難き秋山をいかにか君が独り越ゆらむ

（一回めよりゆっくり、エコーがかかるとよい）

二人行けど行き過ぎ難き秋山をいかにか君が独り越ゆらむ

（ナレ＝ナレーション）

四　授業者の提言

(1)　放送劇の勧め……放送劇は、単なる音声表現の工夫を促すだけでなく、教材の読みやその読みをめぐる話し合いという理解・鑑賞面での深まり・広がりが期待できる。しかも、音声のみが表現媒体であることから、放送劇の制作には周到な準備が必要となる。放送劇は音声言語表現の指導法として有効なものとして、今後の実践の広がりを期待したい。

(2)　郷土に関する教材発掘の勧め……郷土に関する教材は、学習の活性化につながる。古典に限らず、子どもたちの郷土を見る目は、間違いなく変わる。表現の教材開発の視点として、今後期待できる領域である。

第六節　国語科教員のための古典指導基礎知識

一　歴史的仮名遣いと現代仮名遣い

「仮名遣い」には、二つの意味がある。一つは、仮名がどのように使われているかという「実態」、一つは仮名をどのように用いるべきかという「規範」である。「歴史的仮名遣い」「現代仮名遣い」は、主として後者の意味合いをもつ。つまり、ある言葉をどのような仮名で書き表すかという規範の問題であり、あくまでも書き表し方の問題である。したがって、授業でよく見かける「昔は『あはれ』と書いたが、今はアワレと読む」という指導言は、「仮名遣い」と「発音」の概念を混同していることになる。

そもそも「歴史的仮名遣い」も「現代仮名遣い」も原則的には「表音主義[1]」であり、発音どおり仮名で書き表した（書き表す）というのが基本である。したがって、歴史的仮名遣いで「あはれ」と書くのは、そのとおり発音していたから（実際には ahare よりも afare）で、当時の発音を仮名で表すと「あはれ」となったにすぎない。同様に、今は「アワレ」と発音するので、そのまま「あわれ」と書くということになる。

歴史的仮名遣い「いづれ」も、現代仮名遣いでは「いずれ」と書く。これなどは、前述の指導言だと妙な説明になってしまう。すなわち「昔は『いづれ』と書いたが、今はイズレと読む」だと、学習者は「『いづれ』もイズレと読むではないか。」と疑問に思う。これも、当時の発音は「イドゥレ」に近い発音であったと思われる。ダ行を「da・di・du・de・do」と発音したときの「du」である。その発音が「イズレ」と変化し、それを仮名で表すと「いずれ」となる。「いづれ」という仮名遣いは、内閣告示「現代仮名遣い」の「第1」「第2」により、しないことになる。

要は、発音は変化したのに、表記はそのまま残ってしまったことから、歴史的仮名遣いと現代仮名遣いのズレが生まれたのである。

最近の教科書における歴史的仮名遣いの示し方は、「いはく」[7]のように、発音を括弧書きで片仮名を用いて示す方法である。これは仮名遣いではなく、発音を示しているわけで、前述のように、発音が「ifaku」から「iwaku」に変化したため、仮名遣いも「いはく」から「いわく」に変化したと言うべきである。指導者はこのことをきちんと区別して指導すべきである。また、コラム教材においても、歴史的仮名遣いの説明を「平安時代の発音に合わせた書き表し方」「古くはその仮名のとおり発音されていた」など、発音と表記との関連について記しているので、そのことの意味をきちんと指導したい。

歴史的仮名遣いを教えるにあたり、法則めいたものを初めから暗記させようとする方法は、学習者に余計な負担と難しいという印象を残すだけで、奨められない。むしろ、学習者自身が法則を発見するような学習方法や手順を踏むべきである。

二「いろは歌」と「五十音図」

「いろは歌」は一〇世紀末ごろから近代まで用いられた仮名一覧表である。「色は匂へど散りぬるを、我が世誰ぞ常ならむ、有為の奥山今日越えて、浅き夢見じ酔ひもせず」と、平仮名四七字を一度ずつ用いて、今様歌としたものである。最古の[2]「いろは歌」は、一〇七九年に成立した『金光明最勝王経音義』という経巻の文字を解説する書物で、そこに万葉仮名で「いろは歌」が示されている。

「五十音図」は、中古から現代まで用いられている音韻体系表であり、仮名体系表でもある。すなわち、すべての清音音節を子音と母音との組み合わせにより、一〇行五段に整理したものである。最古の「五十音図」は、一〇〇〇年頃成立した醍醐寺蔵『孔雀経音義』に片仮名表記されたものであるが、ア行とナ行を欠くものである。完全なものは前述の『金光明最勝王経音義』（一〇七九）に片仮名表記されたものである。

なお、「いろは歌」「五十音図」成立以前に、「あめつち」「たゐにの歌」があり、それぞれ四八字、四七字を一度ずつ使用した仮名一覧表である。「あめつち」が四八字であるのは、ア行の「e」とヤ行の「ye」が区別されていたからである。

現在の教育は「五十音図」が中心となり、「いろは歌」はほとんど見向きもされないが、社会では、例えば店の名前や土地の名前、身近なところで靴箱などにも使われたり、「いの一番」「〇〇のいろはを教える」と比喩的にも使用されたりする。

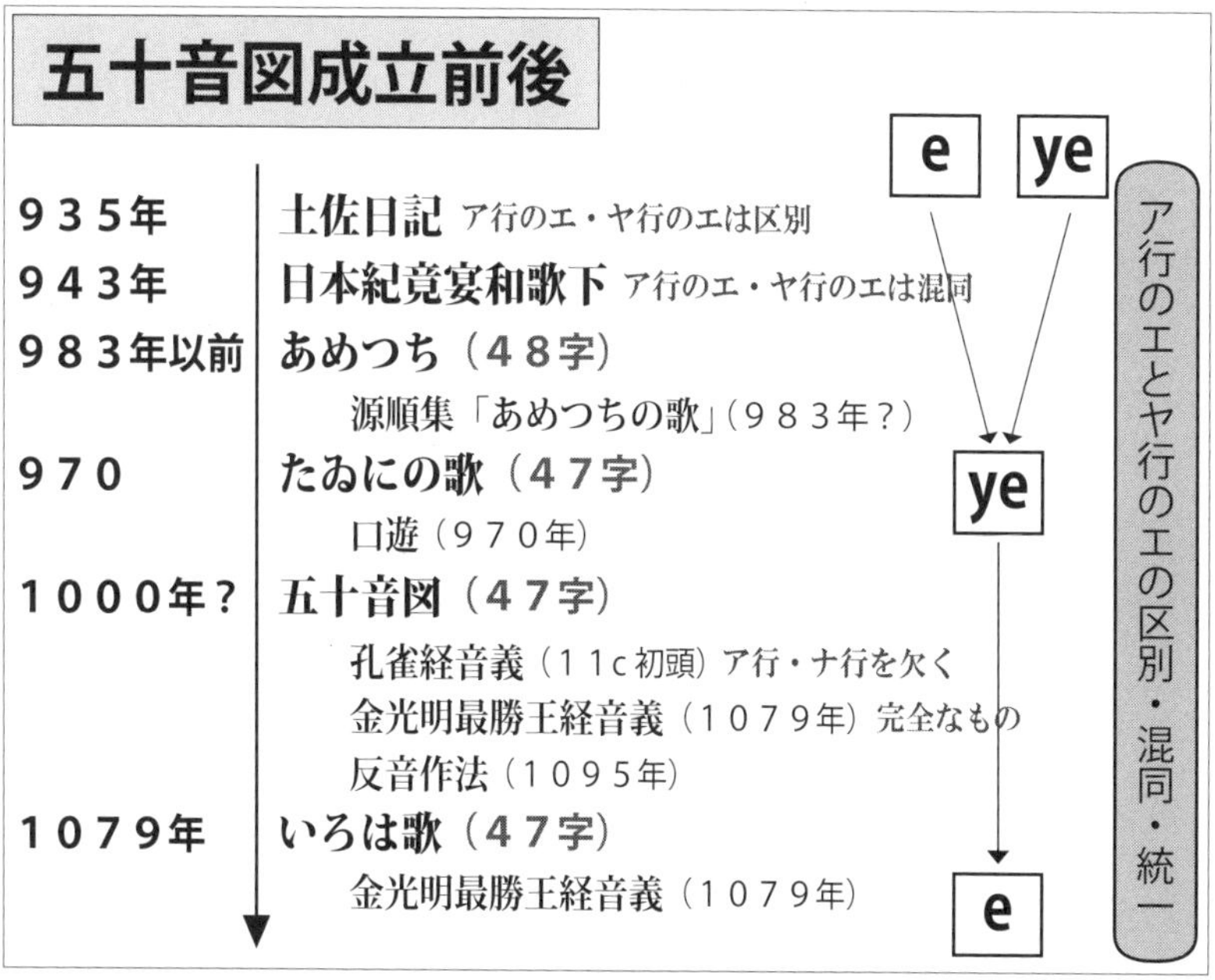

三　係り結び

まずは、係り結びを強制的に暗記させるのは、絶対避けたい。それは古典嫌いを生むだけで、何の役にも立たない。問題は、なぜその表現に「係り結び」を使ったのか、それはどのような効果をもたらしたのかを、内容理解に結びつけてとらえることである。

「徒然草」第五二段「仁和寺にある法師」を例に、「係り結び」の意義や効果について考えてみよう。第五二段の後半の原文は次の如くである。

　さて、かたへの人にあひて、「年ごろ思ひつること、果たしはべりぬ。聞きしにも過ぎて、尊くこそおはしけれ。そも、参りたる人ごとに山へ登りしは、何事かありけん、ゆかしかりしかど、神へ参るこそ本意なれと思ひて、山までは見ず。」とぞ言ひける。

山口仲美（二〇〇六）は、「なむ」「ぞ」「こそ」の強調表現の異なりについて言及し、

① なむ―聞き手を意識し、聞き手の目を見つめ、念を押し、同意を求めて穏やかに語る口調をもった文になる。

② ぞ―「ぞ」の下で説明される動作や状態が起きるのは、「ぞ」の上に示された点においてなのだという、指し示しによる強調表現である。

① こそ―「こそ」は、その上に述べられた事柄を強く取りたてて強調する。

と、その違いを述べている。

さて、これに従って上記「徒然草」第五二段を読むと、「尊くこそおはしけれ」は「聞きしにも過ぎて、尊く」が強調されている。「聞きしにも過ぎて」という表現がすでに強調の意を示すが、さらに「こそ」を付けてその「尊さ」を取りたてて強調していることになる。また、「神へ参るこそ本意なれ」でも「神へ参る」ことを取りたてて強調している。この二つの「こそ」は、ともに法師の「気まじめ」さを語る表現であることに注意したい。すなわち、間違えて末社を拝んだだけなのに、それを尊がっている点、目的以外（と思い込んでいる）行動を厳しく律している点が、あとの滑稽さを誘う。また、「とぞ言ひける。」は、法師の言ったことを指し示して強調している。「『〜』と（まあ）言ったのだ。」ぐらいの感じである。

大野晋（一九九三）（一九九八）によれば、「か」「ぞ」の係り結びの起源は「倒置」だという。また、「こそ」の係り結びの起源は、「逆接の条件句」を作ることにあるという。現代語でも、例えば「欲しいものは本か」を「本か、欲しいものは」とすると強調される。また、「行かなかった」を「行きこそしなかったが」とすると、続けて「話は聞いた」と来そうである。

さらに、係り結びの現代語訳については、大野晋（一九九八）は「強意を表す言葉として、『ホントニ』とか『ネエ』とかを補って訳してうまくいく場合もありますが、現代語としては違和感がある場合は無理に訳さないでよいでしょう。」（二三五ページ）としている。

要は、係り結びを使わざるを得なかった書き手の意図を探ること、係り結びが使われていることの効果を吟味することが必要になる。単なる知識として扱うのはやめて、表現効果の観点から係り結びを吟味することが求められる。

四　古今異義語

古今異義語とは、その漢字から「今と昔とでは意味の異なる語」と理解されている。教科書にも「『はしたなし』は今でも使う語だが、意味が違っている。」などと記されている。一方、別の教科書には「古典で使われる言葉には、形は現代語と同じでも、主に使われる意味が現代では変わってしまったものや、言葉そのものが現代では使われなくなったものがある。」とある。（傍線著者）

しかし、同じ日本語でありながら、同じ語形を持つ語の意味が異なるものであろうか。

今、徒然草第二三六段「丹波に出雲といふ所あり」にある「おとなし」という語について、検討を加えてみようと思う。原文の一部は、次の如くである。

上人なほゆかしがりて、おとなしくもの知りぬべき顔したる神官を呼びて……

ここでは、上人が神社の狛犬の立ち方の異様さをより知りたがって呼んだ人物が「おとなしくもの知りぬべき顔したる神官」であったというわけである。この部分の「おとなしく」は「かなりの年配らしく、きっとものを心得ているに違いない顔をした神官」と訳される。

「おとなし」を古語辞典と国語辞典で調べてみると、次のごとき意味記述が見られる。

【古語辞典】

① 大人びている。一人前の様子である。

② 年配で、思慮分別がある。年長らしく落ち着いている。

【国語辞典】

① おだやかでおちついた性質である。荒っぽくない。

② しずかで従順である。

③ （デザインや色どりなどが）けばけばしくなくておいる。

③　年配で頭《かしら》だっている。

④　おだやかである。おとなしい。すなおである。

ちついている。

〔古語〕①おとなびている。一人前である。②かしらだっている。年配である。

古語辞典の④に、国語辞典（現代語）の①の意味が示されている。辞典の意味記述の順序というのは、多くの場合、その時代で使用されることの多い意味から載せるものである。つまり、古語辞典④の意味は、当時使用順位としては低いが、現代語になると使用順位をあげたと理解される。俗な言い方をすれば、古語辞典④の意味は「古語では幅をきかせていなかったが、現代語になって幅をきかせてきた」ということになる。反対に古語①②③の意味は、現代語になって使用の幅を狭めてきたということになる。古語辞典④のような意味は、大野晋（二〇一一）によれば「近世以降に現れた」ようである。上述の「神官」も、古語辞典①②のような人であれば、確かに③のような人であり、そのような人であれば、④のような性格を有した人であることは、想像がつく。意味が異なるのではなく、意味はつながっているのである。中学生ならば、取り立てて「調べ学習」にするのもおもしろい。

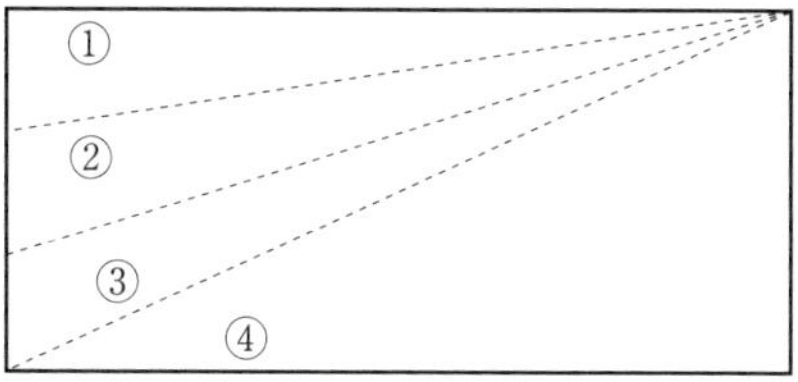

図1　意味の幅

注

（1）現代仮名遣いにも例外もある。例えば「は」「へ」「を」は、それぞれ「ワ」「エ」「オ」と発音するが、「わ」「へ」「お」とは書かない。これは「現代仮名遣い」（昭和六一年七月一日　内閣告示・訓令）において例外的事項として示されていることで、歴史的仮名遣いを引き継いだものと解される。

（2）通説では弘法大師の作かとも言われるが、弘法大師の時代にはア行の「e」とヤ行の「ye」との区別があったので、その区別がない「いろは歌」は弘法大師の時代よりも下がる。

文献

「現代仮名遣い」（昭和六一年七月一日　内閣告示・訓令）
江湖山恒明（一九六八）『仮名づかいの焦点』塙書房
築島裕（一九八六）『歴史的仮名遣い　その成立と特徴』中央公論社
金田一春彦（一九八六）『朗読　源氏物語——平安朝日本語復元による試み——』大修館書店
小松英雄（一九七九）『いろはうた　日本語史へのいざない』中央公論社
鈴木功眞（二〇一五）「現代仮名遣いと歴史的仮名遣い」『品詞別　学校文法講座第七巻　品詞論の周辺——敬語／仮名遣い　ほか』明治書院
山口謡司（二〇〇七）『日本語の奇跡〈アイウエオ〉と〈いろは〉の発明』新潮社
山口謡司（二〇一〇）『ん　日本語最後の謎に挑む』新潮社
大野晋（一九九三）『係り結びの研究』岩波書店
大野晋（一九九八）『古典文法質問箱』KADOKAWA
大野晋（二〇一一）『古典基礎語辞典』角川学芸出版
山口仲美（二〇〇六）『日本語の歴史』岩波書店
斎藤菜穂子（二〇一五）「古典解釈と語義変化」『品詞別　学校文法講座第7巻　品詞論の周辺——敬語／仮名　遣いほか』明治書院

第三章　郷土の「言語文化」に関する教材開発と実践的展開

第一節　郷土教材の開発と教材化論——連作「二上万葉」の場合——

中学校の古典指導のねらいは、周知のごとく「古典に対する関心を深め、古文と漢文を理解する基礎を養うようにすること」（学習指導要領第3の3の（2））にある。その具体的な指導方法を、次のように考えている。

(1) 音読・朗読・暗誦等、声に出して読む機会を多くする。
(2) 文語調の文章や、作者のものの見方・感じ方・考え方に対する意見文等、書く活動を多くする。
(3) 地元との関連教材の発掘に努める。
(4) 視聴覚教材を積極的に利用する。
(5) 教科書以外の補充教材を多くする。

本稿では、地元の万葉歌を取りあげて教材化し、指導を試みた(3)について詳述することにする。

一　教材

大津皇子・大伯皇女の悲しい物語が秘められた有名な二上山は、本校から指呼の間に臨まれる。二上山頂上には大津皇子の墳墓がいまも存在し、大和を訪れる人々は、必ずこの二上山を最初に問うといわれる有名な山である。そこで、郷土の古典教材としてこの大津皇子・大伯皇女の万葉歌を取りあげ、「二上（ふたかみ）万葉」と題した二九ページの冊子を自作し、教材化した。

教材として取りあげた万葉歌は、次の一〇首である。

〔A〕　大津皇子、石川郎女に贈る御歌一首

・あしひきの山のしづくに妹待つとわれ立ち濡れぬ山のしづくに（巻二―一〇七）

石川郎女、和へ奉る歌一首

・吾を待つと君が濡れけむあしひきの山のしづくに成らましものを（巻二―一〇八）

大津皇子、竊かに石川郎女に婚ふ時、津守連通その事を占へ露はすに皇子の作りましし御歌一首未だ詳らかならず

・大船の津守の占に告らむとはまさしに知りてわが二人宿し（巻二―一〇九）

〔B〕　大津皇子、竊かに伊勢の神宮に下りて上り来ましし時の大伯皇女の御作歌二首

・わが背子を大和へ遣るとさ夜深けて暁露にわが立ち濡れし（巻二―一〇五）

・二人行けど行き過ぎ難き秋山をいかにか君が独り越ゆらむ（巻二―一〇六）

〔C〕　大津皇子、被死らしめらゆる時、磐余の池の陂にして涕を流して作りましし御歌一首

・ももづたふ磐余の池に鳴く鴨を今日のみ見てや雲隠りなむ（巻三―四一六）

〔D〕　大津皇子、薨りましし後、大来皇女伊勢の斎宮より京に上る時の御作歌二首

・神風の伊勢の国にもあらましをなにしか来けむ君もあらなくに（巻二―一六三）
・見まく欲りわがする君もあらなくになにしか来けむ馬疲るるに（巻二―一六四）
〔E〕　大津皇子の屍を葛城の二上山に移し葬る時、大来皇女の哀しび傷む御作歌二首
・うつそみの人にあるわれや明日よりは二上山を弟世とわが見む（巻二―一六五）
・磯のうへに生ふる馬酔木を手折らめど見すべき君がありと言はなくに（巻二―一〇六）

これら一〇首を、〔A〕～〔E〕の五グループに分け、教材集では、各グループが見開きにおさまるように配列した（右ページには歌を、左ページには鑑賞文を書くスペースを取っている）。また、〔A〕～〔E〕には、それぞれその教材で理解・鑑賞させたいことがら（ねらい）を定め、それに応じて「学習のてびき」を添えた。「学習の手引き」は次のとおりである。

〔A〕　特に「学習の手引き」は付さなかった。この〔A〕の三首は、大津皇子の人がらを知るために提示したものであり、大津皇子・大伯皇女の「二上万葉」とは直接関係がないと判断したからである。そのかわりに、犬養孝氏の次の文章を引用、掲載した。

『日本書紀』と、当時の漢詩集『懐風藻』とに大津皇子をたいへんほめて書いてあります。大ざっぱに言ってみますと、大津皇子は男性的で、頭が良くて、言葉がハキハキしていて、文が上手で、武が上手、よく剣をうち、漢詩がさかんになったのは大津皇子から起こるといい、物にこだわらず、豪放磊落で、人望が高いというのです。本当にすごい人ですね。大津皇子はこういう青年です。そしてこの青年の前に石川郎女という女性が現れて、二人は熱烈な恋愛をして、その間にすばらしいいい歌を残しています。

（犬養孝『万葉の人びと』一九八一　新潮社　一一〇ページ）

なお、解釈上の語句抵抗を除くため、一〇七、一〇八の二歌については部分的に傍注を、一〇八については全訳の傍注を付した。

［B］この二首は、伊勢にいる姉・大伯皇女に会いにきた弟・大津皇子が大和へ帰るとき、たたずんで見送る姉のやるせない気持ちをうたったものである。そこで、姉の気持ちを理解させるため、次の「学習の手引き」を付した。

まず一〇五には、

▽「遣る」ということばには、姉のどんな気持ちがこめられていると考えられるか。「行く」や「帰る」などのことばと比べながら、ちがう点を考えてみよう。

▽弟によせる姉の思いを、姉になったつもりで、姉の心の中のひとりごととして書いてみよう。

を、また、一〇六には

▽「独り越ゆらむ」にこめられた姉の気持ちを想像してみよう。（お伴の者も、めだたぬ程度にいたはずではあるが……）

▽弟を思う姉の気持ちを、姉になったつもりで、姉の心の中のひとりごととして書いてみよう。

の「学習の手引き」を付した。ともに、歌中の語句に注意しながら、姉の気持ちを独白体で書くという試みであ

る。なお、一〇五・一〇六には部分的に傍注をつけた。（この二首については、後に実際の授業例を詳述する）

〔C〕大津皇子が死に臨み、お作りになった辞世の歌である。この歌の場合、同時に作られた「懐風藻」の漢詩とともに読んで、その情景を想像しながら、皇子の心に迫るのが有効であると考えた。そこで、次のような「学習の手引き」を付した。

▽情景想像のためのメモ・ひらめきを書いてみよう。

▽メモ・ひらめきをもとにして、この歌の情景描写を中心とした鑑賞文を書いてみよう。

〔B〕が、姉の独白体を用いて気持ちを書いたのに対し、一転して、情景描写を中心として皇子の心へ迫らせようとしたのである。

なお、資料として、懐風藻に載せられた皇子の漢詩およびその歌碑の拓本写真（奈良県桜井市吉備池畔にたつもの。歌人・中河幹子書。「奈良新聞」昭和五七・六・三〇付掲載）、磐余の池の地理的説明等を掲載した。歌には、部分的に傍注を加えた。

〔D〕この二首は、大津皇子が死んだあと、大伯皇女が大和に帰ってきて、弟のいないむなしさを歌ったものである。二首に共通している語句二組を手がかりに姉の気持ちをとらえさせようとして、次の「学習の手引き」を付した。

▽右の二首には、「なにしか来けむ」「君もあらなくに」がくり返されている。このことは、姉のどんな気持ちを表すのに、どのように効果的か。くり返されたことばの意味にも注意して、簡単に説明してみよう

（二首を合わせて考えればよい）。

なお、二首には、部分的に傍注を加えた。

〔E〕この二首は、大津皇子の遺体が二上山に葬られて後、大伯皇女が弟をしのんで作ったものである。いままでに学習してきたいろいろな鑑賞文の書き方の応用という観点から、二首とも次のような「学習の手引き」を付した。

▽作者の行動・心情、うたわれている景色、ことばづかいなどに注意して、鑑賞文を書いてみよう。

参考までに「二上山」と「馬酔木の花」の写真を掲載した。なお、二首には、部分的に傍注を加えた。

二　教材集の構成

今回の実践で使用した自主教材集「二上《ふたかみ》万葉」は、二九ページのものである。教材だけでなく、資料や写真を豊富に載せ、生徒が少しでも万葉の世界に興味を起こすようくふうしたつもりである。次に、主な内容を示す。


一ページ……学習計画・復習（古文の特色）

二ページ……大原富枝『万葉のうた』（一九八〇　童心社）より一部引用。

三～四ページ……関係系図・関係歴史年表。

五～六ページ……巻二―一〇七、一〇八、一〇九と犬養孝『万葉の人びと』（一九八一　新潮社）より一部引用。

七～八ページ……巻二―一〇五、一〇六と鑑賞文用余白。

九～一〇ページ……巻三―四一六と鑑賞文用余白。資料として漢詩・歌碑写真等を掲載。（前述）
一一～一二ページ……巻二―一六三、一六四と鑑賞文用余白。
一三～一四ページ……巻二―一六五、一六六と鑑賞文用余白。
一五～一六ページ……万葉歌をもとに、その情景・心情を詩につくりかえた例（中学生のもの）。（『言語生活』一九八二年五月号より引用）
一七ペ……一五～一六ページを参考に、「二上万葉」で学習した歌を詩につくりかえるための余白。
一八～二〇ページ……朝日新聞掲載「万葉ロマン」から第一回（一九八二・九・三付け）・第三回（一九八二・九・一七付け）・第四回（一九八二・九・二四付け）を転載。（猪股静弥氏執筆）
二一～二四ページ……田辺聖子『文車日記―私の古典教歩』から「あね・おとうと」の項を引用。
二五～二六ページ……奈良新聞掲載「大和の歌碑」から、第一〇九回（一九八二・六・三〇付け）・第一二一回（一九八二・九・二二付け）を転載。（谷村能男氏執筆）
二七ページ……学習感想文のための余白。
二八ページ……本校図書室蔵の万葉集関係書物一覧表。
二九ページ……奥付。

三　教材設定の意図・生徒の実態

中学校の古典指導のねらいは前述したとおりであって、何よりも「古典に親しませる」ことを主眼としたい。そのための一方策として、地元に関連のある教材を発掘し、教材化することは。すでに久しく言われてきたことであり、全国各地の実践例も多い。万葉のふるさと・奈良、しかも、二上山を目前にする本校で、大津皇子・大伯皇女の歌を中三の万葉集学習に用いることは、古典に親しませるという観点から充分意義のあることと思われる。

ところで、地元関連教材を取りあげるといっても、そこにはおのずから制約があって当然である。すなわち、中学生にぜひ読ませたい古典において、それを行うことが必要であろう。三年生の教科書に多く採られている万葉集、この大津皇子と大伯皇女の歌は、姉弟を思いやる心の充分表出されたものとして、中学生の心に迫っていくものであり、中学生にぜひ読ませたい古典である。

生徒は、二上山に大津皇子の墓があることさえ知らず、ましてや、皇子と皇女の悲しい物語や万葉歌など知る者は皆無である。それだけに、古典への興味・関心の高まりが期待できる。

なお、以前にも巻二―一六五、一六六を一時間の授業で取りあげて実践したことがあったが、きわめて平板な扱いに終わってしまった。そこで、今回の実践では、前述の一〇首を悲劇的な物語としてダイナミックに扱い、歴史の流れの中での万葉集として学習させようと考えた。そのため、後述のとおり、七時間を要したのである。

四　指導の実際

教材集七〜八ページの二首（巻二―一〇五、一〇六）の指導の実際を次に示す。

1　学習指導案

(1)　単元　古典の世界――古典の心に触れる――

(2)　教材　自主教材「二上万葉」

(3)　教材設定の意図・生徒の実態

中学校の古典指導は、「古典に親しませる」ことを主眼としたい。そのための具体的方法として、①音読・朗読・暗誦等、声に出して読む機会を多くする、②文語調の文章や、作者のものの見方・感じ方・考え方に対する意見文等、書く活動を多くする、③地元との関連教材の発掘に努める、④視聴覚教材を積極的に利用する、⑤教科書以外の補充教材を多くする、などが考えられる。本教材は、③の実践の一試みである。

地元関連教材を取り上げるといっても、何でもよいというわけではなく、中学生にぜひ読ませたい古典において、それを行う点に意味がある。三年生の教科書に多く採られる万葉集、本校から指呼の間にある二上山。だが、生徒は、大津皇子の悲劇も万葉歌も知る者は皆無といってよく、古典への興味・関心の高まりが期待される。

(4)　指導目標

①　古典作品を理解し、鑑賞し、まとまった感想を持てるようにさせること。
②　文化遺産としての古典に親しむ態度を養うこと。
③　古典を読んで、ものの見方・感じ方・考え方を深めさせること。
④　古典の読解に必要な辞書・図表などが利用できるようにさせること。
⑤　古文の読解に必要な文語のきまり（かなづかいや文語文法など）を理解させること。
⑥　すぐれた古典作品に興味を持たせること。

(5)　学習目標

①　日本の古い詩歌や随筆・紀行文に触れて、古人の自然や人生についての見方・感じ方・考え方を理解しよう。また、その理解したことや感じたことを適切に表現しよう。
②　古典作品の理解・鑑賞のしかたを学び取ろう。
③　古文に慣れ、親しみ、その理解のための着眼点や調べ方を身につけよう。
④　古典作品を進んで読み味わおう。

(6)　指導計画　（自主教材「二上万葉」のみ示す。全七時間）

第一時 ・全歌の音読練習（かなづかいの修正・語句の切れ続きの確かめ）をさせる。
・時代背景や事件のあらましをつかませる。
第二時 ・大津皇子・石川郎女の相聞を理解し、味わわせる。（大津皇子の人物像の理解）
第三時 ・大伯皇女の歌二首を理解し、味わわせる。（弟を大和へ遣るときの姉の心情の理解）……本時
第四時 ・大津皇子の辞世の歌一首を理解し、味わわせる。（死に臨む大津皇子の心情の理解）
第五・六時 ・大伯皇女の歌四首を理解し、味わわせる。（死んでしまった弟を思う姉の心情の理解）
第七時 ・学習の感想を書かせる。好きな歌を二～三首暗誦させ、また、そのうちの一首を詩につくりかえさせる。

2 本時案（「二上万葉」七時間のうち第三時）

(1) 目標行動

① 時代背景や歌の成立事情を理解したうえで、大伯皇女の歌二首（巻二―一〇五、一〇六）に表現された心情を、独白体で書くことができる。

達成基準＝一〇五では、弟の行く末を案じ、弟を大和へは遣りたくない姉の悲痛な気持ちが、一〇六では、弟のつらく寂しい思いを察し、弟を案じいたわる気持ちが書けていればよい。

② 作者の思いが表現されるようにくふうして、二首が暗誦できる。

(2) 下位目標行動

① 傍注や古語辞典を必要に応じて用い、二首が口語訳できる。

達成基準＝一〇五「わが弟を大和へ遣ろう（帰そう）として（たたずんで見送っていると）、夜はふけて、明け方の露に私は濡れてしまったなあ。」

一〇六「二人で行っても（ものさびしく）行きすぎがたい秋の山を、どのようにしてあなた（弟）は一人で越えているであろう。」

② 次の点に注意して、作者の心情を書くことができる。

一〇五＝「遣る」という表現に「大和へ帰したくない」「できるものならひきとどめておきたいが、思い切って行かせた」という姉の気持ちが表れている。

一〇六＝「二人行けど行き過ぎ難き」や「いかにか」「独り越ゆらむ」などの表現に、弟のつらく寂しい思いを察し、弟を案じいたわる姉の気持ちが表れている。

③ 二首が音読できる。

(3) 前提条件

① 古語辞典がひける。

② 歴史的かなづかいが現代かなづかいになおせる。（題詞の部分）

(4) 指導の流れ

① プロセス・フローチャート（次ページ参照）

② 本時指導上の留意点

この二首では、皇子が大和へ戻るときにじっとたたずんで見送る皇女の悲痛な気持ち、弟を案じいたわる気持ちを理解・鑑賞させることが指導目標となる。そのために、一〇五では「遣る」、一〇六では「二人行けど行き過ぎ難き」「いかにか」「独り越ゆらむ」などの表現に注目させ、姉の心情を書かせたい。心情を書かせるにはいろいろな方法が考えられるが、本時は皇女の独白体という形式を用いた。客観的に皇女の心情を説明するよりも、自分が皇女になったつもりで心情を吐露する形式のほうが、学習のまだあまり進んでいない段階（全七時の

4　プロセス・フローチャート

時間	指導内容および指導上の留意点	フローチャート	教具・教育機器	備考
(分)		START		
5	○前時の学習内容を報告させる。 ・報告を聴く態度に留意（前時学習内容の想起・本時へのつながりなど）。	報　告		
10	○本時学習の歌・学習目標を確認する。 ○音読の練習をさせて、歌に読み慣れさせる。 ・本時の最後のくふうした音読と比較のため、範読はしない。読めない生徒については、机間巡視し、個人指導。（なお、読みの抵抗は特に予想されない）	確　認 個人練習 指名読 補説	模造紙 短冊黒板	歌は模造紙に墨書。学習目標は短冊黒板に記入。
10	○口語訳の疑問点を解決させ、歌の意味を理解させる。口語訳の抵抗は次のとおり予想。 ・105…「立ち濡れし」の「立ち」は、「たたずんで見送っていると」にあたる。 ・106…「君」は「あなた」にあたる。 ・口答後、意味を考えながら音読させてもよい。	疑問点の解決 口答 補説	必要に応じ 古語辞典	
20	○姉の心情を独白体で書かせる。 ・105では、「遣る」という表現にこめられた心情に注意させる。（「行く」「帰る」などの表現との比較） ・106では、「二人行けど行き過ぎ難き」「いかにか」「独り越ゆらむ」などという表現にこめられた心情に注意させる。	書　く 発　表 補説	TPアップ OHP	○2グループ ○OHPでは、それぞれ1名ずつ。他2～3名は口答。 ○OHP発表者に朗読させてもよい。 ○時間が許せば意見交換もよい。
5	○歌の意味や心情を考え、味わいながら朗読や暗誦などをさせる。 ・各自のくふう（声の大小・高低・スピードなど）を説明させる。	朗読・暗誦 次時予告 END		

三時め）での鑑賞文として書きやすいと考えたからである。なお、書きあぐねている生徒に対しては、机間指導時に書き出しの例をヒントとして与えるようにした。

以上述べたことが本時の主目標であるから、古語の解釈などは、ふりがなや傍注をつけるなどして、できるだけ抵抗を感じさせないようにした。教材集では次のような傍注が付してある。

大津皇子、窃かに伊勢の神宮に下りて上り来ましし時の大伯皇女の御作歌二首

（飛鳥の都へ）　上っておいでになった

わが背子《せこ》を大和へ遣るとさ夜深けて暁露にわが立ち濡れし（巻二―一〇五）

弟　〜とて、〜として　明け方　濡れてしまったなあ。

（たたずんで見送っていると）

二人行けど行き過ぎ難《がた》き秋山をいかにか君が独《ひと》り越ゆらむ（巻二―一〇六）

どのようにして　〜であろう。（現在の推量）

3　本時の分析・考察

①　教材解釈の観点から

一〇五は、「遣る」ということばに注目させて皇女の気持ちをとらえることを試みたのであるが、次の点に注目してもよかったのではないか。すなわち、「さ夜深けて」から「暁露にわが立ち濡れし」に至るまでの時間的経過である。夜がふけて明け方になるまで、しかも露に濡れるほどたたずんでいた皇女の心情は、皇子のことを

案じる思いでいっぱいであったことが想像される。「遣る」ということばを用いたことと合わせ、考えさせるべき点であった。

一〇六は、「独り越ゆらむ」に注目させたわけであるが、それに対応する「二人」が「私（姉）と二人」であるという点をもっと強調してもよかったと思われる。つまり「私と二人で行っても行きにくい秋山を、おまえ一人で……」という気持ちである。なお、この部分で、「一人」と書かずに「独り」と書いてあるのは、皇子の「孤独な心」を表すのに効果的であるという指摘が生徒からあったのは、指導者としてたいへんうれしい反応であった。

また、現代のように発達した交通を用いても伊勢から大和へは遠いのであるから、この時代における伊勢・大和間の遠さを想像させ、皇女の心情に迫らせるのもよいと思われる。

②　授業形態の観点から

本時では、二首とも文字・かなづかい・語句等の言語的抵抗を除いたあと、クラスを半分に分け、一〇五、一〇六の独白体を書かせてみた。その結果、独白体で書く作業に意外と時間を取り、あとの意見交換や朗読などに充分時間をかけることができなかった。一〇五、一〇六ともによく似た皇女の心情であるから、例えば、一〇五をくわしく時間をかけて学習し、それを応用して一〇六を学習するというような、軽重をつけた取り扱いにすれば、時間的には、もっと余裕が持てたのではないかと考える。

③　皇女の心情を独白体で書かせることについて

心情を書かせるにはいろいろな方法があるが、今回用いた独白体で書かせる方法は、ほぼうまくいったように思われる。特に、最初と最後にカギカッコ（「　」）をつけさせることで会話体で書くことが徹底され、生徒は、皇女に感情移入をして書き進めている。

書きあぐねている生徒には、主に書き出しの書けない者が多く、指導者が書き出しの例やヒントを示すことで解決した。

しかし、次のような問題もある。つまり、皇女の心情を観念的には書き表せても、具体的な事例をもって書き表すことができない点である。歌自身がきわめて具体的であるだけに、歌に用いられたことばを大事にしない傾向は充分注意する必要がある。例えば、一〇五では「暁露にわが立ち濡れし」という事実が皇女のどんな心情を表しているかである。「夜がふけて明け方の露に濡れるようになるまで、私はあなたのことを案じ、たたずんでいたのよ」のような具体的な事実に現れた皇女の心情を、歌の中のことばを生かして書かせるよう留意する必要があると思われた。「学習の手引き」にも問題があった。単に「悲しいわ」「寂しいわ」だけではいけないのである。

次に、生徒作品をいくつか示しておく。

〈一〇五の場合〉

○「皇子よ、飛鳥へなど行かないでおくれ。できるものならば、わたしのもとを離れないでおくれ。でも、飛鳥へ遣らねば……しかたがないのね。あなたを大和へ遣るとすっかり夜もふけて、露がきれいに光っているわ。ああ、わたしも暁の露と涙とですっかり濡れてしまったわ。」

○「いっそのこと、弟を引きとめてしまえばよかった……。行ってほしくはない。殺されに行くようなものなのに、なぜ、わたしはとめなかったのだろう。妙に暁の露が心にしみ入って寒さだけが感じられる。今となっては、弟が戻ってきてくれることだけを願うほか、何もできない。ああ、どうぞ、無事でありますように……。」

〈一〇六の場合〉

○「二人行けど行き過ぎ難き秋山を……そう、姉弟二人の力を合わせても、のりこえることが困難なあのうわさ、それをあなたは一人でのりきろうというのですか。秋山のように冷ややかなあの人々の声をたった独りで……。できることなら、私も大和へ行き、あなたの無実を叫びたい。それさえかなわぬいま、あなたは、どのような思いで大和へ向かっているのでしょうか。」
○「二人で行ってもさびしい秋山を、わたしの弟はどのような思いで一歩一歩歩んでいるのであろうか。わたしも後を追ってはげましてあげたい。でも、今は行けない。弟よ、わたしはいつもあなたのそばにいます。元気を出して……。」

五　課題

古典の学習というと、固苦しくて古くさいもの、難しいものと感じている生徒にとって、今回の試みは、充分とまではいかないが、かなり新鮮で、彼らの心をゆさぶるものがあったのではないかと自負している。

まず、何よりも、朝な夕なながめる二上山に、こんな悲しい物語が秘められていることは新鮮な驚きであったようだ。いま、自分が住んでいるところ、自分が歩いているところを大津皇子や大伯皇女が歩いたかもしれないという思いは、千数百年の歴史の流れをとびこえて彼らを万葉の世界へ導く。二上山を見る目が変わったという生徒もあらわれ、郷土と古典とのつながりを具体的に認識したことは、郷土の古典教材を取りあげたことの成果があったといってよいであろう。

また、大津皇子・大伯皇女への親しさが増すにつれ、古人の心も現代のわたしたちと何らの変わりのないものであるという思いをもつようになって、古典に近づけさせることができたと思う。特に、大津皇子・石川郎女の相聞歌の大胆さ、弟を思い案じる姉の心情、また、死に臨む大津皇子の悲痛な気持ちは、いまのわたしたちと少しも変わらないものであり、むしろ、その感情を具体的なものに託してうたいあげる万葉人の心の豊かさ、観察の鋭さに新鮮な驚きを感じたようであった。これも、郷土にかかわる歌であったから、よけいにその感を強くしたのであろう。心のひからびた時代だといわれる現代の中学生であるが、けっしてそんなことはない。彼らは、万葉人の心を充分感じ取れるすばらしい感受性をもっているのである。今回の実践で取りあげた教材は、中学生にとって価値のある（指導者側からいえば「読ませたい」）教材であろうと確信する。

以上のことを、生徒の学習感想文の例で見てみよう。

○　二上山のふもとに住んでいるだけに、今度の学習はとても興味がもてました。今までは、古典はむずかしいものと思いこんでいたけれど、今はすごく身近に感じます。わたしたちのほんの近くのまわりにもいっぱい古典があったんだなあとつくづく感じました。（後略）

○　ぼくは、初め「万葉集」なんていうと、なんとなくいやな感じをもっていました。でも、この「二上万葉」を学習していくうちに、ぼくたちの近くでもこんなロマンチックな、また、とても悲しいできごとが起きているのかと思うと楽しくなってきます。また、ぼくもこういう体験をしてみたいなあ、と思いました。

こういうふうな万葉ならば、理解・鑑賞していくと楽しいのだけれど、ちょっとややこしいのはまいります。でも、こういう楽しい万葉ならば、もっといろいろなものを学習したいと思います。できたら、身近な万葉がもっとあればいいなあと思いました。こういう万葉は、今後ずっと残していくべきだと思いました。

○　わたしは二上山のすぐ近くに住んでいて。大津皇子が葬られているということだけは知っていたけれども、この「二上万葉」を読むまで、くわしいことは全然といっていいほど知りませんでしたし、知ろうともしませんでした。でも、「二上万葉」を鑑賞してからは、二上山のことについていろいろと知れたのはもちろんのこと、二上山に対する見方まで何となく変わってきたのです。今までは、二上山があまり近くにありすぎて、ただの山だと思っていたけれど、鑑賞してからは、二上山の近くに住んでいる自分が、なんとなく

うれしくなってくるのです。（後略）

○　この教材で学習して、ほんの目の前にあって毎日なにげなくながめているだけの二上山にこんな有名なできごとがあったとは知りませんでした。二上山にはだれかの墓があるということは知っていましたが、これを学習してからは、自分が二上山を見る見方が変わったように思います。そして、自分が今住んでいるところに誇りを感じます。（後略）

○　「二上万葉」、とっても役にたちました。こういった古典や小説みたいにかたいものはきらいで見向きもしなかったけれど、この「二上万葉」を勉強して、そういう考えはどこかにいってしまいました。昔の人は、今の人のような考えや感じ方をしているとは思っていなかったけれど、それはちがいました。それぞれの時代を精いっぱい生きています。からだからあふれだすほどの愛情を注ぎ、時には永遠の別れを惜しみ、それぞれの人生をそれぞれに生きていたことがわかりました。初めてお目にかかった歌を暗誦して、口語訳して、自分の考えやつぶやきを書く。それだけでその時代の主役になったようです。二上万葉を学んでから万葉集を読みたくなったのは、その時代の生き方に引かれていっているからです。（後略）

○　わたしがいちばん好きなのは、「吾を待つと君が濡れけむあしひきの山のしづくに成らましものを」という歌だ。理由は、ほんとうに素直な恋心を歌っているからだ。こういうことはだれもがきっと思っていることだと思う。少しでも好きな人の近くにいたい。できるならば触れてみたいと。でも、だれ一人として口には出さないだろう。もしそうしたならば、それは不自然で非常識なこととしてみられるだろう。でも、それを自然にみせ、素直にあらわすことのできるのが万葉集だと思う。わたしはそう思っている。だから、わたしは万葉集が好きだ。

○　奈良時代の人々は、今の人々より人に対する愛情・思いやりが強いと思う。今の人々は素直な心が欠けていると思う。奈良時代の人々の素直な純情な心が歌われている和歌を学んできて、とても感動した。奈良時代の人々の考えていることは、今の世の人々とあまり変わりはないと思うが、考えていることを思いこむ気持ちは、奈良時代の人々がずっと強いと思った。自分が住んでいる奈良県を舞台として歌われているので、特に興味がわいた。（後略）

なお、指導計画の第七時に行った「好きな一首を詩につくりかえさせる（現代風にアレンジして作詞させる）」指導について少し述べておく。

この指導も、生徒ができるだけ古典に親しめるようにとの意図から試みたものである。すでに、プロの作詞家、作曲家が試みられ、レコードも出ている。また、それらを授業中（「二上万葉」以外の万葉集の学習で）に聴かせていたこともあって、生徒は意欲的に取り組んだようである。

条件として、もとの歌のこころ（情景・心情・雰囲気など）を失わないように、しかも二〜三番の歌詞を作るときは、音数・リズムなども一番とよく似たものになるようにと指示した。かなり難しい作業かと予想していたが、完成作品には力作が多く、なかにはフォーク調の曲をつける生徒まであらわれ、好評であった。次に、その作品例を示す。

○ ああ　どうしても行ってしまうのね
でも一人でだいじょうぶなの
秋は　もう深いのよ
さむいでしょうね　さびしいでしょうね
でもたえるのよ
たえなくてはいけないのよ　そう今は……

ああ　わたしはついていけないのね
でも一人でだいじょうぶなの
冬は　もうそこなのよ
さむいわね　さびしいのよ
でもたえるわね
たえなくてはいけないのね　そう今は……

さむいでしょう　さびしいでしょう
でもたえるのよ　幸せになれるまで
たえなくてはいけないのよ　そう　その日が来るまで……
　（二人行けど行き過ぎ難き秋山をいかにか君が独り越ゆらむ　巻二―一〇六）

○
まっすぐのびた道の上　わたしの姿は見えている
鴨が池で鳴いている　夕日が西にゆれている
しんみりとした冷たい空気が　わたしの命を消していく

まっ赤にそまる夕日の中　わたしの姿は見えている
この世はわたしを見はなした　草木がわたしを見つめてる
暗くて見えない明日の日が　わたしの命を消していく

ピタリととまった風の中　わたしの姿は見えている
今日が人生最後の日　わたしは一人で去っていく
静かに聞こえる鼓の音が　わたしの命を消していく
（ももづたふ磐余の池に鳴く鴨を今日のみ見てや雲隠りなむ　巻三—四一六）

○

なぜ　わたし来てしまったの
あなたは生きてもいないのに
こんなにわたしはあなたが恋しい
来ると悲しくなるだけなのに

どうして　あなた死んでしまったの
わたしは大和へ帰ってきたのに
伊勢の国にいればよかったものを
来ると悲しくなるだけなのに

あなたは　もう死んでしまったの
わたしはこれからどうしたらいいの
あなたを思ってここへ来たけれど
悲しさだけが残ってしまう
（神風の伊勢の国にもあらましをなにしか来けむ君もあらなくに　巻二—一六三）

○

この世の人であるわたし　あなたの顔が目にうかぶ
あの二上にあなたがいると　信じて見つめるわたしは一人
ああ弟よ　わが弟よ

この世の人であるわたし　わたしはあなたが哀しくて
あの二上の山の上　わたしも行きたいあなたのそばに
ああ弟よ　わが弟よ

（うつそみの人にあるわれや明日よりは二上山を弟世とわが見む　巻二―一六五）

○

あなたの好きなあの花を　わたしは折ろうとするけれど
見せたいあなたはもういない
幼いころ　あなたとともに見た馬酔木
もう一度　せめてもう一度
あなたとともに見たいのに

磯の上に生えているあの花を　あなたは楽しげにながめていたけれど
わたしは悲しくながめる
幼いころ　あなたとともに見た馬酔木
もう一度　せめてもう一度
あなたの笑顔を見たいのに

（磯のうへに生ふる馬酔木を手折らめど見すべき君がありと言はなくに　巻二―一六〇）

さて、次に今回の実践において残された課題について二点簡単に述べておく。

一つめは、「学習の手引き」の作り方である。この「学習の手引き」は今回の実践のような自主教材の場合、生徒の学習をかなり方向づけするものであるが、作るのにたいへん骨が折れる。今回の場合は、学習の深化を考えて、鑑賞文の書き方も易から難へ配列したつもりであったが、指導者の教材解釈の甘さもあって、充分な手引きを付けることができなかった。また、本来は、生徒の自由な鑑賞を助けるべき手びきが、逆に生徒の思考をせまくしてしまっている場面もあって、手引き作成の難しさを痛感した。指導者側の充分な教材解釈と、それを生かし生徒の鑑賞力を高めるための手引きの作成は、今後の大きな課題である。

二つめは、他の郷土教材の発掘である。「二上万葉」では、万葉集についての興味は換起できたように思われる。これを機会に、他の古典作品にも触れてくれれば、たいへんよろこばしいことであるが、その手助けとして、他の郷土教材をさらに発掘したいと思う。芭蕉などは、今度ぜひ開発したい教材である。できるならば、「郷土の古典文学」とでもいうような単元でも組めれば、おもしろいであろう。身近にすばらしい教材があるのを見のがす手はない。今後の発展課題としたい。

最後に、生徒の学習感想文の中に、次の一節があった。この子どもたちの思いを励みに、さらに精進したいものだと思う。

・　この教材集を作る資料集めなどがたいへんだったろうな、とつくづく思います。

教材集の一部

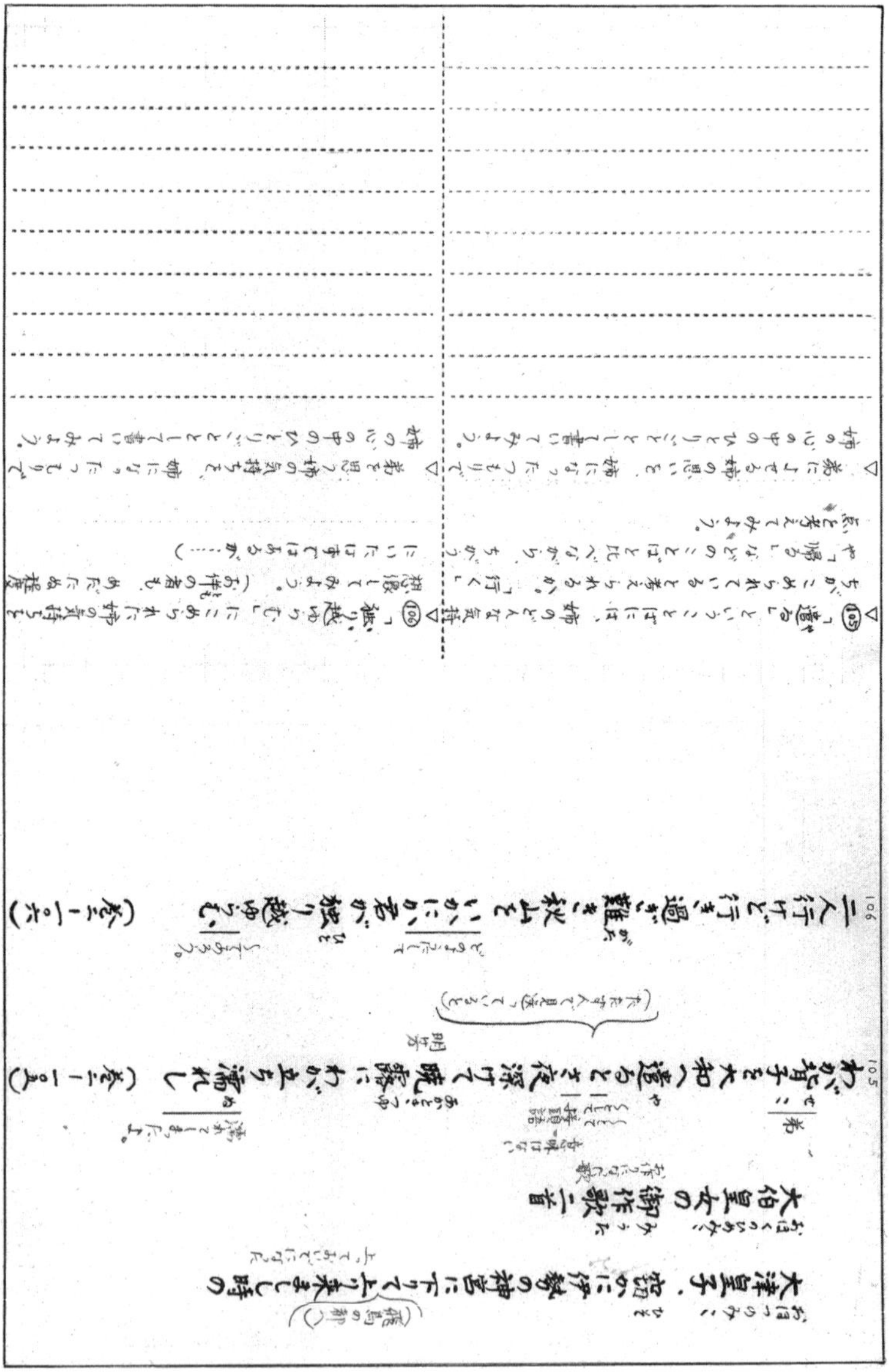
大津皇子《おほつのみこ》、竊《ひそ》かに伊勢の神宮に下りて上り来《き》まし時の
大伯皇女《おほくのひめみこ》の御作歌《みうたふたつ》二首

105 わが背子《せこ》を大和へ遣《や》るとさ夜深けて暁露《あかときつゆ》にわが立ち濡れし　（巻二―一〇五）

106 二人行けど行き過ぎ難《がた》き秋山をいかにか君が独《ひと》り越ゆらむ　（巻二―一〇六）

▽105「遣る」ということばには、姉のどんな気持ちがこめられていると考えられるか。「行く」や「帰る」などのことばと比べながら、ちがう点を考えてみよう。

▽106「独り越ゆらむ」にこめられた姉の気持ちを想像してみよう。（お供の者も、めだたぬ程度にいたはずではあるが……）

▽弟によせる姉の思いを、姉になったつもりで姉の心の中のひとりごととして書いてみよう。

▽弟を思う姉の気持ちを、姉になったつもりで姉の心の中のひとりごととして書いてみよう。

第二節　郷土教材の開発と授業論――「越中万葉」の場合――

一　本稿の目的――古典指導における「地域教材」の意義――

本稿は、中学校古典指導における「万葉集」の指導にあたり、地域教材として開発した大伴家持歌について、実験授業を通して教材化の可能性を探ることを目的としている。

中学校古典指導について、現行中学校学習指導要領では、

古典の指導については、古典としての古文や漢文を理解する基礎を養い古典に親しむ態度を育てるとともに、我が国の文化や伝統について関心を深めるようにすること。（第3　指導計画の作成と内容の取扱い1(4)のイ）

とある。特に「古典に親しむ態度」について中学校学習指導要領では、

○古典については、基本的なものに適宜触れさせ、古典に対する関心をもたせるように留意する。（昭和三三年）

○古典の指導については、古典に対する関心を深め、古典として価値のある古文と漢文を理解する基礎を養うようにすること。（昭和四四年）

○古典の指導については、古典に対する関心を深め、古文と漢文を理解する基礎を養うようにすること。（昭和五二年）
○古典の指導については、古典としての古文や漢文を理解する基礎を養い古典に親しむ態度を育てるとともに、我が国の文化や伝統について関心を深めるようにすること。（平成元年）
○古典の指導については，古典としての古文や漢文を理解する基礎を養い古典に親しむ態度を育てるとともに、我が国の文化や伝統について関心を深めるようにすること。（平成一〇年）

というふうに、「関心」から「親しむ」へと変遷している（傍線著者）。この違いについて、規工川佑輔氏は、

関心が価値ある対象に接近する構えを表しているのに対し、親しむとは文字通り、いつも接してなじむことである。

と述べておられる。(1)

さらに、学習過程の問題として、

興味・関心→親しみの深まりと考えてよいであろう。古典に親しみを持つに至れば古典学習は一応習熟したと考えてよい。親しむまでには、興味・関心の前段階が必要である。親しみは興味・関心を通してより深められる。

と述べておられる。(2)

すなわち「いつも接してなじむ」ことが、「親しみの深まり」をもたらすということになる。

このことを実現するための指導法として、筆者は、次のような五つの方策を考えている。

(1) 音読・朗読・暗誦等、声に出して読む機会を多くする。
(2) 文語調の文章や、作者のものの見方・感じ方・考え方に対する意見文等、書く活動を多くする。
(3) 地元との関連教材の発掘に努める。
(4) 視聴覚教材を積極的に利用する。
(5) 教科書以外の補充教材を多くする。

また、規工川佑輔氏も、次の四つを示しておられる。(3)（傍線著者）

(1) 基礎的な読解力の習得による指導法
(2) 古典的な雰囲気の世界に誘い入れる指導法
(3) 古典との対話を主体とする指導法
(4) 古典に関するものや古典を読書活動に広げる指導法

特に(2)については、

郷土の古典にゆかりのある地を巡ったり、郷土に関連のある古典あるいは民話、民謡などを利用したりして方法はいくらでもある。

と、古典指導における「地域教材」の有効性や必要性を強調しておられる。

二　中学校教科書における教材「万葉集」の実相と地域教材の実践との関係

現行（平成一八年度版）中学校国語教科書五社の「万葉集」教材は次のとおりである。末尾の○数字は採用教科書数である。なお、同じ歌でも教科書によって表記の異なる場合が見られたので、ここでは『萬葉集1〜4』（新日本古典文学大系1〜4）（一九九九〜二〇〇三　岩波書店）の表記によった。

1　持統天皇
・春過ぎて夏来たるらし白たへの衣干したり天の香具山（巻一―二八）④

2　柿本人麻呂
・東の野にかぎろひの立つ見えてかへり見すれば月かたぶきぬ（巻一―四八）③
・近江の海夕波千鳥汝が鳴けば心もしのに古思ほゆ（巻三―二六六）①

3　山部赤人
・天地の分れし時ゆ　神さびて高く貴き　駿河なる富士の高嶺を　天の原振り放け見れば　渡る日の影も隠らひ　照る月の光も見えず　白雲もい行きはばかり　時じくそ雪は降りける　語り継ぎ言ひ継ぎ行かむ　富士の高嶺は（巻三―三一七）③
・田児の浦ゆうち出でて見ればま白にそ富士の高嶺に雪は降りける（巻三―三一八）③
・若の浦に潮満ち来れば潟をなみ葦辺をさして鶴鳴き渡る（巻六―九一九）①

4　山上憶良
・銀も金も玉も何せむにも勝れる宝子にしかめやも（巻五―八〇三）③
・瓜食めば子ども思ほゆ　栗食めばまして偲はゆ　いづくより来たりしものそ　まなかひにもとなかかり

て　安眠しなさぬ（巻五―八〇二）②
・憶良らは今は罷らむ子泣くらむそを負ふ母も我を待つらむそ（巻三―三三七）①

5　大伴家持
・うらうらに照れる春日にひばり上がり心悲しもひとりし思へば（巻一九―四二九二）②
・春の野に霞たなびきうら悲しこの夕影にうぐひす鳴くも（巻一九―四二九〇）①
・新しき年の初めの初春の今日降る雪のいやしけ吉事（巻二〇―四五一六）①
・我がやどのい笹群竹吹く風の音のかそけきこの夕かも（巻一九―四二九一）①

6　額田王
・君待つと我が恋ひをればわが屋戸のすだれ動かし秋の風吹く（巻八―一六〇六）①

7　有馬皇子
・磐代の浜松が枝を引き結びま幸くあらばまたかへりみむ（巻二―一四一）①

8　大津皇子
・あしひきの山のしづくに妹待つとわれ立ち濡れぬ山のしづくに（巻二―一〇七）①

9　石川郎女
・我を待つと君が濡れけむあしひきの山のしづくにならましものを（巻二―一〇八）①

10　防人歌
・防人に行くは誰が背と問ふ人を見るがともしさ物思ひもせず（巻二〇―四四二五）②
・父母が頭かき撫で幸くあれて言ひし言葉ぜ忘れかねつる（巻二〇―四三四六）②
・韓衣裾に取りつき泣く子らを置きてそ来ぬや母なしにして（巻二〇―四四〇一）①

11 東歌

・多摩川にさらす手作りさらさらに何そこの児のここだかなしき（巻一四―三三七三）③
・信濃道は今の墾り道刈りばねに足踏ましなむ沓はけ我が背（巻一四―三三九九）①

作者別に見ると一一人、歌別には二二首である。各教科書ではそれぞれの和歌が関連をもたず、羅列されている。大津皇子と石川郎女の二首だけが相聞歌として関連があると言ってよい。

小川雅子氏は、戦後中学校国語科教科書に採用された万葉集教材について調査され、教科書一冊あたり平均一〇首の万葉集歌が掲載されていることを明らかにされている。(4) しかし、それらは、作者あるいは作歌の状況等が何の関連ももたず、単独で示されているのである。実際の学習指導にあたっては、教材として示された各歌を関連させて扱うことは困難で、単独に個々の和歌を扱わざるをえないのが実情である。

そこで、テーマや人物・歴史に基づいた関連のある和歌をまとめて扱うことが、学習者を万葉集に親しませる指導の一方法として考案される必要がある。筆者はかつて、大津皇子と大来皇女の一連の万葉歌を「二上万葉」として教材化し、指導を試みたことがある。(5) おおむね学習者の反応は良好で、万葉歌を通して学習指導要領に示された「古典に親しむ態度」を育成することができたと考えている。「地域教材」は学習者の日常に、また空間的に近いことが好条件となり、「古典に親しむ態度」の第一歩となりうる可能性が高い。

教材「万葉集」の地域教材は、全国でさまざまな取り組みがなされていることは予想されるが、公刊された書籍等には掲載されないことが多い。

小池保利氏が、東三河に関する万葉歌の教材化を試み、(6) その意義について中学生・高校生時代に郷土が産んだ優れた文人の文学作品にふれ、親しむことは、郷土の歴史と文化を見直すことに通じる。また、郷土への理解を深め、情操を豊かにし、郷土愛を培う上で極めて意義深いものであると思う。

と述べておられるとおり、古典指導における「地域教材」は古典に親しむ態度を養い、さらには、郷土を見直すという内容価値的な観点からも有益なものと判断できる。

三　教材化に際しての留意点

地域の素材を古典指導の「地域教材」として教材化するためには、次のような点についての教育的配慮が必要である。

(1)「地域教材」に含まれる陶冶的価値（学習者の人間的成長に資する価値）が含まれていて、その価値内容が、その教材を学習する発達段階（学年段階）に適切であること。

(2)「地域教材」が、何らかのテーマ性や連続性を有し、単発的な学習にならないものであること。

(3)「地域教材」に含まれる言語抵抗が、学習者の発達段階や学習経験に適し、その「地域教材」の学習によって、学習者の「古典を読む力」が伸長されること。

(4)「地域教材」学習のための教材テキスト・資料等が作成しやすく、また、作成のための資料収集も容易であること。

四　教材化を試みる万葉歌

(1)　大伴家持と越中

「越中万葉」と呼ばれる越中にかかわる万葉集歌は三三七首を数える。また、大伴家持の四七三首のうち、二二三首は越中で詠まれている。つまり、「越中万葉」と呼ばれる三三七首のうち、約六六％の二二三首が大伴家持の詠んだ歌であり、大伴家持が越中万葉歌壇に残した足跡は大きい。(7) 今回、教材化を試みたのは、この大伴家持の万葉歌である。

大伴家持は、天平一八（七四六）年（二九歳）から天平勝宝三（七五一）年（三四歳）までの五年間、越中国守として、越中国(8)に滞在した。

家持は万葉集の最終編者であり、掲載歌が集中最多の歌人としても知られている。この越中の五年間で家持は歌人として大きく成長したといわれている。その理由として、越中の風土が彼に与えた影響の大きいことがあげられる。

家持は自身の歌の中で越中を「天離る鄙」と称している。彼はそれまでの人生の大半を奈良の都で過ごしてきた。その都から遠く離れ、環境も大きく異なる越中は、彼にとって経験したことのない異風土として映ったと考えられる。家持の歌からは、越中の気候や自然に彼が新鮮な驚きや喜びを感じていたことがわかる。新谷秀夫氏は、その感慨を「異に驚く」つまり「驚異」とともにあったという指摘をしている。(9)

(2)　素材分析

越中の自然的特徴の一つとして、ここが日本有数の豪雪地帯であることが挙げられる。雪は越中の代表的な風物である。

今回、教材として取り上げるのは、家持の詠んだ歌八首である。そのうち、越中赴任以前に都で詠んだものを二首、越中で詠んだものを六首取り上げることとした。越中赴任以前に詠んだ二首は越中の雪歌と比較することを意図して学習者に与えるものである。

①　都の雪歌

まず、都での雪歌二首について述べる。

一四四一　うち霧らし雪は降りつつしかすがに我が家の園にうぐひす鳴くも（巻八）

一六四九　今日降りし雪に競ひて我がやどの冬木の梅は花咲きにけり（巻八）

一四四一は鶯と雪、一六四九は梅花と雪との取り合わせが詠まれている（一六四九は、冬枯れした樹木に梅の花のように雪が積もったことを詠んでいるとする説もある）。双方で詠まれているのは雪と春の景物との対比であり、春を待ちわびる家持の思いが読み取れる。

越中赴任以前の都で詠まれた家持の雪歌について、田中夏陽子氏は次のように述べている。[10]（傍線著者）

雪を中心として詠じるというより、雪は、梅や鶯といった感動の主体となる他の景物や事象を引き立てる役割を果たしている。（中略）雪が叙景の主部となっているものは『萬葉集』には少ない。それは家持歌においても同様である。

田中氏が述べているように、万葉集では雪を叙景の中心として詠んだ歌は少なく、そのため、雪自体の様子や特徴がよく描かれているものも少ないと考えられる。

さらに、この時期の雪歌の特徴として、田中氏は次のことも述べている。[11]（傍線著者）

また、もう一つ重要なことは、「我家の苑」「我がやど」「庭に降り敷き」と、野外ではなく身近な邸宅のような所を歌の舞台としており、箱庭的な景観の歌となっている点である。

② 越中の雪歌

次に越中で詠まれた雪歌について述べる。

四〇〇一　立山に降り置ける雪を常夏に見れども飽かず神からならし（巻一七）
四〇〇二　片貝に川の瀬清く行く水の絶ゆることなくあり通ひ見む（巻一七）

四〇〇一、四〇〇二は、四〇〇〇「立山賦」（家持が立山を讃美して詠んだ長歌）の反歌である。佐々木民夫氏は家持と立山の雪について次のように述べている。[12]（傍線著者）

越中の雪体験として最も大きいものが、万年雪をいただく立山の雪であり、さらには立山の連山からの雪解け水の豊かさであった。越中で初めて迎える夏四月、奈良の山々ではとうに残雪もない時なのに、眺める立山にはなお雪があり、その神々しくも雪をいただく立山を家持は、「立山賦」として歌わずにはいられなかった。

四〇〇一では、夏、立山に積もる雪が歌われている。家持はこの風景を「神からならし」という。そこから、立山の美しさを神秘的なものとしてとらえた家持の視点が理解でき、彼の新鮮な驚きや感動を読み取ることができる。佐々木氏はこの家持の経験を「知識ではない己が体験を通して接し得た新鮮な『雪』発見であった」と述べている。

また、四〇〇二では「片貝の川」の叙景を序詞とし、立山への讃美を歌っている。この歌の「絶ゆることなく」は、前述の佐々木氏が言う「立山連山からの雪解け水の豊かさ」を表したものである。雪だけではなく越中の自然に対する家持の深い観察眼がうかがえる。

四〇二四　立山の雪し消らしも延槻の川の渡り瀬鐙漬かすも（巻一七）

四〇〇二と同様、四〇二四も立山からの雪解け水を歌ったものである。家持が馬に乗り「延槻の川」を渡った際に川の水位が高く「鐙」が濡れてしまったことが詠まれている。この歌について野田浩子氏は次のように述べている。(13)（傍線著者）

家持は越の雪消の水の増水の凄まじさ、水の鋭い冷たさを「川の渡瀬鐙漬かすも」と表現し、鐙に置いた足を通して越の自然に触れている。その水勢に圧倒された家持はこの時完全に彼を取り巻く自然に包容されてしまっている。ここには風流世界も風流士たる仲間も都への志向や単なる鄙ぶりへの興味も入る余地なく家持と自然は接している。

足から伝わる水の感覚はもちろん、激しく水が流れる様子や水の音も家持はとらえていたはずである。箱庭的景観の自然でもなく、四〇〇一などのように遠くから臨む自然でもなく、家持が大自然の中で実際に体感した雪の様子が詠まれた歌であると言える。

四〇七九　三島野に霞たなびきしかすがに昨日も今日も雪は降りつつ（巻一八）

四〇七九では、雪と春の景物である「霞」との対比が描かれている。この雪は「昨日も今日も」降り続けている雪である。三島野一面に広がる銀世界を家持は見ていたと考えられる。春の訪れを知らせる霞が出てもなお降り続ける雪に家持は越中の長い冬を改めて実感していたと考えられる。

五　教材化の視点・意図

富山で生まれ育った学習者にとって、郷土の雪は非常にありふれたものである。改めて雪を見直すという経験は学習者にはほとんどないといってよい。ましてや、冬の生活に支障をもたらす雪に対しては、美しさや気高さを見つける対象にはなり得ていない学習者も多いことが予想される。

しかし、家持は越中の雪の魅力を発見し、新鮮な驚きや感動をもって、それを和歌に表現した。越中の雪に対する家持の見方や思いにふれることは、学習者にとって郷土の自然を見直す態度の育成につながるものと考える。

また、郷土を素材とする古典作品を学習することは、学習への意欲の向上にもつながると考えられる。過去に自分の郷土で暮らした人々が、どのような暮らしをしていたのか、どのような思いをもっていたのかなどという興味や関心は、誰でもが抱くものであり、また、現在を生きる自分自身と比較・検討することは楽しいことでもある。

ところで、家持は自身の歌の中で越中の雪を「み雪」と表現している。この「み」は万葉集中では「三」「美」と表記され、美称を表す言葉である。

本単元の最後に、学習者にはこの「み」の意味について考えさせ、越中の雪を「み雪」と呼んだ家持の心情を想像させたいと考えている。

学習者がこの問題に取り組み、他者との意見の交換を行うことで、歌の中の雪のイメージがふくらみ、深まることにつながると考える。以上の観点から本教材の指導目標を次の三点とした。

① 郷土を題材にした大伴家持歌を通して、郷土への理解を図る。

② 郷土を題材にした大伴家持歌を通して、古典和歌を理解させ、自力で鑑賞する能力を養う。

③ 郷土に関する古典に興味・関心をもたせ、意欲的に古典を読もうとする態度を養う。

この目標を達成できるよう、教材を編成して単元化を行う。今回は単元化を二種類（単元A・単元B）試み、実験授業を行った。

(1) 単元A

単元名は「越中万葉～家持と『み雪ふる越』～」である。本単元を構成する万葉歌は、次の三首である。

四〇七九　三島野に霞たなびきしかすがに昨日も今日も雪は降りつつ（巻一八）

四〇〇一　立山に降り置ける雪を常夏に見れども飽かず神からならし（巻一七）

四〇二四　立山の雪し消らしも延槻の川の渡り瀬鐙漬かすも（巻一七）

中学校の学習者の抵抗としては、

①　句切れ……三首とも、第二句の下に意味の切れ目がある。

②　語句の意味……しかすがに（そうではあるけれども）、神からならし（神の仕業であるようだ）、消らしも（消えたらしい）

などが考えられる。

本単元では越中の雪の威厳と崇高な美しさをテーマに教材を編成した。

四〇七九では、「三島野」の平野一面に広がる銀世界が想像させられる。越中の長い冬が家持にとって異風土体験であったことがわかる。

さらに、崇高な美しさをもつ雪として立山の雪を取り上げた。四〇〇一の「神からならし」から、この雪の美しさを讃美した家持の心情を理解させたい。学習者にとって立山はほぼ毎日のように見ることのできる風景である。その当たり前の風景を新鮮なものとしてとらえた家持の視点に気づかせたい。

加えて、四〇〇一の立山の雪は家持にとって遠くから見ることしかできない存在であった。それを直接、自身の肌で体感することになったのが四〇二四である。この歌からは大量の雪解け水から立山の雪を思う家持の心情が述べられている。鐙から感じられる雪解け水の冷たさ、鋭さが想像できるのであるが、それに加え、家持が五感全体を使って何を感じていたのかを想像させたい。足から伝わる水の冷たさ、鋭さ、視覚からの急激な雪解け水の流れ、聴覚による激しい水の音など、学習者には歌の世界について深く想像させていきたいと考える。

(2)　単元B

単元名は「越中万葉～大伴家持と『雪』～」である。教材化する万葉歌は、大伴家持の「雪歌」のうち、次の五首である。

［aグループ］

一四四一　うち霧らし雪は降りつつしかすがに我が家の園にうぐひす鳴くも（巻八）

一六四九　今日降りし雪に競ひて我がやどの冬木の梅は花咲きにけり（巻八）

［bグループ］

四〇〇一　立山に降り置ける雪を常夏に見れども飽かず神からならし（巻一七）

四〇〇二　片貝に川の瀬清く行く水の絶ゆることなくあり通ひ見む（巻一七）

四〇二四　立山の雪し消らしも延槻の川の渡り瀬鐙漬かすも（巻一七）

前二首（aグループ）は、大伴家持が平城京で詠んだものである。中学校の学習者が感じる解釈上の抵抗としては、

①　句切れ……ともに二句の下に意味上の切れ目があること。

②　語句の意味……降りつつ（このごろはややもすれば、雪の降るような季節であるが）、しかすがに（そうではあるけれども）、鳴くも（鳴くことよ）、競ひて（負けまいとせりあって）、冬木（冬枯れの）、咲きにけり（咲いているなあ）

などが考えられる。

一方、後三首（bグループ）は、大伴家持が越中国司として赴任したときに、越中の情景（立山、片貝の川など）を詠んだものである。中学校の学習者の抵抗としては、

①　語句の切れ続き……四〇〇一と四〇二四とは、二句の下に意味の切れ目がある。四〇〇二は、特に意味の切れ目はない。

②　語句の意味……見れども飽かず（見飽きることがない）、神からならし（神の仕業であるようだ）、あり通ひ見む（通い続けてこの山を見よう）、消らしも（消えるらしい）、漬かすも（漬からせたよ）などが考えられる。特に「神から」については、大伴家持の立山観を表す言葉として重要である。『日本国語大辞典』では、

神の性格、本性。多く、副詞的に神の性格のせいで、神の品格がすぐれているために、の意に用いられる。

とある。

aグループとbグループを比較すると、次のような違いが指摘できる。

①　雪の扱いが、aグループでは「鶯」「梅」の背景として歌われているのに対し、bグループでは、直接の対象として歌われている。

②　aグループは、ほんの少しの雪を対象に、その美しさを歌っているが、bグループは、越中で見た雪の多さを視覚、触覚を通して歌っている。

単元Aと単元Bとの大きな違いは、単元Aが越中で読まれた万葉歌のみを対象にしているのに対し、単元Bでは越中歌と平城京歌を対比的にとらえさせることを意図している点にある。

換言すれば、単元Aでは、「地域教材」で扱う地域が日常生活の場である学習者の、家持歌に対するとらえ方を問うものであり、単元Bは、家持の「雪」に対する見方の変化の理解を通して、家持歌のとらえ方を問うものである。

六　授業の実際

ここに示すのは、実験授業における主な発問とそれに対する学習者の反応である。

(1)　単元Aの場合

［第一時］

①　「学習のポイント」の説明

学習者には学習を行ううえでの観点として、次の四点を示した。

・正しく音読しよう。
・歌の大意をつかもう。
・越中の雪の情景を想像しよう。
・越中の雪に対する家持の思いを考えよう。

②　四〇七九の指導について

学習者に与える教材プリントでは、全て傍注を付している。この歌で傍注を付けたのは「三島野」「霞」「しかすがに」「(降り) つつ」の四か所である。そのうち、「しかすがに」と「つつ」については現代語訳を記した。また、「三島野」は現在のどのあたりになるか、「霞」は春の知らせを示す景物としてとらえられていたことを示した。

次に、「しかすがに」に注目させて、学習者にはこの歌が二句切れであることを意識させながら音読の練習を行わせるようにした。

また、傍注に留意させることで、大意の把握もほとんどの者が問題なくとらえられた。学習者二名を指名し、原文と現代語訳とを対比させながら読ませ、歌の大意の確認を行った。

四〇七九について、山口博氏は次のように述べている。(14)

雪と霞のとり合わせは、例えば作者未詳の

風交じり　雪は降りつつ　しかすがに　霞たなびき　春さりにけり（巻一〇―一八三六）

などがある。これは「雪・しかすがに・霞」、家持は「霞・しかすがに・雪」であり、それも「昨日も今日も」である。家持は越中の風土を確実に把える と同時に、都ぶりのパターンが全く適応できないことも知ったのである。

つまり、都では、「雪が降っている。しかし、霞が出て春になったよ」というとらえ方であるが、越中では、「霞が出ている。なのに、昨日も今日も雪が降り続いている」というとらえ方である。ここに、越中の雪に対する家持の感慨がある。

家持にとって、越中の長い冬はそれまでに経験したことのないものであった。家持はこの春が訪れてもなお降り続ける雪を新鮮な思いで見つめている。

このことは、巻一七―三九二二の題詞に、

十八年正月、白雪多に零り、地に積むこと数寸なり。（以下略）

とあるのを見ても、都が越中に比べ雪の降らない土地であったこと、都びとは「数寸」程度の雪で「多に零り」という感覚をもったこと、つまり彼らが雪に対して馴染みの薄かったことが推察できるのである。これは、越中の雪に対する家持の新鮮な見方や思いを理解していくうえでの基盤となることである。そこで、次の発問をする。

発問1……四〇七九の歌に詠まれた雪はどのような雪か考えよう。

学習者は、次のような視点で反応を示した。

ア　降雪の時間的連続性

イ　雪の様子

アについては、「ずっと降り続けている雪（二二／四〇名）」ととらえた学習者が多い。これらの学習者は「昨日も今日も」に注目した。この部分は降雪の時間的連続性を表している。ただ、単にこれが「昨日」と「今日」の二日間を示しているのではなく、それ以前から続く越中の長い冬をも思わせるものであると学習者は考えた。

イについては、意見の傾向が二つに分かれた。

第一の意見は、「量が少なく静かに降る雪」で、「少量の雪（五／四〇名）」「水分の多い雪（三／四〇名）」「軽い雪（一／四〇名）」などがあり、そのため、雪の降る様子は「静かに降る（五／四〇名）」「しんしんと降る（二／四〇名）」「ゆっくりと積もる（二／四〇名）」「穏やかに積もる（二／四〇名）」「うっすらと積もっている（一〇／四〇名）」である。

これらの学習者は、量の少ない雪がしんしんと静かに降り続いている様子を想像した。「霞たなびき」から、春が近いことがわかり、そう大雪は降らないだろうと想像した。しかし、急に雪が降り止むわけではなく、それでもなお雪が降り続ける、そうした北陸特有の季節の変わり目の様子を学習者は思い浮かべたのである。

第二の意見は、「大雪」であるとするものである。

・大雪（二名）

・豪雪（一名）

・春とは思えない天気（一名）

これらは、「霞たなびき」と合わせて「しかすがに」に注目し考えたものである。「霞」との逆接の関係がより明確に表れる「しかすがに」という表現を用いたのは、冬の最中と変わらないような大量の雪が降っているという情景を表現しているのであるという考え方である。

家持にとって、たとえそう量は多くなくとも、霞の出る時期に数日にわたり雪が降り続いていることが、大きな驚きであったであろう。それが大量の雪であればなおさらである。

このように、学習者は歌の中の言葉に注目し、自分自身の雪体験と重ね合わせながら、この歌の世界を考えていった。

次に、このような雪を見た家持がどのような気持ちであったかを考えさせるために、発問２……この歌から家持のどのような思いが想像できるか。

を発する。

学習者の反応は、次の二つに大別される。

ア 「春を待ち望む気持ち」（春が早く来てほしい、春の訪れを示す霞に心が弾む など）（二一／四〇名）

イ 都の平城京とは異なり、「霞」が出ているのに、まだ雪が降り続く越中の風土への驚き、感動など（一九／四〇名）

［第二時］

① 四〇〇一の指導について

四〇〇一で傍注を記したのは「降り置ける」「常夏」「（飽か）ず」「神からならし」の四か所である。また、この歌は四句切れであり、それを意識させせながら音読の練習を行った。

家持は立山を讃美の対象としてとらえている。立山の雪は、越中における家持の雪体験の中でも特に印象深いものであったことが考えられる。このことについて、佐々木民夫氏は次のように述べている。(15)


越中の雪体験として最も大きいものが、万年雪をいただく立山の雪であり、さらには立山などの連山からの雪解け水の豊かさであった。越中で初めて迎える夏四月、奈良の山々ではとうに残雪もない時なのに、眺めやる立山にはなお雪があり、その神々しくも雪をいただく立山を家持は、「立山賦」として歌わずにはいられなかった。（中略）家持は、その立山の雪を「常夏」の「雪」と歌っているのは見る通りで、それはすでに不尽山（富士山）の万年雪を、赤人が「時じくそ　雪は降りける」（巻三、三一七）と、あるいは虫麻呂が「六月の十五日に消ゆればその夜降りける」（巻三、三二〇）と歌うのとは異なる、元来最も無縁な「夏」の季節の「雪」表現なのである。家持が季節表現に繊細な神経を持つ歌人であることは別稿で述べた点だが、その家持自身「み雪降る　冬に到れば」と、当時の一般的認識を前提として雪を捉えているのは見る通りであり、そのことに照らしてみるとき、この「夏」の「雪」表現が、いかに家持にとって新鮮な印象に基づくものであったかが推察されよう。

因みに、この「常夏」の「雪」の作歌期日は、この年の立夏の日三月二一日から一カ月も経った、暦（いま、二四節気を指す。以下同。）の上ではいわば夏の盛りであって、暦と現実に見る立山の景との間にある季節感覚の大きなずれを、家持は現実のものとして確認せざるを得なかったであろう。（中略）このように、家持にとって立山の雪は、「夏」になお降る雪、「常夏」にもあるものとして、知識ではない己が体験を通して接し得た新鮮な「雪」発見であったと言わざるを得ず、集中ここにのみある「常夏」の「雪」は、まさに家持のその新鮮な感動によって作り出された表現と言えよう。

家持はこの「『常夏』の『雪』」を「神からならし」といっている。家持が讃美し、「神」と結びつけた雪がどのようなものであったのかを、学習者の実体験とも重ねながら考えさせていく必要がある。

発問……「神からならし」に着目して、このときの雪はどのようなものだったかを想像しよう。

この発問に、学習者は次のような反応を示した。

ア　山頂に薄く積もった雪
イ　青空の下にそびえる立山に広がる雪
ウ　立山における神の存在を語る雪

アは、例えば「冬に降った雪がとけて、うすく降り積もっていることによって、上品な感じがでていると思います。それが都では見られないので風情を感じたのだと思います。」などという反応である。

イは、例えば「太陽の光が雪に反射して光っていることから、その雪が神秘的に見えたから。」「青空の中に雄大な立山がそびえていて、その頂上付近には冬の間に積もった真っ白な雪が残っている。空の青と雪の白で、とても美しい立山を際立たせているような雪。」などという反応である。

ウは、「一年を通して残っている残雪は、立山の土地神が自分の品格をあらわしているものであるかのように思えたから。」「山の傾斜は急であり、その山頂に積もる雪は自然の厳しさを思わせる。美しく気高く積もっているような雪。」などという反応である。

以上のような反応は、日頃から目にしている風景や体験と歌とを結びつけ、理解したものである。地域教材の特質を示したものであると言えるが、体験が先行して恣意的な理解にならないようにすることが求められる。

［第三時］

四〇二四について、野田浩子氏は次のように述べている。[16]

家持は越の雪消の水の増水の凄まじさ、水の鋭い冷たさを「川の渡瀬鐙漬かすも」と表現し、鐙に置いた足を通して越の自然に触れている。その水勢に圧倒された家持はこの時完全に彼を取り巻く自然に包容されてしまっている。

野田氏が述べていることからもわかるように、今回の学習で取り上げた他の二首（四〇七九、四〇〇一）と四〇二四とで異なる点は、家持が自然の中に身を置き、直に越中の自然に触れていることである。そこで、家持の立場から、彼が何を感じていたのかを学習者には考えさせる必要がある。

①　四〇二四について

発問1……このとき家持は五感で何を感じていたのかを考えよう。

この発問に対する学習者の反応の傾向を分類すると、以下のようになる。

ア　肌……鐙から伝わる水の冷たさ、顔にかかる水しぶき→水流の激しさ、空気の寒さがやわらいできている

イ　目……増水→立山の雪の多さ、激流、澄んだ水、早月川が太陽の光でキラキラ輝いて見えた、雪が解けた立山の様子

ウ　耳……激しい水の音→立山の水の多さ

エ　鼻……水のにおい、春の緑の香り

学習者の多くがまず注目したのは、雪解け水が流れる川の様子であった。増水し、水に鐙が漬かるほどの川の流れはとても急であったと学習者は考えた。その実際の風景を想像するにあたり、激しい水流の様子やその音、顔にかかる水しぶきなどを想像した。

また、雪解け水の様子として、「冷たい」「澄んでいる」「輝いている」などの意見が見られた。この意見は、雪解け水の流れるこの時期の川の風景を思い起こして述べた者と、四〇〇一の立山の雪の美しさから連想する者とに分かれた。

その後、学習者の想像は川の水から、それ以外の部分へも向かっていく。例えば、気温である。春が近づいてきており、冬の最中に比べ、寒さが和らいできている。それを川の水の冷たさとの比較から考える学習者もいた。

また、春が近づく自然の中には草木の匂いが感じられるとする反応もある。

以上のように、「家持は五感によって何をとらえたか」と問うことにより、学習者は多角的にとらえたものを相互に結びつけ、総合的にこのときの情景の想像を深めていくことができた。

② 「み雪」について

発問２……「み雪」の「み」に当てはまる漢字を考えよう。

田中夏陽子氏は万葉集における「み雪」の意味について次のように述べている。(17)

一般的に「雪」に接頭語「御」がついた「み雪」という表現は、単なる「雪」という語に比べて誉めた表現であり、雪の神秘性があらわれているとされる。中古になると、「み雪」は深い雪（深雪）の意として使われることもあるが、『萬葉集』では雪の美称として使われている。

また、田中氏はこの言葉を家持がどのように用いていたかについて次のように述べている。[18]

家持の「み雪降る越」という雪の表現は、一見、単なる越の国の雪深さといった実態的な表現に見えるが、国守としての土地讃美や異境での悲哀感といった越中に対する様々な思いが層をなした表現としてとらえたい。

学習者には、こうした本来の意味を初めから教えるのではなく、これまで学習した歌における雪の特徴をふまえ、この「み」に当てはまる漢字が何かを考えさせることにした。そのうえで、この漢字を用いた理由について話し合うことで、本教材における越中の雪のイメージをより深めることができるのではないかと考えた。

学習者が考えた漢字とそれを用いた意味については以下のとおりである。

ア　美……美しい雪
イ　見……見る価値のある雪
ウ　御……敬称をつける。大雪の脅威や立山の雪の威厳に満ちた感じなどから。
エ　味……味わい深い雪
オ　深……深い雪
カ　魅……魅力のある雪

(2)　単元Bの場合

単元Bは、家持歌の「雪」について詠んだもののうち、平城京で詠んだ歌と越中で詠んだ歌を対比的にとらえさせることを通して、大伴家持の「雪」観を考えさせる授業として構成されている。

［第一時］

「歴史的仮名遣い」や「語句の切れ続き」などに注意して音読させるとともに、各歌の大意を把握させる。大意の把握の際には、次の語句に注意が必要である。

しかすがに・鳴くも（一一四二）、競ひて・咲きにけり（一六四九）、常夏に・神からならし（四〇〇一）、あり通ひ見む（四〇〇二）、消らしも・漬かすも（四〇二四）

［第二時］

平城京での家持歌と越中での家持歌を比較し、歌の題材としての「雪」のとらえ方や歌い方の違いについて考えさせるのが、指導目標である。授業者は次のような学習者の反応を期待している。

① 平城京歌では、「雪」が「鶯」「梅」の引き立て役になっているのに対し、越中歌は「雪」そのものが歌の中心となっている。（感動の中心が異なる）

② 平城京歌では、「雪」を単なる自然現象としてとらえているのに対し、越中歌では、「雪」を神のなせる現象としてとらえている。

学習者の反応を整理すると、次のような傾向が見られる。

ア　平城京歌では、「鶯」や「梅」が中心となる題材であり、雪はその引き立て役であるが、越中歌では、雪そのものが題材であり、歌の中心である。（四九／六八名）

イ　平城京歌では、身近にある自然（日常）を歌っているが、越中歌では、遠くまで出かけたときの感動を歌っている。（一二／六八名）

ウ　平城京歌では、冬から春への季節の移り変わりを喜んでいるようであるが、越中歌では、春から夏への雪

解けの雄大さや美しさを歌っている。（一〇／六八名）

これらは、前述した田中夏陽子氏の論述（感動の主体の違い、歌の舞台の違い）と通じるものであり、学習者は妥当な解釈を示している。さらには、季節の違い（ウの反応）や作者の行動（イの反応）にも触れていて、平城京歌と越中歌に歌われた「雪」を比較させる学習は、越中で詠まれた家持歌を理解・鑑賞させるのに効果的であると言える。

［第三時］

四〇一一　大君の遠の朝廷そみ雪降る越と名に負へる天離る鄙にしあれば山高み川とほしろし……（巻一七）

四一一三　大君の遠の朝廷と任きたまふ官のまにまみ雪降る越に下り来あらたまの年の五年……（巻一八）

の二首の長歌にある「み雪」について「み」の文字とその理由を考えさせる。学習者の反応は、単元Aで述べた文字と同じである。

それぞれの文字を考えた理由は、次のとおりであった。

・美……越中（立山）の「雪」は、神のものを思わせるぐらい美しく神秘的である。（この反応は、四〇〇一の「神からならし」と関連づけたものと考えられる。）

・御……「神からならし」から神が支配する山であることと、天皇の治めている所である。（大伴家持は天皇の代理として越中国に来た。）

などが示される。これらも前述の田中夏陽子氏の論述と通じるものであり、中学生の学習者も妥当な理解・鑑賞をしていると判断してよいであろう。

七　学習者の反応から見る教材化の可能性

(1)　単元Aと単元Bとの比較から考察される教材化の可能性

単元Aでは、「地域教材」によって自分の郷土に新たな発見をしている学習者がいる。感想文例を示す。（傍線著者）

ア　四〇〇一の和歌の立山は神の品格をもっているというところにはとても共感します。晴れた日に白い立山を見ると、とてもきれいで雄大だなと思います。また、立山の雪がとけて山がだんだん変わっていくのもすばらしいと思います。

単元Bでは、同一人物である大伴家持が、平城京と越中国とで同じ題材「雪」を詠んでいながら、そのとらえ方に大きな違いがあることを学習者が理解することを通して、郷土の風土に改めて関心を持つ感想が多く見られた。感想文例を示す。

イ　奈良と富山で、大伴家持の雪のとらえ方にこんなにも違いがあることが分かり、改めて富山の「雪」について考えることができました。

ウ　他の土地から来た大伴家持の歌を読むことで、日頃見慣れている富山の「雪」のすばらしさや美しさを感じることができた。

(2)　指導目標の達成度から考察される教材化の可能性

本実験授業の指導目標である次の三観点から、大伴家持が越中で詠んだ歌の教材性について、学習者の反応を手かがりに考察する。

本実験授業の指導目標は次のとおりである。

①　郷土を題材にした大伴家持歌を通して、郷土への理解を図る。

②　郷土を題材にした大伴家持歌を通して、古典和歌を理解させ、自力で鑑賞する能力を養う。
③　郷土に関する古典に興味・関心をもたせ、意欲的に古典を読もうとする態度を養う。

①　内容価値的観点である「郷土への理解」について

この観点では、ほとんどの生徒が郷土を見直した旨の感想を述べている。しかも、単に見直したというよりは、家持歌にある表現を手がかりに見直した理由を述べている。学習者の感想例を示す。（傍線著者）

エ　自分は今までずっと冬になると雪を見てきたし、正直、雪はたいへんで、家持のように、よい印象ばかりではありません。でも、四〇〇一の「神からならし」という表現は、神秘的な感じがして、改めて立山を見直してみようと思います。

オ　私は、ずっと富山に住んでいるが、雪の降る様子を家持のように見て、感じたことはなかったと思う。でも、家持の歌を読んで、自分が今まで気に留めることのなかった、「降り積もる雪」「降り続き、やまない雪」「立山に降り積もる雪」「雪解け水の流れる川」などが、いかに美しいものなのかを感じることができたと思う。都に住んでいた家持の視線から書かれた歌を通し、富山の魅力に気付くことができた。

また、「雪」に対する家持の見方について、感想を述べる学習者もいる。

カ　現代人である我々に比べ、家持は雪をまるで風景画を見ているようなとらえ方で、表現力の豊かさを思い知らされた。

キ　五感全てをつかって、和歌をかけるのはすごいと思いました。思ったことが具体的にも抽象的にもかかれていて、和歌の魅力を感じました。

これらの感想から、本実験授業で示した大伴家持の万葉歌が、「郷土」「歌人のものの見方」等の点から教材性を有するものと判断してよいと考えられる。

②　能力的観点である「古典和歌を理解・鑑賞する能力」の育成について

学習者のとまどいの多くは、古典独特の言いまわしや語句である。本実験授業に使用した教材には、傍注を付して学習者の言語的抵抗を排除するように努めたが、どの語句にどんな傍注を付すか、さらに検討が必要である。また、音読の効用を述べる学習者がいて、古典指導と音読の有効性についても改めて確認できる。学習者の感想例を示す。（傍線著者）

ク　五首を読んで、初めはあまりおもしろそうじゃなかったが、学習していくと次第に意味が理解できてとてもおもしろかった。

ケ　最初は少し戸惑ったが、音読していくうちにだんだん分かるようになった。

コ　ふだん、五・七・五で切って読んでいるので、五・七で切れる（二句切れ）ことに違和感を覚えました。しかし、何回も読んでいくうちに、五・七で切れることに独特の余韻を覚え、七首を楽しむことができました。

③　態度的観点である「意欲的に古典を読もうとする態度」の育成について

「地域教材」で万葉集に興味をもつことを通して、古典への興味を示した学習者がいる。感想文例を示す。（傍線著者）

サ　富山の魅力を再認識するとともに、古典というものに興味がわきました。古典は遠い存在でしたが、急に身近に感じるようになりました。

シ　日頃見慣れている風景が、何となく神秘的なものに感じられて、古典が好きになりました。もう少し、郷土の古典について調べてみたいと思いました。

以上から、本実験授業に使用した教材については、一応の教育的効果があるものと認められる。少なくとも、

「地域教材」を扱った本実験授業に対し、学習者が否定的に感想を述べているのが皆無であることは、評価すべきであろう。

［注記］本稿における万葉集歌の表記は、佐竹昭広・山田英雄・工藤力男・大谷雅夫・山崎福之校注新日本古典文学大系1～4『萬葉集一』『同二』『同三』『同四』（二〇〇〇～二〇〇三　岩波書店）によった。

［附記］本稿は、松田明大「中学校における古典教材の開発――「越中萬葉」の教材化研究――」（二〇〇五年度富山大学教育学部特別研究）で開発した教材と新たに開発した教材とをもとに、その教材性を確かめるべく実験授業を試みたものである。実験授業は二〇〇六年一一月に、富山大学人間発達科学部附属中学校の第三学年四学級で実施し、授業は、米田猛・松田明大が二学級ずつ担当した。

富山大学人間発達科学部附属中学校の教職員の皆様、生徒の皆様には、格別の御配慮を賜り、厚く御礼申し上げます。特に、国語科の先生方には大変お世話になりました。重ねて御礼申し上げます。

注

（1）規工川佑輔『魅力ある古典の指導入門』（一九九一　明治図書）一四～一五ページ。
（2）注1文献と同じ。一五～一六ページ。
（3）注1文献と同じ。二八ページ。
（4）小川雅子「中学校教科書に採用された万葉集教材の変遷――歌・作者・学習目標・単元・学習の手引きについて――」（『人文科教育研究』XⅡ　一九八五　人文科教育学会）。
（5）米田猛「古典和歌の読み広げの学習――三年・自主編成・万葉集」巳野欣一編『国語科のキーワード5　楽しく学べる古

文・漢文の指導』（一九八九　明治図書）。
（6）小池保利「郷土に密着した万葉教材の研究総論」『解釋學』第九輯（一九九三　解釋學事務局）
（7）ここに示した歌数は、高岡市万葉歴史館編『越中万葉百科』（二〇〇七　笠間書院）の記述による。
（8）大伴家持が越中に滞在した五年間は、能登国は越中国に含まれている。
（9）新谷秀夫「大伴家持をはぐくんだ『越中』の風土」（『北國文華』6　二〇〇〇）
（10）田中夏陽子「雪歌に見る家持の心象世界」（高岡市万葉歴史館観編『高岡市万葉歴史館論集3　天象の万葉集』三三七ページ）（二〇〇〇 笠間書院）。
（11）注10文献と同じ。三三八ページ。
（12）佐々木民夫「家持の『雪』」九～一〇ページ（『盛岡短期大学研究報告』四六号　一九九五　盛岡短期大学）。
（13）野田浩子「立山の雪し来らしも――家持に於ける文芸意識と感覚世界と――」三三ページ（『古代文学』一七　一九七七）。
（14）山口博『万葉の歌――人と風土――15　北陸』一七〇ページ（一九九五　保育社）。
（15）注12文献と同じ。九～一〇ページ。
（16）注13文献と同じ。三三ページ。
（17）注10文献と同じ。三五三～三五四ページ。
（18）注10文献と同じ。三五九～三六〇ページ。

文献

下中彌三郎編『萬葉集大成（第21巻）風土編』（一九九五　平凡社）
中西進『大伴家持第3巻　越中国守』（一九九四　角川書店）
廣瀬誠『越中萬葉と記紀の古伝承』（一九九六　桂書房）
高岡市万葉歴史館編『高岡市万葉歴史館論集3　天象の万葉集』（二〇〇〇　笠間書院）
清田秀博『越中　萬葉地名雑考』（二〇〇五　桂書房）
長谷川孝士編著『中学校古典の授業――全国実践事例――』（一九七三　右文書院）
日本文学協会国語教育部会編『講座／現代の文学教育　中学・高校〔古典編〕』（一九八四　新光閣書店）

増淵恒吉・小海永二・田近洵一編『講座中学校国語科教育の理論と実践第五巻　文学的文章Ⅱ　詩歌・随筆・古典』（一九八一　有精堂）
増淵恒吉『増淵恒吉国語教育論集　上巻　古典教育論』（一九八一　有精堂）
小和田仁・小川雅子編『国語教育基本論文集成第一七巻／国語科と国語教育論　古典教育論と指導研究』（一九九三　明治図書）

第三節　国語科教科書に描かれた「奈良」——郷土教材開発試論——

一　本稿の目的

世に存在する国語科教科書を全部調べたわけではないが、「奈良」ほど、国語科教科書の題材に取り上げられている土地も珍しいであろう。ちなみに、「東京」「大阪」等の大都市名、「京都」「鎌倉」等の歴史的な地名などをキーワードに国語科教科書の教材名検索を試みると、上位に入るのは「東京」「奈良」「京都」「北海道」等となる。(1)もっともこの結果は、単純に教材名にその地名を含むという大雑把な検索であり、教材名に地名を含んでいても「東京のことば」というような教材は、直接、その土地の風景や建造物に触れたものではない。また、「法隆寺」のように地名を含んでいなくても、その土地について描いたものもあるので、あくまでも参考程度ということになる。

著者は、別の必要があって、戦後中学校国語科教科書掲載の教材を国立教育研究所附属教育図書館・(財)教科書編集センター共編（一九八六）『中学校国語教科書内容索引』で検索しているうちに、奈良に関する教材が多いことに気付き、他の検索手段も活用して、表1のような結果を得た。特に、『中学校国語教科書内容索引』を用いた手作業による検索は、パソコンによるキーワード検索とは異なり、「奈良」という地名が教材名に含まれる場合はもちろん、「奈良」という地名が教材名になくとも、奈良に関する内容であることが判断できる場合があるので、いずれの場合も当該教科書の原文でその内容を確認している。なお、『中学校国語教科書内容索引』は、その収録対象が昭和二四年〜昭和六一年度発行の中学校国語科教科書に限られるので、昭和六二年以降発行の中学校国語科教科書については、別の検索方法を活用して調査を行っている。なお、この調査ではまだ見落とした教材も存在することと思われるので、その補遺については今後の課題としたい。

本稿では、表1に示した戦後中学校国語科教科書における「奈良」に関する教材（全五一編、異なり教材数三一編）を分析し、郷土教材の在り方について考究するとともに、「読むこと」教材として可能性のある新たな資料や指導の実際を、筆者の実践も踏まえながら提案することとする。

二　「郷土教材」という用語

特定の地域や土地を扱った国語科教材の名称について、何か定まったものがあるわけではない。国語科教材を分類して呼称するときに言い習わされている「〇〇教材」という言い方でもし呼称するとしたら「ふるさと教材」「郷土教材」「地域教材」あたりが考えられるところである。本稿では、以下に述べる理由で、「郷土教材」と呼称することとする。

まず、「ふるさと教材」と「郷土教材」とを比較する。「ふるさと」と「郷土」との使い分けや語感を、中村明（二〇一〇）『日本語　語感の辞典』（岩波書店）で確かめてみよう。

「ふるさと」について、中村は「『出身地』はもちろん、『郷里』よりも、情のこもった表現。生まれ故郷から長く遠く離れている人が、昔を思い出して懐かしむ気持ちが強く、『故郷』の和風版に相当する。」と述べる（九三五ページ）。

一方「郷土」については、「『郷里』『故郷』『ふるさと』などが個人の視点でとらえているのに対し、一般的な視点に立ってそこに住む人びとにとっての土地を考えた感じの語で、個人の思いのこもらない客観的で比較的ス

表1 戦後中学校国語教科書に掲載された「奈良」を題材とする教材

教科書会社	教科書番号	年号	年版	学年	頁	教材名	筆者	出典
日本書籍	923	昭和	26	3	26	法隆寺の建築	久野建	法隆寺の話
	936	昭和	27	3	26	法隆寺の建築	久野建	法隆寺の話
	9034	昭和	44	3	12	塔	亀井勝一郎	大和古寺風物誌
東京書籍	8-867	昭和	32	2	56	若葉の西の京	鈴木進	国宝ものがたり
	A-807	昭和	35	2	50	若葉の西の京	鈴木進	国宝ものがたり
	8014	昭和	37	2	80	若葉の西の京	鈴木進	国宝ものがたり
	8025	昭和	41	2	24	若葉の西の京	鈴木進	国宝ものがたり
	9031	昭和	44	3	12	塔のいのち	亀井勝一郎	古典美への旅
	904	昭和	47	3	12	塔のいのち	亀井勝一郎	古典美への旅
	907	昭和	50	3	12	塔のいのち	亀井勝一郎	古典美への旅
	814	昭和	53	2	234	大和の塔	瀬戸内晴美	山河漂泊
大阪書籍	9017	昭和	37	3	195	大和路にて	堀達雄	(大和路・信濃路)
大日本図書	9012	昭和	37	3	245	西の京	鈴木進	(国宝ものがたり)
実教出版	9922	昭和	29	3	46	法隆寺	北川桃雄	関西旅行
	9954	昭和	31	3	46	法隆寺	北川桃雄	関西旅行
開隆堂出版	A-706	昭和	34	1	85	借り牛	生徒作品	綴方風土記
学校図書	927	昭和	26	3	106	法隆寺	編集委員会	書き下ろし
	938	昭和	27	3	131	法隆寺	(編集委員会)	(書き下ろし)
	980	昭和	28	3	11	法隆寺	井上政次	大和古寺
	9907	昭和	29	3	119	大和の古塔	亀井勝一郎	大和古寺風物誌
	A-805	昭和	35	2	236	法隆寺の秋	平木二六	春雁
	9002	昭和	37	3	6	奈良の春	阪本越郎	中学生のための現代詩鑑賞
	9002	昭和	37	3	9	詩の解説	吉田精一	書き下ろし
	9022	昭和	41	3	6	奈良の春	阪本越郎	中学生のための現代詩鑑賞
	9022	昭和	41	3	76	精神の古墳	亀井勝一郎	私の人生観
	9028	昭和	44	3	12	「奈良の春」鑑賞	吉田精一	書き下ろし
	9028	昭和	44	3	64	精神の古墳	亀井勝一郎	私の人生観
	801	昭和	47	2	196	精神の古墳	亀井勝一郎	私の人生観
	808	昭和	50	2	26	高松塚古墳の発掘	新聞記事	
	808	昭和	50	2	196	精神の古墳	亀井勝一郎	私の人生観
二葉	9-946	昭和	30	3	202	奈良見学	北川桃雄	関西旅行
	9-960	昭和	31	3	202	奈良見学	北川桃雄	関西旅行
秀英出版	862	昭和	27	2	116	奈良	島村抱月	奈良
三省堂出版	9-981	昭和	32	3	276	大和の古塔	亀井勝一郎	大和古寺風物詩
	724	平成	24	1	8	文学の旅 京都·奈良紀行		
教育出版	9011	昭和	37	3	259	思惟の像	亀井勝一郎	大和古寺風物詩
	716	昭和	53	1	231	地震でも塔は倒れない	山本学治	森のめぐみ－木と日本人
愛育社	9-926	昭和	30	3	81	初夏の奈良	荻原井泉水	観音巡礼
東京修文館	997	昭和	28	3	57	奈良から京都へ	関野克	日本の建築
北陸教育書籍	970	昭和	27	3	12	中宮寺の観音	和辻哲郎	古寺巡礼
中央書籍	987	昭和	28	3	12	中宮寺の観音	和辻哲郎	古寺巡礼
光村図書出版	955	昭和	27	3	74	奈良三日	(石森延男)	
	9932	昭和	30	3	74	奈良三日	(石森延男)	
	805	昭和	56	2	208	法隆寺を支えた木	小原二郎	法隆寺を支えた木
	810	昭和	59	2	198	法隆寺を支えた木	小原二郎	法隆寺を支えた木
	815	昭和	62	2	269	法隆寺を支えた木	小原二郎	法隆寺を支えた木
	820	平成	2	2	269	法隆寺を支えた木	小原二郎	法隆寺を支えた木
	810	平成	18	2	146	五重塔はなぜ倒れないか	上田篤	五重塔はなぜ倒れないか
	826	平成	24	2	81	五重塔はなぜ倒れないか	上田篤	五重塔はなぜ倒れないか
日本書院	A-905	昭和	34	3	182	大和の旅	佐々木信綱・平木二六	新月・豊旗雲、春雁
	A-905	昭和	34	3	186	たまむしのずしの物語	平塚武二	日本児童文学全集8童話編

( )で示したのは、他教材からの推測

ケールの大きな雰囲気がある。」と述べる（二六七～二六八ページ）。

これによれば、「ふるさと」は、そこから「長く遠く離れている」主体が、情感を込めて「懐かしむ気持ち」を強く感じさせるために「郷土」よりは狭い範囲を指す場合もあると推測されるのに対し、「郷土」は「そこに住む」主体が、「ふるさと」よりは客観的にその土地のことを思い、そのため、「ふるさと」よりは広い範囲を指すものとして推測される。

すなわち「ふるさと」と「郷土」とを比較したとき、「ふるさと」には、範囲として「より個人的で狭い範囲」であり、感情として「個人的思い入れのより強い」感じがある。一方「郷土」は、「より一般的で広い範囲」を指し、「ふるさと」よりは客観的にとらえている感じを醸す。

以上のことから、多様な個性をもつ学習者の集団が、学校という場所で学ぶ教材の呼称としては、より「個人的」で「懐かしむ」気分を醸す「ふるさと教材」より、「一般的」で「今、そこに住む人々」の気持ちを代表する「郷土教材」のほうが適切であると判断される。もちろん「ふるさと教材」という呼称も、その使用を妨げるわけではないが、その場合には、「ふるさと」という語に込められた「個人的思い入れの程度」に注意する必要がある。(3)

次に「郷土教材」と「地域教材」とを比べてみる。

国語科教育関係辞典で、「郷土教材」（「ふるさと教材」も）という項目は管見の限り見付けることができず、「地域教材」が次の辞典に立項されている。

A　桑原正夫（二〇〇一）「地域教材」、日本国語教育学会編『国語教育辞典』二七一ページ、朝倉書店

B　村上呂里（二〇一一）「地域教材による国語学習」、日本国語教育学会編『国語教育総合事典』七二二ページ、朝倉書店

C　村上呂里（二〇一五）「地域教材」、高木まさき他編『国語科重要用語辞典』五三ページ、明治図書

このうち、辞典Cでは「地域教材」の意義を考える視点として、

①　地域への誇りを育てること。

②　地域に根ざした思考と、地域の文化をふまえたものの見方を身に付けさせること。

の重要性を指摘している。その根拠となっている府川源一郎（二〇〇五）において、

（前略）私たちは直接に「地域の子ども」を対象として教育活動を営んでいる。（中略）その教育が子どもたちに郷土で育っていく喜びと自負とを育てているか。また、地域に根ざした思考と、地域の文化を踏まえたものの見方を、身につけることができているか。それが問題である。

と奇しくも、「子どもたちに郷土で育っていく喜びと自負」（傍線著者）と述べたように、前述の指摘①②は、「今、自分が生活している」という感情を重視した視点と言える。(4) したがって、生活場所との関係性が薄く、客観的な用語としての「地域教材」よりも、「郷土教材」のほうが、より適切であると判断する。もちろん、辞典Cが

今日、「地域」＝「郷土」という図式は急速に崩壊しつつある。地域の風土・歴史に根ざした伝統的な言語文化の継承・発展とともに「土の人」と「風の人」が出会い、交わった足跡を刻む地域教材開発にも視野を広げ、多文化共生を展望することが今日的課題となる（五三ページ）。

と指摘するように、例えば、その地域に住む学習者が、必ずしもその地域を「郷土」と認識しているわけではないし、他地域の者がその地域をどのように見ているかを知ることは、学習者に多文化共生の視点を提供するが、それゆえ、学習者にはまずは自分の住む「郷土」について、指摘①②の視点から学習する必要があろう。「奈良」という郷土に具体化してみれば、「奈良」のもつ歴史性・文化性に誇りをもたせ、現代の学習者がそれをどう考え、どう捉えるか、また、歴史性・文化性の継承・発展と現代の生活との兼ね合いをどう捉えるかなど、奈良という土地がもつ独自性を、奈良に住む（生活する）者の視点から学習すべきである。そのためには、やはり「郷土教材」のほうが、用語としては適切である。

以上を整理すると、語自体に備わる「客観性」やイメージとしての「範囲」などから、「ふるさと＜郷土＜地域」という図式が想定され、そこに生活する学習者の多様性（「ふるさと」という用語に含まれる個人的な思い入れの強弱）と学習者の主観性（生活の事実が存在するという思い入れの強弱）に鑑みて、バランスのとれる「郷土教材」と呼称することとする。

もちろん、学術用語としては、より客観性の強い用語である「地域教材」が使用されることに対して異論はない。

さて、「郷土教材」の内容としては、次が考えられる。

①　郷土の事柄（土地そのもの、建造物や事物、郷土の人々の人事など）を扱った紀行や随想などの教材

②　郷土を舞台にした物語・小説等の教材

は、筆者・作者の郷土在住もしくは郷土訪問は問わず、描かれた内容に焦点を当てた分類であり、さらに、

③　郷土出身者または、郷土出身者ではないが郷土在住者もしくは郷土訪問者が、郷土について書いたものとなると、筆者・作者の出身・居住・訪問も条件に加味される。

実際は、筆者・作者が郷土出身者、または郷土在住者もしくは郷土訪問者でなければ、①②のような内容を書くことは不可能に近いので、③に示した筆者・作者が、①②の内容を書いたものと概念付けてよいであろう。なお、内容が「郷土の事柄」「郷土を舞台」ということに関わらない作品（教材）で「郷土出身者」の筆者・作者の作品（教材）も「郷土教材」と呼べないことはないが、本稿では扱わない。

三　戦後中学校国語科教科書所載の「奈良」を扱う教材

表1に示した戦後の中学校国語科教科書所載の「奈良」に関する教材は、現在確認できた範囲で、のべ五一編、異なり教材数で三一編である。この三一編を「文章様式」「主たる題材・内容」「文章中の主たる場所」から分類すると、次のようになる。

1　文章様式による分類

A　紀行文・見学記……七編
B　随筆・随想……一一編
C　説明文……四編
D　物語……一編
E　詩・短歌及び鑑賞文……五編
F　報道文……一編
G　生徒作文……一編
H　図解資料……一編

2　主たる題材・内容による分類

ａ　土地や（塔以外の）建造物……一五編
ｂ　塔……七編
ｃ　仏像……五編（加えて、ａの十五編のうち七編）
ｄ　工芸品……一編
ｅ　その他……三編

これらの内容は、執筆の基本的な姿勢として「奈良賛美」であり、奈良在住者が感じている課題や困難点には触れない。

これらを組み合わせてみると、表２のとおりである。

表２　文章様式と題材・内容との関係　**（注）（　）内は再掲**

	ａ土地や建造物	ｂ塔	ｃ仏像	ｄ工芸品	ｅその他
Ａ　紀行文・見学記	7		(7)		
Ｂ　随筆・随想	1	4	5		1
Ｃ　説明文	1	3			
Ｄ　物語				1	
Ｅ　詩・短歌及び解説文	5				
Ｆ　報道文					1
Ｇ　生徒作文					1
Ｈ　図解資料	1				
	15	7	5 (7)	1	3

「紀行文・見学記」は、当然のことながら「土地や建造物」の紹介やそこに蔵する「仏像」が扱われる。「随筆・随想」は、その内容や対象を「仏像」に特化したのが多く、また、「塔」について述べるのが多いのは特筆すべきであろう。工芸品では、法隆寺の「玉虫厨子」、その他では、「古墳」を扱うものも見られた。

これらを概観するに、奈良のイメージとして取り上げられる題材や内容としては、「土地や建造物（主として寺社）」「仏像」「塔」が主なものである。

3　文章中の主たる場所

取り上げられる奈良県内の地域を見ると、「法隆寺を中心とする斑鳩」「東大寺周辺・西の京を中心とする奈良市内」が主であり、「飛鳥」「當麻」も散見されるが、偏りがあると言わざるを得ない。その理由は、いくつか考えられるが、書き手のほとんどは県外出身者であり、旅行で奈良を訪れた者が多く、一部の一時的在住者も含めて、その旅行先や在住地が斑鳩や奈良市内に偏っているということであろう。

四　中学生を対象とする郷土教材の先行開発例

中学校国語科学習指導における奈良に関する郷土教材の開発でまとまったものに、奈良市教育委員会・奈良市中学校国語科研究部会（一九五八）『中学生　ふるさと奈良』がある。これは、当時奈良市教育委員会指導主事であった植西耕一氏の尽力によるものである。その内容は、表3のとおりである。

本書の編集方針は、「あとがき」に次のように示されている（一〇六ページ）。

(1)　「奈良」の範囲は、法隆寺方面まで含むが、現在の奈良市地域を中心とする。

(2)　様式論、考証論などは避け、もっぱら中学生諸君の心情に直通するような資料を選ぶ。

(3)　学年性を考え、「読んで」と「出かけて」の両形態に共に生かされるものにする。

表３『中学生　ふるさと奈良』の教材一覧

教材　※は戦後中学校教科書掲載	筆者・作者	在住	出典	主題	現地
詩の国－奈良の四季					
1 奈良の春	伊ヶ崎明子	◎	小５教科書	①	
2 大和百句より		◎	朝日新聞奈良版	①	
3 初夏の奈良	荻原井泉水	△	中１教科書	①	
4 奈良三日－第一日※	石森延男	？	中３教科書	①	A
5 奈良の秋	今井鑑三	◎	小５教科書	①	A
6 唐招提寺	橋本多佳子	◎	朝日新聞奈良版	①	B
7 ノート	堀辰雄	△	大和路・信濃路	①	A B
みほとけの像－奈良の古美術					
少年少女結縁八体					
8 気高く清らかな好青年・法隆寺夢違観音	松本楢重	◎	大和の彫刻美	②	C
9 永遠の微笑・中宮寺如意輪観音	亀井勝一郎	△	大和古寺風物誌	②	C
10 少年時代から夢見ていた横顔・中宮寺如意輪観音	竹山道雄	△	古都遍歴－奈良	②	C
11 純情の少年像・興福寺阿修羅	松本楢重	◎	大和の彫刻美	②	A
12 この少女のどこに・興福寺阿修羅	貝塚茂樹	△	奈良の仏像	②	A
13 限りない平和な美しさ・三月堂月光菩薩	藤波隆之	△	奈良の仏像	②	A
14 温かではげしい・戒壇院広目天	堀辰雄	△	大和路・信濃路	②	A
15 超人間的な香気・薬師寺薬師如来	和辻哲郎	△	古寺巡礼	②	B
16 天平の深淵を語る・三月堂不空羂索観音	亀井勝一郎	△	大和古寺風物誌	②	A
17 造形の近代感覚・法隆寺百済観音	松本楢重	◎	大和の彫刻美	②	
18 自由詩―不空羂索観音	新川登紀子	◎	？	②	A C
19 読書感想文―微笑について	島村直子	×	読書感想文	②	A C
20 奈良三日―第二日※	石森延男	？	中３教科書	②	C
21 昔の人の誠実さ	寺尾勇	◎	奈良散歩	①②	
西の京					
22 塔について	亀井勝一郎	△	大和古寺風物誌	①②	
23 奈良三日―第三日※	石森延男	？	中３教科書	①②	B
24 はるかな道	田中保雄	△	小５教科書		B
25 黒桧抄	北原白秋	△	黒桧	②	B
古都新生－奈良のありかた					
26 奈良	志賀直哉	○	早春	③	
27 奈良を亡ぼすものら	前川佐美雄	◎	新潮	③	
28 国のまほろば	竹山道雄	△	古都遍歴－奈良	③	
奈良秀歌集					
29 大和の旅	佐々木信綱	△	中３教科書	①	B
30 南京新唄抄　他	会津八一	△	鹿鳴集・山光集	①②	A B C
31 宵宮の燈籠　他	木下利玄	△	木下利玄全集－歌集篇	①	A
32 東大寺伎楽面	吉井勇	△	形影抄	②	A
33 田原西陵　他	土屋文明	△	少安集	①	
34 月ヶ瀬行	中村憲吉	△	中村憲吉歌集	①	

(4)　三主題（著者注―後述）に含め得ないものは自由な読み物資料としてできるだけ入れる。
(5)　簡単な傍注を添える。
また、本書の使い方については、次のように述べている。（二～四ページ）
(1)　「ふるさと学習」第一部は「主として読み物学習」の際の資料、第二部は「主として現地学習」の際のハンドブックとしての活用ができる。
(2)　「主として読み物学習」に活用する場合、各学年の主題として次の三つを示している。
①　一年……詩の国〈自然・風土への親しみを〉
②　二年……みほとけの像〈古美術への開眼を〉
③　三年……古都新生〈文化都市市民としての批判力を〉
(3)　右記の各主題ごとに、次の学習過程を示している。
①　一年……資料群あるいは選択資料を自由読みする。↓主として奈良の自然情景を探訪するコースを考える。↓日時と探訪コースをきめ、各自のみつめたい点も考えておく。↓学級別に楽しくコースをめぐる。メモをとる。↓印象記を書く。（遠地の知人に送る手紙形式などがおもしろい。）↓発表会を開く。文集を作る。
②　二年……仏像の紹介順に写真と照応しながら読む。同種のさまざまな写真を持ち寄って仏像写真展の一コーナが設けられているのもよい。↓文章中の深めたい点、あきらかにしたい点をたしかめる。↓たずねたい一、二体をきめ、学級別あるいはグループ別に出かける。↓印象を作文や詩に書く。もっともこころをとらえた仏像へ告白、敬慕の気持ちをつづる。↓印象を話し合ったり、書いたものを発表し合ったりする。

③　三年……奈良の長所、短所について討議する。↓理想的な奈良市のあり方について考える。↓各資料の論点について読みとる。↓各資料に共通している考えかたをとらえる。また、ちがっている点を検討する。↓この土地に住み続ける上での戒めと工夫を話し合う。↓美しいふるさととするためのいろいろな要望をまとめて、関係方面へ出す。

(4)　「主として現地学習」に活用する場合、各学年に次のようなコースを想定し、関係資料を示している。

A　一年……奈良市東部（興福寺・博物館↓三月堂↓戒壇院）　B　二年……奈良市西部（唐招提寺↓薬師寺）

C　三年……法隆寺方面（中宮寺↓法隆寺）

本書の特徴は、この「本書の編集方針」「本書の使い方」のとおりであるが、戦後中学校国語科教科書（表1）と比較すると、さらに次の点が指摘できる。

(1)　題材の多様性……題材として取り上げた土地や建造物、仏像に多様性が見られる。例えば、仏像では、戦後中学校国語科教科書教材と出典を同じくする教材14で「戒壇院広目天」を、教材16で「三月堂不空羂索観音」を取り上げていて、戦後中学校国語科教科書教材には見られない。また、教材15の「薬師寺薬師如来」は戦後中学校国語科教科書教材にも記述があるが、その描写方法は全く異なるものである。文章として「読み」にやや抵抗のある資料でも、実際に見ることができる、現地で確かめることができるという利点を活用した選択は、今後の郷土教材開発に示唆を与えている。

(2)　書き手の多様性……ここにいう「多様性」とは、一つは現住地、一つは職業や立場のことである。前者は、表3の「在住」欄に示したように、書き手が奈良市内在住者（◎）一〇名、一時的な奈良市内在住者（○）一名、旅行者（△）二二名、不明（？）一名であることである。戦後中学校国語科教科書では、奈良市内（奈良県内）在住者が皆無である。一方、職業や立場にも、高名な文筆家にまじって、小学生や中学生もいる。奈良出身者・在住者の、郷土に対する視点は、郷土教材開発の重要な観点である。

(3)　ジャンル・内容の多様性……取り上げた文章は、随想のみでなく、論説風のものもあり、また、内容的にも奈良を賞賛するのみでなく、批判する内容もある。戦後中学校国語科教科書では、そのような内容は皆無である。教科書の性格上無理からぬことであるが、奈良の現実を知り、その解決を考える学習も学習者にとっては、重要な学習である。

五　教材開発の試み

奈良を題材にした教材となりうる素材は、さかのぼれば記紀万葉から現代まで豊かに存在するが、本稿では主として明治以降の近現代作品に絞って提案することとする。

(1)　教材開発のための基礎資料

「奈良」に関する資料は多く存在するが、次の資料は教材開発の際に有益である。

①　植西耕一（一九八九）『文学探究　奈良大和路』奈良新聞社……前述の『中学生　ふるさと奈良』編集の中心であった著者が、取材対象を奈良県全域に広げ、実際に著者自身の現地踏破に基づいて分析、論評を加えたもの。奈良県内（京都南部も含む）の一六の地域に深く関わる記紀万葉から近現代に及ぶあらゆるジャンルの文学作品が紹介されている。

②　前登志夫監修（一九八八）『歴史と名作　奈良紀行』主婦の友社……奈良県吉野に生まれ、在住する監修者が、奈良県内の有名古寺社や旧跡について、それにまつわる紀行文や印象記を紹介する。奈良県内を一二の地域に分けている。巻末に作家・作品索引があるのも便利である。

③　奈良県史編集委員会・黒沢幸三編（一九八四）『奈良県史　第九巻　文学――風土と文学――』名著出

版……奈良時代から近代まで、編年体によって奈良に関わる文学を論述する。編者の黒沢をして、「一地域をとおしての全日本文学史」（六ページ）と言わしめるほどの本格的な資料である。

④　帝塚山短期大学日本文芸研究室編（一九八八）『奈良と文学　古代から現代まで』和泉書院……③と同じく編年体により、日本文学全体の中で奈良と文学を捉えることを指向している。特に、近現代に詳しく、また、奈良生まれの作家（上司小剣）も紹介するのは珍しい。

⑤　會津八一他三三名（一九八七）『日本随筆紀行第一八巻　奈良　まほろばの国を尋ねて』作品社……①～④と異なり、作品全体をそのまま掲載して、解説は加えていない。したがって、教材開発の際の本文確認には、極めて有用性が高い。巻末のブックガイドも充実している。

⑥　河野仁昭編（一九九四）『ふるさと文学館　第三五巻【奈良】』ぎょうせい……⑤と同様、作品をそのまま掲載していて、本文確認、教材作成に有用性が高い。巻末の「作家紹介」「作品解説」も役に立つ。

⑦　浦西和彦・浅田隆・太田登編（一九八九）『奈良近代文学事典』和泉書院……近代・現代における奈良に関わる作者とあらゆるジャンルの作品を解説したもの。郷土教材開発のための座右の書とでも言うべき労作である。

⑧　嘉瀬井整夫（一九九八）『奈良大和路文学散歩』鳥影社……近代だけでなく現代の文学作品も積極的に紹介しているので、親しめる書である。

(2)　教材開発のための視点

①　取り上げる事柄・内容

戦後中学校国語科教科書では、前述のように、寺社などの建造物、古墳、仏像、塔などが多かったが、次のような内容や事柄も教材としての価値をもつ。

ア　民話・伝説・昔話など……全国のどの都道府県にもこの類はあるが、奈良県も同様である。奈良県国語教育研究協議会（二〇一六）では、生駒市に伝わる昔話「鬼取山」「おくりおおかみ」を教材化した。また、葛城市民話編集委員会（二〇〇八）では、葛城市内に残る昔話や伝説を集め、テキスト化しているので、すぐに教材として使える。伝説探索には丸山顕徳編（二〇一〇）が役に立つ。

イ　行事・芸能・祭りなど……奈良には、古くから続く伝統的な類が多い。前述⑴⑤の資料には、「大和の春の行事（樋口清之）」「お水取り（入江泰吉）」「山焼（宮元常一）」「大和五条の鬼走り（北條秀司）」など、奈良の行事に取材した随筆が掲載されている。

ウ　奈良の課題など……浅田隆（一九八四）は前述⑴③の資料で、「そこ（著者注―読者が自己の日常生活から見出し難い夢やロマンを、多様な形で安直に提供する場としての風土―奈良―をえがいた作品群のこと）に描かれる奈良とは、奈良県民にとっての生活の現実としての奈良ではなく、情緒としての奈良、浪漫の媒体としての奈良、端的には『思い入れの奈良』と呼び得るところのものである。」と指摘している（六〇二ページ）。例えば「景観問題」は観光都市にとって永遠の課題である。奈良に住んでいるからこそ捉えることのできる課題を考えさせることも郷土教材の役目である。

②　取り上げる文種

ア　短詩型文学（短歌・俳句など）……会津八一以外にも森鷗外の「奈良五十首」があるし、与謝野晶子の短歌にも大和は詠まれている。

イ　説明文、論説・評論文など……現代の奈良が抱える課題に対し、説明や論評は多い。

③　取り上げる地域――奈良・斑鳩以外に――

ア　飛鳥地域　　イ　吉野地域　　ウ　桜井・宇陀地域　　エ　葛城地域

(3)

① 教材開発の事例

教材「かすがのに――鑑賞・会津八一――」

本教材は会津八一の歌集「南京新唱」一五二首から、一六首を選定し、奈良市中心部、西の京、斑鳩地域の順に並べたものである。選定した短歌は次のとおりである。

・春日野（かすが野に……、かすがの、……）
・猿沢池（わぎもこが……）
・高畑（たび人の……）
・新薬師寺金堂（たび人に……）
・香薬師（みほとけの……、ちかづきて……）
・東大寺（おほらかに……）
・奈良阪（ならさかの……）
・海龍王寺（しぐれのあめ……）
・法華寺懐古（ふぢはらの……）
・秋篠寺（あきしぬの……）
・唐招提寺（おほてらの……）
・薬師寺（水煙の……）
・夢殿観音に（あめつちに……）
・法輪寺（くわんおんの……）

会津八一の短歌は、歌碑としても残され、全国に一九基あるうちの一一基が奈良県内にある。したがって、教室での学習だけではなく、現地での学習も可能である。筆者の場合、「奈良めぐり」という行事で、現地で歌碑を模写するとともに、その解釈・鑑賞を一枚のレポートにする課題を課した。

②　教材「ふるさとを見つめる――奈良　現在・過去そして未来[5]――」

本教材は、国語科総合単元学習のために開発したものである。次の二観点から、複数の資料について読んで味わったり調べたりする学習を行う。

ア　奈良という土地や風土が、過去においてどのように捉えられてきたかを学ぶ。――奈良のことを「知る」学習

イ　奈良という土地や風土が抱える現在の問題、それをどのように解決すべきかという未来の問題を学ぶ。――奈良のことを「考える」学習

アの学習資料として、志賀直哉「奈良」、薄田泣菫「奈良」、野上弥生子「奈良」、荻原井泉水「初夏の奈良」、今井鑑三「奈良の秋」の随筆五編を用いる。イは、共通資料として『奈良の景観に関する懇談会の討論の記録』を用いて、問題意識を喚起し、各自設定のテーマに沿って資料を探索する。テーマは次の六つであるが、すべて「今」の問題と関連させる。

①「仏像」②「古建築」―文化財保護との関連

③「町並み・都市景観」④「道・自然」⑤「地形」―開発や日常生活との関連

⑥「伝統行事」―人々の暮らしとの関連

最終的には「奈良という土地・風土にどんな意見をもち、どんな夢や願いを抱いているか」という意見文を書いて、学習を終える。

学習者の反応としては、奈良という土地に対する発見や問題意識の向上、随筆というジャンルの読みへの親し

みなど肯定的に捉える一方で、資料の内容と生活実感との乖離、資料不足等が指摘されている。
これら二教材の実践では、学習者の学習意欲がいつも以上に高かったことを付記しておく。

注

（1）「東書文庫」の検索画面の「作品名」にいくつかの土地名を入力した結果、東京が七六件、奈良が三四件、京都が三〇件、北海道が一〇件となった。本文にも述べたように、この数字はあくまでも参考ということになろう。
（2）初めに「東書文庫」の検索画面の「作品名」にキーワードを入力して検索を行う。次に、その作品（教材）の掲載教科書の所在を（公財）教科書研究センター附属図書館、国立教育政策研究所教育図書館、東書文庫の各検索画面で検索し、確認する。所在が確認できたら、上記三図書館のいずれかで現物を見る。東書文庫以外の二図書館の検索画面においても、作品（教材）名による検索が可能になると利便性が増す。
（3）著者は、現在富山県に在住している。富山県教育委員会作成になる『高校生ふるさと文学モデル教材指導資料』作成の任に当たったことがある。富山県内の高校生が学習するのであるから、「ふるさと文学」でももちろんいいが、奈良県出身の著者としては、「郷土文学」のほうがまだしも受け入れやすい感覚を抱いたことがある。「郷土文学」ならば、今居住する富山県の文学であり、筆者にとって興味・関心は高い。
（4）その意味で、奈良に在住する学習者にとって、奈良を描いた教材群は少なくとも「郷土教材」であり、ときには思い入れの強い「ふるさと教材」であり、決して「地域教材」ではあり得ない。「地域教材」と呼称するのは、例えば、筆者が奈良でも富山でもない地域を題材とする教材を学術的に研究する場合がふさわしいと考えている。
（5）実践の詳細は、第二部第三章第四節「郷土教材を生かした総合単元学習」を参照。

文献

葛城市民話編集委員会（二〇〇八）『葛城のむかしばなし』葛城市立図書館
奈良県国語教育研究協議会（二〇一六）『「伝統的な言語文化」授業の研究と実践』
府川源一郎（二〇〇五）「地域言語文化の発見と創造」、科学的「読み」の授業研究会編『国語科授業の改革5　国語科　小学校・

中学校新教材の徹底研究と授業づくり』学文社
丸山顕徳編（二〇一〇）『奈良伝説探訪』三弥井書店

第四節　郷土教材を生かした総合単元学習
――単元「ふるさとを見つめる―奈良　現在・過去そして未来―」の試み――

一　本実践の意図や留意点

著者は、かねてから郷土を扱った資料を教材化し、実践をとおしてその有効性を確かめる授業を試みてきた。今までは、多く古典領域（万葉集・平家物語・芭蕉など）や文学領域（会津八一・郷土の文学地図など）などで試みてきたが、今回は総合単元として企図した。本実践は、その一試みである。ただし、今回は、小説は文献・資料に含まない。主に、随筆・説明文・解説文・論説文などを扱っている。

国語教室を活性化させる一つの方法として、郷土教材を活用するのが有効であるのは、すでに多くの実践例の示すところである（「郷土教材」とは何かという基本的な問題があるが、今回は仮に「郷土のことを扱った文章」としておく。したがって、その資料の中に、郷土の地名などが出てくるものである）。難しいのは、それが中学生にとって、また、国語の学力を養うのに適しているかという判断である（教材化の問題）。

また、仮に教材化できたとしても、それをどのような学習活動に構成するかという問題がある。どんな教材をどの時期に与えて、どんな学習活動を組んで、どんな国語学力を育てるのか、多くの場合、ゼロからの出発だけにかなりの困難が予想される（学習構成の問題）。

むしろ、実際の授業を通してそれらが明らかになることのほうが多いと考えられるし、改善されるべき性質のものでもあろうと思う。

一方、総合単元は、いろいろな学習活動が組織でき、中でも自分のテーマに沿って調べたり考えたりする個々の学習活動を組織するのは、やはり国語教室を活性化させる一方法である。これも、個人差の問題などが苦労ではあるが、学習時間の確保や途中の指導、生徒相互の働きかけと個人の活動の上手な組み合せで乗り越えられるものである。

生徒にとっては、身近なふるさとのことを改めて見直し、自分の理解を深めるまたとない機会となる。また、総合単元として構成したために、いろいろな学習活動が展開でき、しかも、個人の興味・関心や学習速度に応じた学習を進められる点も有益であると考える。

二　新学習指導要領と本実践との関連

平成五年度から全面実施の新学習指導要領と本実践との関連は次の点にあると考えられる。

(1)　新学習指導要領国語の「改善の基本方針」に「特に、情報化などの社会の変化に対応するため、目的や意図に応じて適切に表現する能力と相手の立場や考えを的確に理解する能力を養い、思考力や想像力及び言語感覚を育てるようにする。」（中学校指導書国語編二ページ）とある。この文言について、飛田多喜雄氏は、

○　情報の理解・選択・処理能力や情報創造力を含め、情報化された社会に十分対応できる読書力（興味・関心・態度・技法）の育成が強く求められている。[1]

○　情報の理解・選択・処理能力だけでなく、主体的な情報創造力を支える適切かつ弾力性のある作文力の育成に係わる指導理念や方途などの開発が新生面の課題として問われているのである。[2]

と述べておられる。本実践は、まさに「奈良」に関する多くの情報を、自分のテーマに即して、いかに選択し、理解して、どう処理し、さらに、その情報を自分の作文にどのように生かすか、また、自分はどの程度新しい情報を発信できるかという、端的に述べれば「情報処理」の指導であり、学習なのである。

(2)　新学習指導要領国語（中学校）の「改善の具体的事項」の一つに、第三学年における選択教科としての「国語」の新設がある。本実践は、この選択教科としての「国語」の指導・学習も志向して行ったものである（もちろん、選択教科の取り扱いをしない指導・学習も可能である）。

選択教科としての「国語」の学習内容には、①総合的な学習、②課題学習、③表現力を高める学習、④自由学習、⑤創造学習、⑥体験学習などが考えられるが、本実践は、①に当たるものである。したがって、表現（書く・話す）・理解（読む・聞く）の総合的な言語活動を組織し、しかも、それらを密接に関連させて、それまでに身につけた技能の応用的活用のしかたを学ばせる工夫をしている。大事なことは、単に、活動だけを「総合的」にすればよい「活動関連」ではなく、その活動でねらっている国語能力をはっきりさせて、それらを関連付け、それを有効に発揮させる学習活動を仕組むことである。

三　単元の構成および単元編成上の工夫

本単元は、教材内容の視点からは次の二つの観点から構成し、読んで味わったり調べたりする学習を複数の教材・資料について行おうとしたものである。もちろん、(1)・(2)を明確に分けて述べた教材や資料ばかりではなく、むしろ一つの教材・資料で(1)・(2)の両方を述べるものが多い。

(1)　奈良のことを「知る」ための学習

奈良という土地や風土が、過去においてどのようにとらえられてきたのかを学ぶ学習。

(2)　奈良のことを「考える」ための学習

奈良という土地や風土がかかえる現在の問題、それをどのように解決しようと考えるかという未来の問題を学ぶための学習。

このような観点から、次のような教材・資料配列を設定する。

(1)の共通教材には、題に「奈良」を含む次の随筆五編を用いる。

①　志賀直哉「奈良」(『志賀直哉全集』第七巻所収)……かつて奈良に住んだことのある筆者が奈良に対する好印象を述べたのち、「観光都市」として健全に発達することを願う文章。奈良の美しさを「名画の残欠」と述べたのは有名。

②　薄田泣菫「奈良」(『薄田泣菫全集』第七巻所収)……奈良を旅する筆者が、「まるで『夢』の国をぶらつくような感じがする」として、奈良の廃虚性を語った文章。

③　野上弥生子「奈良」(『野上彌生子全集』第一九巻所収)……奈良を旅する筆者が、奈良の「しづかに淀んでゐる空気」が自分を回顧的にさせていると述べている。また、鹿についても言及している。

④　荻原井泉水「初夏の奈良」(『中学生ふるさと奈良』所収)……奈良は、特に新緑のころがよいとして、自然の美しさを述べる。かつて中一用教材だった文章。

⑤　今井鑑三「奈良の秋」(『中学生ふるさと奈良』所収)……奈良の秋のよさを、多くの建築物や鹿を材料に述べている。これもかつて小五用教材だった文章。

(2)の共通教材には、「奈良の景観に関する懇談会の討論の記録」を用い、奈良が抱える問題の一端を知って、問題意識をもたせるようにした。

第六～一〇時のテーマ別学習の資料は、あとの八に述べたとおりである。随筆に限らず、紀行文・説明(解説）文・ガイドブックやパンフレット・新聞の切り抜きにいたるまで、学校図書館・著者の蔵書を中心に、公共図書館の蔵書も加える。それ以外に生徒自身が、個人の蔵書として持参したもの、学校図書館・公共図書館から借り出したものもある（生徒にはできるだけ公共図書館を利用することを勧めた。県立奈良図書館・奈良市立図書館とともに郷土関係の資料が充実しているからである）。

指導計画の視点からは、全一四時間を三つのブロックに分けている。すなわち、第一次（第一〜六時）の随筆五編を読む段階（主に「奈良」のことを知るための学習）、第二次（第七〜一〇時）テーマ別資料探索学習の段階（主に「奈良」のことを考えるための学習）、第三次（第一一〜一四時）の資料を再構成して、自分の考えをまとめて書く段階である。

四　単元全体の指導目標

(1)　郷土に対する多くの人々の考えを知り、また、それらを通して自分の考えや感じ方を広げたり深めたりすることによって、郷土に対するより深い理解を図る。

(2)　筆者がどんな態度や興味を持って「奈良」を見、また、奈良の何に注目して、どんな土地・風土ととらえているのか、的確に読み取る能力を養う。

(3)　自分の読み取った内容や感じたり考えたりしたことを、的確に分かりやすく説明する能力を養う。また、要点を聞き取り、的確にメモする能力を養う。

(4)　「奈良」に関する多くの文章を読んで、「未来の奈良」について、自分なりの観点からまとまった意見を持たせ、文章にまとめることをとおして、資料を再構成する能力を養う。

(5)　文献資料の扱い方や活用法を知り、今後のそれらに親しむ態度やそれらの活用の意欲を養う。

五　指導計画（全一四時間）

時	主たる学習内容・学習活動	指導上の留意点
1	(1) 奈良らしさを感じるものをあげる。 (2) 奈良のイメージを単語で表す。 (3) 学習の計画を立て、学習の準備をする。	・第6時以降のグループテーマとして使えるように類型化する。 ・「〜い」「〜しい」「〜やか」で終わる語とする。最初は自力で、友達同士の追加を経て、『日本語尾音索引』（田島・丹羽　一九八七　笠間書院）を利用。
2　3　4	(1)「奈良」と題した随筆三編を読む。 (2) 三つの観点（作者・内容・表現）から読み取ったことを整理する。	・指導者が範読する。 ・形式を定めた「読後メモ」を利用させる。〈学習の手引き①〉
5	(1) 読み取ったことについて意見交換し、読み方を広げ深める。 (2) 奈良を描いた随筆をさらに二編読み、読み取ったことを整理する。	・四人のグループで「読後メモ」を回覧させる。 ・B6大のカードを使わせて、自由に書かせる（第二〜四時の応用）。 生徒同士の意見交換をさせ、読み方・とらえ方を深めさせる。
6	(1) 奈良を描いた随筆五編について、その共通点・相違点を整理し、それらに触発された自分の「奈良」観を書く。 (2) 次時からのテーマ別学習のテーマを知って、自分のテーマを決める。テーマとして設定したのは、次の六つである。 ①仏像　②古建築　③町並み・都市景観 ④道・自然　⑤地形　⑥伝統行事 すべて「いま」の問題（例えば、①②	・一応のまとめとして、四〇〇字程度の文章を書かせる。共通点・相違点の整理に1、自分の「奈良」観の説明に3ぐらいの割合。 ・テーマを決め、「調べたいこと」「調べられそうなこと」などをはっきりさせる。そして、資料一覧・主な資料の目次などを見て、役に立ちそうな資料の見当をつけさせる。〈学習の手引き②〉 ・単に、古都や自然の賛美に終わらせるのではなく、あるいは、過去の歴史だけを見るのではなく、「現在」「未来」の奈良を考える立場をとる。資料もそのような観点で読ませる。

時	学習活動	指導上の留意点
	は文化財保護と、③④⑤は開発や日常生活と、⑥は人々の暮らし）とセットにする。 (3)　テーマを決めるための参考に、「奈良の景観に関する懇談会の討論の記録」を読んで、現在及び未来の奈良が抱える問題を知る。景観問題に関するスライドを見る。	
7 8 9	(1)　各自のテーマに沿って資料を読む。「内容の要約」「自分の思いや考え」などをメモする。	・第一〇時のミニブックトークでどうしても伝えたいという内容については、赤で印をつけさせておく。また、自分の思いや考え、感じ方なども積極的に書かせておく。
10	(1)　同テーマのグループ員に自分の読んだ資料（文章）の紹介をする（ミニブックトーク）。 (2)　聞き書きメモを作り、テーマにかかわる情報量を増やす。	・ミニブックトークは、紹介のしかたの手引き（台本形式）にしたがって進める。〈学習の手引き③〉 ・「内容の要点」とともに、その資料の内容や表現に対する自分の感じ方や考え方なども述べさせる。 ・聞く人を意識したトークをする（内容・速さ・間など）。 ・聞くほうには、トークの要点を聞き分けて、メモをとらせる。トーク全部を書こうとはさせない。
11 12 13	(1)　学習したことを生かして、「未来の奈良を考える」というテーマで作文を書く。	・課題条件法を用いる。「奈良市民だより」に掲載するという設定。四〇〇字詰め原稿用紙で、二・五～三枚。〈学習の手引き④〉 ・簡単な構想メモをつくらせる。メモの内容は、「主題文」「文章構成」「仮題→題」の三項目とする。〈学習の手引き⑤〉 ・題については、読み手を引き付ける工夫をさせる。

14	
(1)「学習の感想」「授業への提案」を盛り込んだ作文を書く。	・四〇〇字以内の文章を書かせる。「学習の感想」「授業への提案」は1対1ぐらいの割合。
(2) 目次などを整理して、ファイルを提出。	

六　指導の実際

指導の実際を、全指導過程のいくつかのポイントについて、一生徒（Y・Y子）の学習の結果や実際の学習の手引き・ワークシートなどを示しながら、述べることにする。

(1) 第二～六時の「奈良」を描いた随筆五編を読む学習について

この部分では、次のような事項を指導のねらいとした。

① 筆者がどんな態度や興味を持って「奈良」を見（筆者のものの見方・考え方）、また「奈良」の何に注目して、どんな土地・風土ととらえているのか的確に読み取る（内容をとらえる）。そのことを通して、自分の「奈良」に対する考えを深める。

② 多くの文章を読んで、「奈良」の二面性——文化・観光の奈良、生活の場としての奈良——について考え、特に、将来の「奈良」について自分なりのまとまった意見を持つ。

③ 表現の仕方やことばの選び方について、筆者が工夫したり、自分が気に入ったりした部分に注意しながら読み味わう。

同じ題材（奈良の土地や風土）を取り上げた五編の随筆を読み比べることで、それぞれの筆者の「奈良」に対するとらえ方がより鮮明になる。そして、それを整理し、書き記し、自分のとらえ方と比べることで、自分の見方や考え方がさらに深まる。〈資料1〉に示したような「読みの観点」——学習の手引き——は、特に、本実践のような自主的に学習を進めさせる場合には、必要であり、有効である。

四〇〇字のまとめの文章を書かせる際には、次のような指示をした。

四〇〇字程度で書きましょう。大きく二つのまとまりに分けて書きなさい。一つめは、作品1～5が、「奈良のとらえ方」つまり「奈良をどんな町、どんな土地、どんな風土ととらえているか」という目で、共通点・相違点を書きなさい。二つめは、1～5を読んで感じたり考えたりした自分の奈良観・奈良という町や土地のとらえ方を書きなさい。一つめが一〇〇字程度、二つめが三〇〇字程度です。

ただ、取り上げた教材が、いささか古めかしいものであったので、生徒は、読み取りには苦労していたようである。〈資料2〉は、Y・Y子の志賀直哉「奈良」についての読後メモ、〈資料3〉は、同じくY・Y子の「まとめの文章」である。Y・Y子は、五編の随筆を読んで、仏像や寺院の観光化されたものよりも、奈良の町の持つ雰囲気を奈良らしさととらえている。特に、朝の奈良の空気をとらえて、そこに奈良らしさを感じると述べているのは、やはり体験した者の感じ方であろう。この生徒は、次のテーマ別学習で「伝統行事」を取り上げ、その意味や人々の暮らしとの関係について調査を進める。

〈資料1〉［ふるさと奈良・学習の手引き①］随筆・紀行文の読み方・味わい方

◎　随筆や紀行文を読むときには、次の三点に注意しましょう。

(1)　筆者を想像して読み味わう。

筆者の興味・関心はどこにあるのか、それをどういう態度でながめ、どうとらえているのかといった心の奥底に触れることである。

例えば、

①人を愛する心
②温かい心
③独特な考え方や生き方
④自然や動植物を愛する心
⑤細かな観察
⑥科学や芸術などに対する鋭い眼
など、実に多くの心に触れることができる。
(2)　内容を正しく豊かに読み味わう。
①　筆者は何に眼を向けているか。
②　読者にどういう面を伝えようとしているのか。
③　どんな体験や実例を出しているのか。
④　そこから、どういう見方や考え方を導きだそうとしているのか。
(3)　表現の工夫を読み味わう。
①　書き出しと結びの工夫
ア 実例を使った例　イ　事実から疑問を感じさせる例
ウ　事実に感動を投入させた例　エ　感想を全面に出した例
②　体験や実例の取り上げ方、並べ方の工夫
③　文字・語句の選び方・使い方の工夫
④　文体の工夫——特に文末表現　など

〈資料2〉志賀直哉「奈良」の読後メモ

＜資料２＞志賀直哉「奈良」の読後メモ

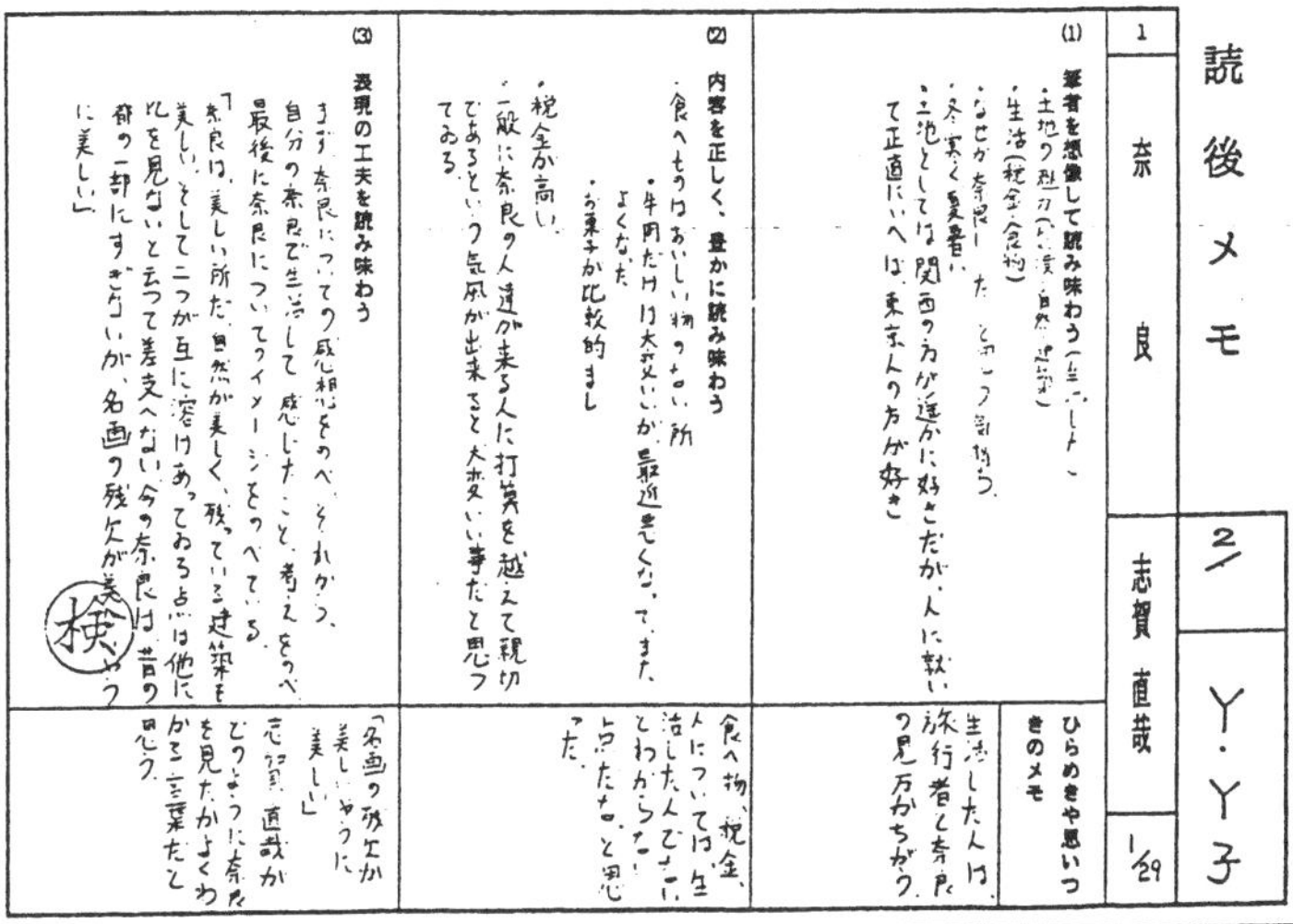
読後メモ

1　奈良　志賀直哉　1/29

2/　Y・Y子

(1) 筆者を想像して読み味わう

・土地の魅力（自然・遺跡）

・生活（税金・食物）

て正直にいへば、東京人の方が好き

ひらめきや思いつきのメモ

生活した人は旅行者と奈良の見方がちがう。

(2) 内容を正しく、豊かに読み味わう

・食べものはおいしい物のない所

・牛肉だけは大変いいが、最近まずくなってまたよくなった

・お菓子が比較的まし

・税金が高い

・一般に奈良の人達が来る人に打算を越えて親切であるという気風が出来ると大変いい事だと思っている。

食べ物、税金、人については生活した人でないとわからない点だなと思った。

(3) 表現の工夫を読み味わう

まず奈良についての感想をのべ、それから、自分の奈良で生活して感じたこと、考えをのべ最後に奈良についてのイメージをのべている。

「奈良は、美しい所だ。自然が美しく、残っている建築を美しい。そして二つが互に溶けあっているところは他に比を見ないと云って差支へない今の奈良は昔の都の一部にすぎないが、名画の残欠が美しいように美しい」

「名画の残欠が美しいように美しい」志賀直哉がどのように奈良を見たかよくわかる言葉だと思う。

検

〈資料3〉まとめの文章

仏像や寺院に、奈良の都に来たことを感じている。ほとんどが観光地としてしか見ていないので、あまり悪いことは書かれていなかった。奈良について、なつかしい、あたたかいなどのイメージを抱いているようだ。

これらを読んで、どれも、私の奈良の見方とは違っていた。確かにきれいだとは思う。景観もよかったと思う。でも、ここ数年マンションも多く建ったし、近鉄奈良駅付近と奈良町とではずいぶんイメージが違う。仏像や建築物は有名なものかも知れないけれど、奈良でなくても感動する仏像や建物は多くある。私が感じた奈良は、仏像や建築も立派だけれど、やっぱり、墨・筆・一刀彫りの店の並ぶ道を鹿とともに歩ける、というのが特徴、奈良らしさだと思う。特に朝、しんとはりつめた空気の中、ゴミを食べる鹿の姿もさわがしい人やビルの姿もなく、ただ、緑の山と、鹿の雄々しさと、朝の日の光に包まれた朝は奈良にしかない風景だと思う。

(2)　第六〜一〇時のテーマ別に「奈良」のことを調べる学習について

第一時の「奈良」らしさを感じるものを、次の六つに類型化して整理し、自分の興味や関心に即して、一つのテーマを選ばせた。そののち、テーマをさらに具体化して、各自の調査テーマを考えさせた。六つのテーマと、具体的な調査テーマの例を示す。テーマの下の人数はそのテーマを選んだ人数（一五九人中）を示す。

①　仏（像）（二三名）……仏（像）の表情とそれが示す意味／今と昔の仏像の見方の違い／仏像と今後の文化財保存／現在における仏像の果たす役割り／仏像と私たちとの関係の未来　など

②　古建築（四〇名）……古建築物のしくみについて／古建築と奈良との調和／奈良の建物とそれにこめられた人々の思い／古建築と周りの人々／古建築をどのように保存したか、また、どのように保存していくかなど

③　町並み・都市景観（三八名）……奈良公園付近の町並み・都市景観／町並みや景観の昔と現在／町並み・景観をどのように保存していくか／町並み・都市景観と市民生活への影響／奈良の町並み・都市景観の保存と暮らし　など

④　道・自然（一七名）……奈良の自然のよさ／自然と奈良の人々のつながり／人と道・自然のかかわり　など

⑤　地形（一二名）……奈良の自然と動物・昆虫／奈良の地形／地形と暮らし　など

⑥　伝統行事（二九名）……奈良の伝統行事の由来／伝統行事――お水取りについて――／奈良の伝統行事と人々の暮らし／伝統行事と今の人々／奈良の伝統行事はこれからどうあるべきか　など

これらのテーマに即して、〈資料4〉では、自分の要求に合うであろう文献の予想をさせている。目次などからおよその見当をつけさせるわけで、ここで情報処理の一つのしかたを学ぶ。

〈資料4〉文献選択メモ

＜資料4＞［ふるさと奈良・学習の手引き②］

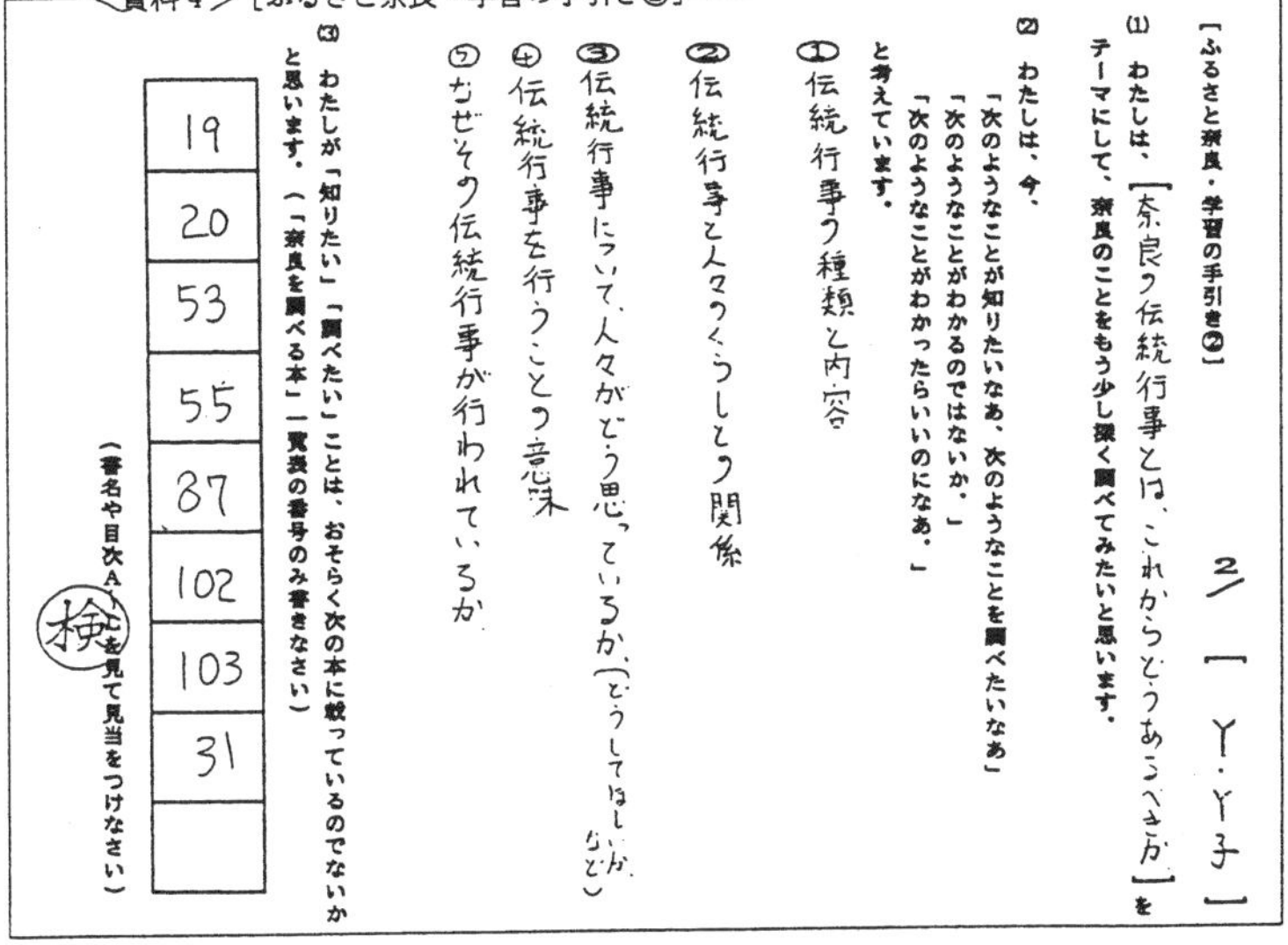
【ふるさと奈良・学習の手引き②】

2/【Y・Y子】

(1) わたしは、【奈良の伝統行事とは、これからどうあるべきか】をテーマにして、奈良のことをもう少し深く調べてみたいと思います。

(2) わたしは、今、
「次のようなことが知りたいなあ、次のようなことを調べたいなあ」
「次のようなことがわかるのではないか。」
「次のようなことがわかったらいいのになあ。」
と考えています。

①伝統行事の種類と内容
②伝統行事と人々のくらしとの関係
③伝統行事について、人々がどう思っているか。（どうしてほしいか、など）
④伝統行事を行うことの意味
⑤なぜその伝統行事が行われているか

(3) わたしが「知りたい」「調べたい」ことは、おそらく次の本に載っているのではないかと思います。（「奈良を調べる本」一覧表の番号のみ書きなさい）

19
20
53
55
87
102
103
31

（書名や目次A・Cを見て見当をつけなさい）

検

〈資料5〉ミニブックトークのためのメモ

＜資料5＞ミニ・ブックトークのためのメモ

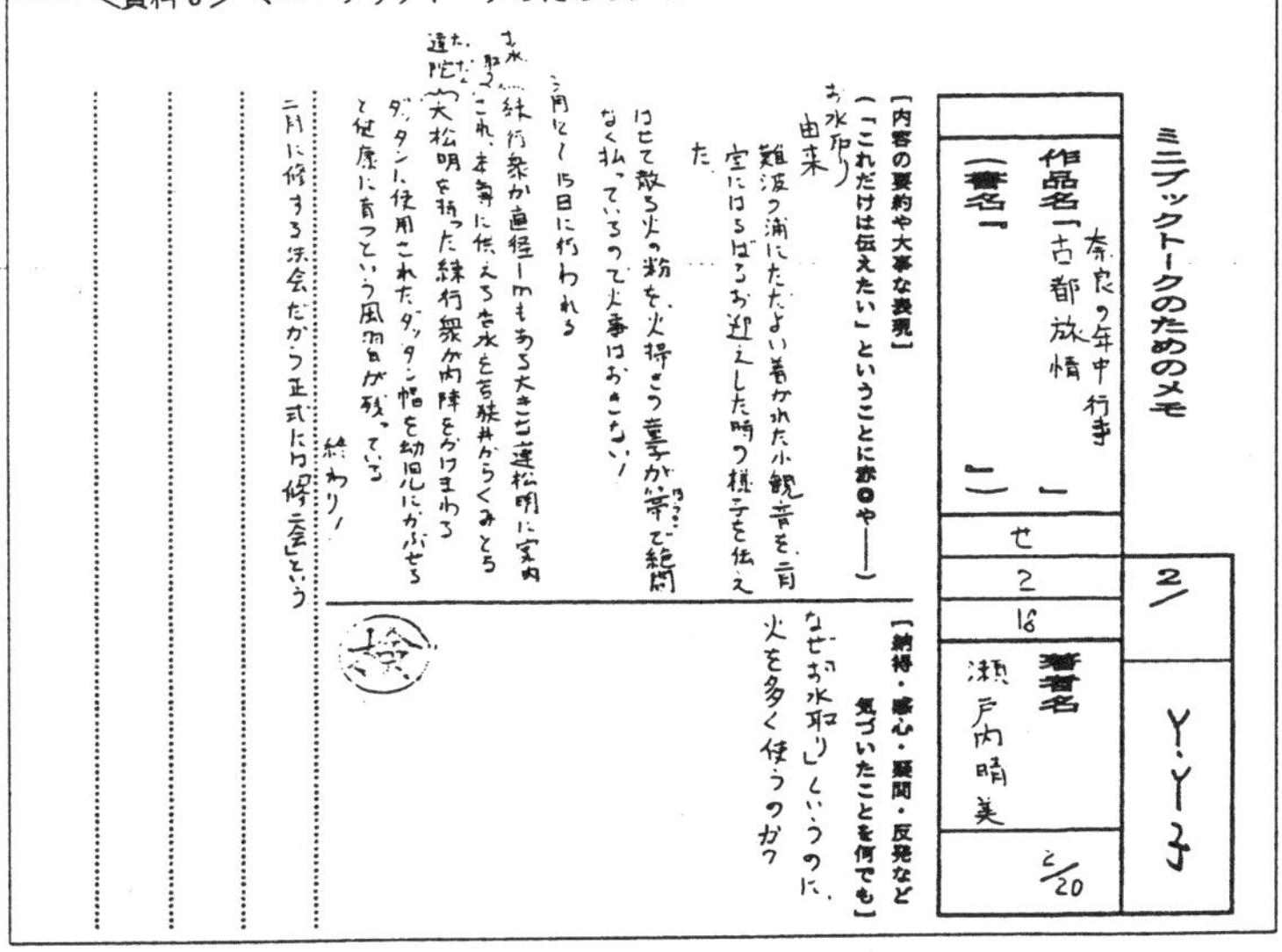
ミニブックトークのためのメモ

2/　Y・Y子

作品名「古都旅情　奈良の年中行事」
（書名「　」）
せ　2　18
著者名　瀬戸内晴美
2/20

【内容の要約や大事な表現】
（「これだけは伝えたい」ということに赤○や——）

お水取り
由来
難波の浦にただよい着かれた小観音を、宮にはるばるお迎えした時の様子を伝えた。
はぜて散る火の粉を火so?ごう童子が箒で絶間なく払っているので火事はおきない！
3月とく15日に行われる
これ、本尊に供える香水を若狭井からくみとる
練行衆が直径1mもある大きな達松明に案内
達陀の大松明を持った練行衆が内陣をかけまわる
ダッタンに使用されたダッタン帽を幼児にかぶせると健康に育つという風習が残っている
二月に修する法会だから正式には「修二会」という
終わり！

【納得・感心・疑問・反発など気づいたことを何でも】
なぜ「お水取り」というのに、火を多く使うのか？

検

文献・資料等で調べた成果は、「ミニブックトーク」という学習を通して、同じテーマで学習を進める友人に資料の提供をする。「ブックトーク」とは、「幾冊かの本を、その内容を示して、ある特定のグループを対象に紹介する技術」（阪本一郎他『新読書指導事典』一九八一・第一法規、八九ページ）のことをいう。今回は、前述したテーマの同じ者どうしが、自分の読んだ文献・資料等について、〈資料6〉に示すような「ミニ・ブックトーク」のための台本にしたがって、報告しあうわけである。そのために〈資料5〉に示したメモを作り、そのうちの一冊を選んで、強調点を明らかにしながら、報告する。一方聞く生徒は、〈資料7〉に示すとおり、「聞き書きメモ」をとりながら、報告を聞くことになる。

音声表現・音声理解の能力を育成することをねらい、また、情報拡大・情報獲得の手段を学ばせることにもなる。

〈資料6〉［ふるさと奈良・学習の手引き③］ミニブックトークのしかた

○　一人あたり、全体で約一〇分。うち五分はブックトークにあて、残り五分は、質問の時間にする。
○　トークする人は、メモする人のことを考えて、ややゆっくりめに。ただし、途中でいちいち質問には答えず、五分間トークしてしまう。いちばんよくないのは、書いた内容を棒読みすること。

〔ブックトークの台本〕

①　わたしは、『　（書名）　』という本の（〇〇ページ）「　（作品名）　」という文章を読みました。著者は〇〇〇〇です。（分類番号は〇〇〇です。）〈ここまで約一分〉

②　この文章で大事だと思ったところや著者の主張・強調点だと思った内容を整理し言います。一つめは………。二つめは………。〈ここまで約三分〉

③　この文章で、わたしが感じたり意見をもったりしたことは、次のようなことです。

一つめは……。二つめは……。〈ここまで約五分〉

④　これで、わたしのブックトークは終わりです。何か質問はありませんか。〈あれば答える〉〈一〇分終了〉

〈資料7〉ブックトーク聞き書きメモ

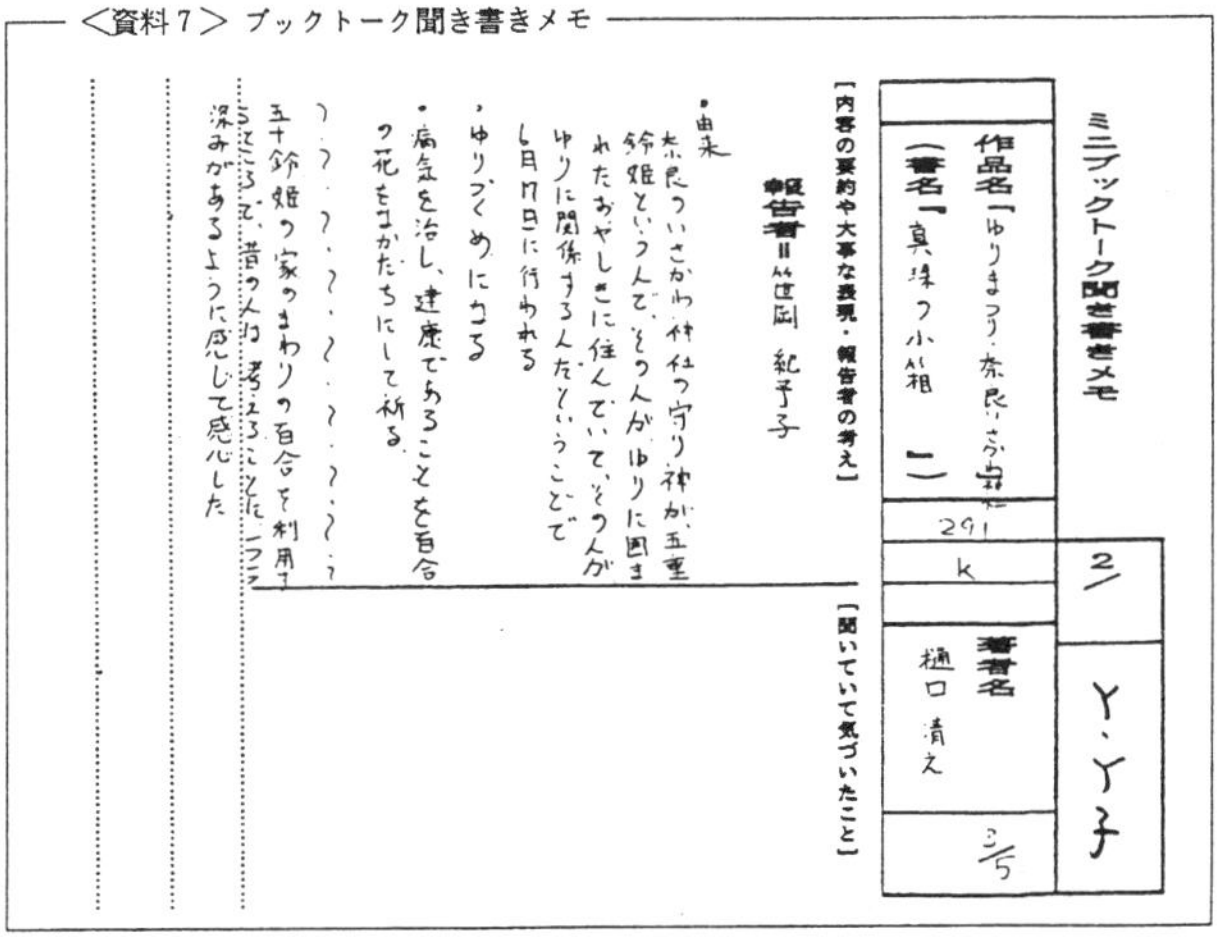

ミニブックトーク聞き書きメモ
作品名「ゆりまつり・奈良いさかわ神社
（書名「真珠の小箱　二）
291
k
2/
著者名
樋口清之
Y・Y子
3/5
【内容の要約や大事な表現・報告者の考え】
報告者＝笹岡　紀子
・由来
奈良のいさかわ神社の守り神が、五十鈴姫という人で、その人がゆりに囲まれたおやしきに住んでいて、その人がゆりに関係する人だということで6月17日に行われる
・ゆりづくめになる
・病気を治し、健康であることを百合の花をまかたちにして祈る。
五十鈴姫の家のまわりの百合を利用するところで、昔の人は考えることがすごく深みがあるように感じて感心した
【聞いていて気づいたこと】

(3)　第一一～一四時の「未来の奈良を考える」というテーマで作文を書く学習について

「課題条件法」を用いる。「課題条件」は、〈資料8〉に示すとおりである。また、「作文を書くためのメモ」（簡略化した「構想メモ」）を〈資料9〉に示す。〈資料10〉は、完成した作文の全文である（ともにY・Y子のもの）。

Y・Y子は、奈良の伝統行事が、人々の暮らしや風習と深い関連を持っていることを述べる。また、多くの人が伝統行事に積極的に参加し、そのことの意味をじかに感じてほしいと訴える。そして、伝統と開発のバランスの大切さを説いている。随筆五編の筆者のとらえ方や自分で調べたりブックトークで得たりした伝統行事にかかわることがらを巧みに取り入れ、自分の願いも織りまぜて、意見を述べている。

〈資料8〉［ふるさと奈良・学習の手引き④］作文「未来の奈良を考える」の書き方

1　課題

奈良市役所の広報課から次のような依頼がきた。

「今度『奈良市民だより』で「未来の奈良を考える」という特集をすることになった。そこで、現代の中学生（中には、未来の奈良市民もいる）が、奈良という土地・風土にどんな意見を持ち、どんな夢や願いを抱いているか、広く市民の皆さんに知ってもらおうと思う。学習したことを生かして、作文を書いてもらいたい。」

2　条件

①　目的　奈良という町について、将来どうあってほしいかという自分の意見を理解してもらう。

②　相手　不特定多数（『奈良市民だより』に載るのだから、奈良市民全員が読むと考えたほうがよい）

③　内容　今回、多くの資料で学んだことをふんだんに取り入れる。効果的な引用もよい。なお、見たこと・聞いたこと・体験したこと・感じたことなども取り入れる。

④　構成　原則として「自由」とするが、次のような組み立てを参考にするとよい。

○　二段法（前段・後段）

前段に「調べてわかったこと・感じたこと」、後段に「自分の考えや夢・願いなど」を書く。

○　三段法（初め・なか・終わりまたは　序論・本論・結論）

⑤　文体・分量

常体使用。四〇〇字づめ原稿用紙に二・五〜三枚。

清書はペン書きのこと。

〈資料9〉［ふるさと奈良・学習の手引き⑤］作文を書くためのメモ

(2)で述べた六つのテーマ別に作文の文題例を示す。

① 仏（像）……仏は考える／奈良が消える日／仏たちの見ていた奈良／仏像の目にも涙／観光客のための仏像？／仏のほほえみをいつまでも　など

② 古建築……知られざる大和の古寺／町の中にうずもれていく古建築／茶色の建物と白い建物／「奈良」らしい都市計画を！／古建築とともに　など

③ 町並み・都市景観……奈良町を探る／若草山が見えなくなったとき／奈良にいて「奈良」が見えない／何をすべきですか？　愛する奈良のために　など

④ 道・自然……二一世紀のシルクロード／いいのだろうか、心が減っていく風景／鹿が町から消える日／自然のロマン／奈良・自然・未来　など

⑤ 地形……この風景をいつまでも／緑が泣いた――未来の奈良はどうなるのか――　など

⑥ 伝統行事……発展と伝統と／山焼きの火が消える／山焼きのあとに残るもの／「らしさ」を伝統から／伝統行事！この意味知ってる？／ひびの入った杯　など

〈資料9〉［ふるさと奈良・学習の手引き⑤］

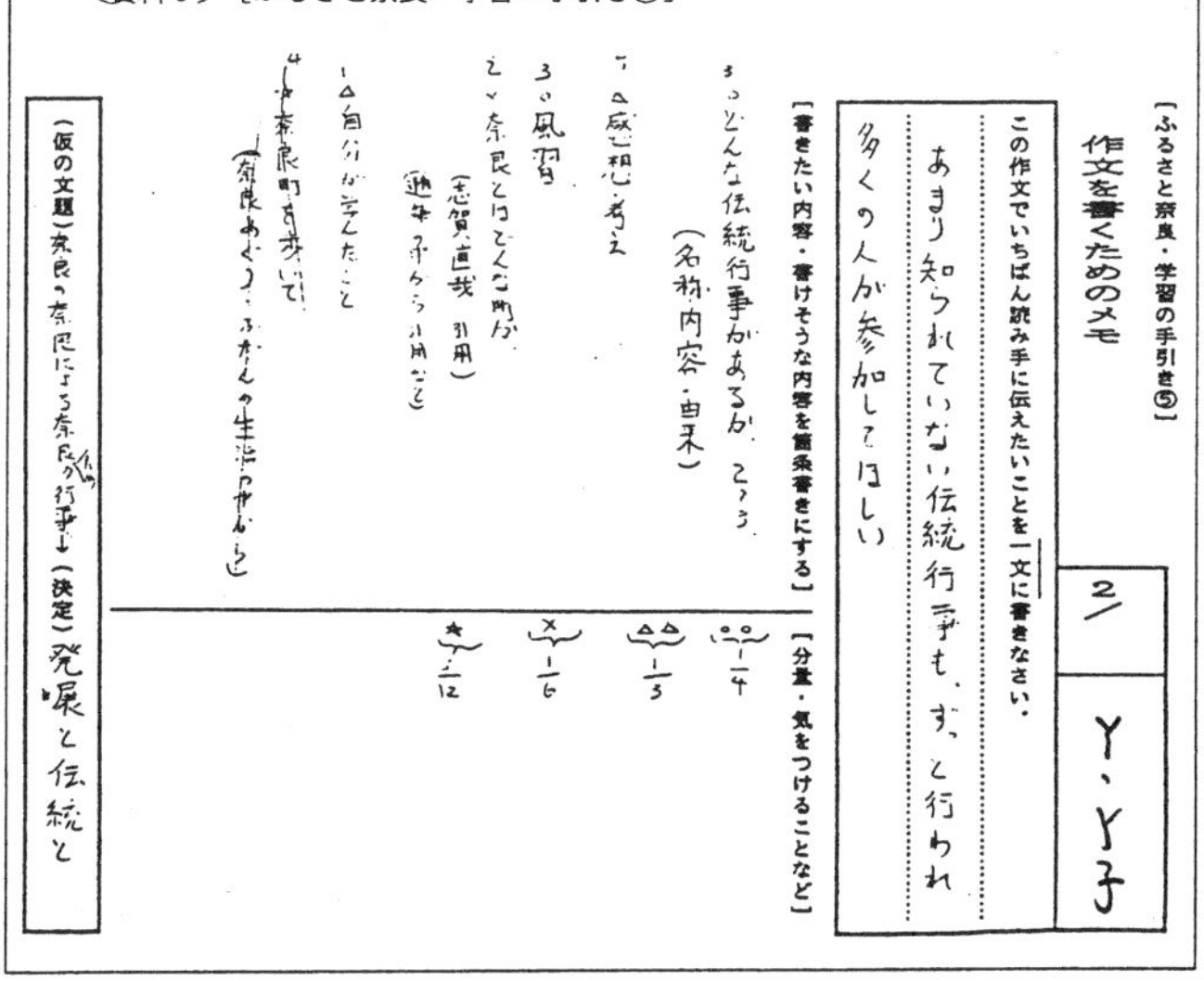
［ふるさと奈良・学習の手引き⑤］
作文を書くためのメモ
この作文でいちばん読み手に伝えたいことを一文に書きなさい。
あまり知られていない伝統行事も、ずっと行われ多くの人が参加してほしい
［書きたい内容・書けそうな内容を箇条書きにする］
［分量・気をつけることなど］
［仮の文題］
［決定］発展と伝統と

〈資料10〉完成作文

発展と伝統と

奈良は、寺や仏像も多いが、伝統行事も多くある。あまり知られていない行事も多い。

私が、伝統行事を調べ、学んだことは、季節の節目だけでなく、それ以外にも多くの行事が行われ、それらひとつひとつにはちゃんと意味がある、ということである。そして、多くの風習が残っているということだ。

さて、この奈良を人はどのように見ているのだろうか。志賀直哉は奈良に住み、食べ物はおいしいものがなく、税金は高いが、土地に魅力があり、「名画の残欠がうつくしいやうに美しい」と言っている。薄田泣菫は、仏像や奈良の町に親しみを感じ、奈良は「夢の国」のようだ、「すべてのものが『美』の夢に漂っている」と言っている。野上彌生子は「お寺と仏さまの古い都」と言っている。

このようにいわれる奈良では、どのような行事が行われているのだろうか。よく知られている「お水取り」。この行事は三月一二日～一三日に行われ、「お水取り」「達陀」という二つから成っている。達陀に使用された達陀帽を幼児にかぶせると、健康に育つという風習が残っている。

「ゆりまつり」は六月一七日に行われ、その日はゆりづくめになって、ゆりの花をなかだちにして病気をなくし、健康であることを祈っている。

「采女祭り」は仲秋の名月に行われ、猿沢池に身を投じた采女の霊を花扇を献して慰めるまつりである。月見の夜、この猿沢池の水に手足をひたすとシモヤケにならないという風習が残っている。

このほかに「うちわまき」「山焼き」など、多くの行事が行われている。しかし、これらの行事もマンションやデパートのたち並びゆく近年では、影が薄れているように思える。山焼きの雄大な炎でさえも、マンションの陰やネオンの光で影を薄くしている。テレビでは広く放映されているが、現地で見るのとは、まったく違うイメージを与える。それに多く残っている風習も、現地に行かなければやることも知ることもできない。薄れゆく奈良の伝統行事、さかんに燃える炎よりネオンが明るく輝くのか。

商店街を離れると、そこは静かな奈良町。寺でも行事でもないが、そこにも奈良らしさがある。火を多く使う行事の多い奈良。炎の光で浮かびあがる奈良町はとても美しい。

開発もし、そして、奈良らしいものを残してゆく。開発も大事だが、奈良の昔からの風習を忘れ去ってゆくのは悲しい。奈良には、どんな風習があるかをもっと知ってほしい。行事はテレビではなく、自分の体で体験してほしい。

伝統行事の中に近代化はない。発展して行く町の中で、昔からの今も変わらない伝統行事を続けていくことは大事だ。そして多くの人々に参加してもらい、伝統行事を自分なりに理解してもらえたらと思う。

七　学習に対する生徒の反応

第一四時に書かせた「学習の感想」「授業への提案」を盛り込んだ作文から生徒の反応を探り、本実践への考察を加えてみよう。

1　学習してよかったこと

(1)　学習内容について

ア　「奈良」について知らなかったことが多くあり、それらを知ることができてよかったという意見は、圧倒的であった。「奈良の町に対する新しい発見があった」「奈良の町のことでいろいろ考えさせられた」「奈良の町がいろいろな問題をかかえていることもわかった」「ふだんは何気なく見ている奈良の町を真剣に見るようになった」「奈良のことがどんどんわかるのは楽しかった」「発展と保存とを両立させるにはどうしたらよいかなどの疑問が出てきた」「自分の周りについて書いた本は分かりやすかったし、読みやすかった」「うれしいことがあった。それは、奈良をよく見ている人が多いことだった」などである。本節の「四　単元全体の指導目標」に掲げた(1)の達成はされたものと考えてよいであろう。

郷土を扱った文献や資料を教材化し、授業として構成することは、内容的にきわめて高い淘冶価値をもつものとして、今後さらに開発を進める必要を感じるし、意義もあることである。

イ　「随筆というジャンルの文章が読めてよかった」という随筆への親しみを感じさせる意見もあった。教材化するときの文章様式の問題も考えるべき課題である。

(2)　学習方法・学習形態について

ア　文献・資料等の調査やブックトークはグループ活動を主としたので、学習が進んだという意見がある。「友達の意見を聞いていろいろな考え方があることに気づいた。それを聞いていい意見を考えようとしている自分に満足した」などである。

イ　自分の知らない情報がグループのメンバーから得られたという意見もあった。これには「ミニ・ブックトーク」がかなり効果的であったようで、「ミニブックトークは、あとの作文の材料集めに役だった」「ミニブックトークは、班で報告し合うのが楽しかった」などの意見がある。情報獲得の一つの方法を学んだようである。

ウ　テーマを自分で決め、自分で文献・資料を選んで調査を進めるというのも好評であった。できれば、指導者の設定した六つのテーマ以外でも（例えば「奈良の生活環境」など）調べたいという意欲的な意見も見られた。

エ　文字資料・文献だけでなく、写真集や指導者が撮影したスライドも使用したが、奈良の現状把握が効果的に行われるとの指摘がある。視聴覚資料など、今後の資料収集や資料の内容に一つの示唆を与えるものである。

2　学習中困ったこと・悩んだこと

(1)　学習内容について

ア　第二～六時に読んだ随筆が、やや古めかしい内容であり、しかも志賀直哉の文章――奈良での生活を感じさせる文章――が少なかったのは、読解に抵抗があったようである。「読後メモに困った」「筆者の言いたいことが何なのかよくわからず、書いてもイメージが変わってしまうおそれがあるみたいで、なかなか進まなかった」などである。

(2)　学習方法・学習形態について

ア　資料の不足が指摘された。特に③の「町並み・都市景観」に関する資料、④の「道・自然」に関する資料の不足である。奈良という町の特性から、やはり①の「仏像」、②の「古建築」、⑥の「伝統行事」に関する資料が多いのは当然である。ここでも、収集すべき資料の内容に、方向が示されているようである。

イ　後述の資料は、実際の授業では、教室のまん中の机に並べたが、テーマ別等に分類してほしいという意見もあった。書名からその文献・資料のおよその内容の予想をさせ、特に役立つと考えられる文献・資料については目次を印刷して生徒に配布したが、実際の資料操作の段階では、まだ未熟さを感じさせる。自分の調査に必要な文献・資料の、しかもその部分を見つけるのはかなりの抵抗があるようである。もっとも、文献・資料というものは、自分の求める内容がずばりとかいてあるものではない、という事実も認識させる必要がある大事な問題である。

3　今後の授業への提案

(1)　学習内容について

ア　「奈良だけでなく、全国のよく似た町（古都といわれるような）と比較するのもおもしろい」「自分の心の中の問題にまで踏み込めたらおもしろい」「テーマをさらにしぼって小さな問題で考えたい」「ほかのテーマについて、みんなの考えていることを知りたい」「小説に描かれている奈良を調べてみるのもおもしろい」など、意欲的な提案があった。

(2)　学習方法・学習形態について

ア　実際に見たり聞いたりすることが可能なのだから、もっと体験したのちに文献・資料を読むと、実感できるのではないかという提案が多く見られた。「実際に奈良の町を歩いて、見て、それから本を読むともっと実感をもって読めると思う」「現地で体験すると、その文章を書いた人と同じ見方ができたり、また違ったおもしろい見方ができるようになるかもしれない」「県庁などに行って、専門の人の話を聞いたら奈良についてもっとよくわかる」などの提案である。

イ　「ミニブックトークはよかったが、それにかかわる時間（調べる時間・報告する時間）がもっとほしかった」に示されるように、ミニブックトークには十分な時間の確保が必要である。自分なりに整理し、聞くほうも余裕をもって聞きたいということであろう。今回は、同じグループの者は文献・資料が重複しないように心がけさせたが、ときに同じ文献・資料をめぐっての討論も必要であるという指摘もあった。また、異なるテーマを選んだグループのブックトークも聞きたいという要望もあり、より多様なブックトークの活用法を取り入れる必要性を感じている。

ウ　「クラス全体に調べたことや自分の考え・レポートを発表する機会がほしい」「自分の課題のほかにどんな問題があり、みんなはそれについてどう考えているか知りたい」など、学習の成果を発表・交換し合う機会を強く要求している。音声表現の指導と関連を図りながら、今後の実践に生かしたい指摘である。

エ　「私たち自身がもっと資料を集めるべきである」「私たちが持ってきた本をみんなで読むのもよい」な

ど、資料の集め方についても鋭い指摘があった。個人的には、自分で収集した文献・資料を教室に持ち込んだ生徒もいたが、学習者全体の問題として、図書館等の利用も含め、情報獲得の手段を学習するよい提案である。

八　準備した資料

本実践で使用した文献・資料等は次のとおりである。学校図書館を中心に公共図書館や指導者の蔵書・生徒の蔵書も加えた。◎印を付したのは特に役立つと判断し、目次を印刷して配布した。○印を付したのは役立つと考えられるもの、△印を付したのはパンフレット類である。

◎1　会津八一他『日本随筆紀行18　奈良　まほろばの国を尋ねて』（一九八七　作品社）
○2　青山茂『奈良の街道筋（上）』（一九八九　草思社）
○3　青山茂『大和歴史散策②斑鳩・葛城』（一九七九　保育社）
○4　青山茂『奈良―カラーガイド―』（一九六二　保育社）
○5　浅野清『法隆寺』（一九六三　社会思想社）
○6　池田源太『大和とその周辺―歴史と民俗―』（一九七一　友山文庫）
○7　池田源太『大和文化財散歩』（一九七五　学生社）
○8　稲神和子『大和路いせ路　道標の旅』（一九七九　私家版）
○9　乾健治『郷土歴史人物事典　奈良』（一九八一　第一法規）
○10　井上千鶴・井上博道『大和路の野の花』（一九八三　文化出版局）
◎11　入江泰吉『大和路のこころ』（一九七七　講談社）
○12　入江泰吉他『奈良の年中行事』（一九六九　保育社）

○13　植西耕一『文学探究　奈良大和路』（一九八九　奈良新聞社）
○14　浦西和彦他『奈良近代文学事典』（一九八九　和泉書院）
○15　長田光男『奈良点描1』（一九八三　清文堂）
○16　長田光男『奈良点描3』（一九八四　清文堂）
○17　長田光男『続・奈良点描1』（一九八五　清文堂）
○18　長田光男『続・奈良点描2』（一九八六　清文堂）
○19　長田光男『続・奈良点描3』（一九八七　清文堂）
○20　片寄俊秀『スケッチ全国町並み見学』（一九八九　岩波書店）
○21　角川書店『真珠の小箱2　奈良の夏』（一九八〇　角川書店）
○22　上司海雲・高橋立洲人『奈良　わがふるさとの……』（一九六〇　中外書房）
○23　上司海雲『古都鑽仰』（一九七三　実業乃日本社）
○24　上司海雲『東大寺』（一九七四　秋田書店）
◎25　亀井勝一郎『大和古寺風物誌』（一九五三　新潮社）
○26　亀井勝一郎『平城宮』（一九六三　筑摩書房）
○27　川勝正太郎『大和の石造美術』（一九四二　天理時報社）
○28　小清水卓二『万葉の草・木・花』（一九七〇　朝日新聞社）
◎29　古都・奈良の景観保存を考える会『古都・奈良の景観魅力ある町づくりのために』（一九八九　都市文化社）
○30　駒敏郎『大和路―文学散歩―』（一九七〇　保育社）
◎31　司馬遼太郎『街道をゆく』（一九八八　朝日新聞社）
○32　清水俊明『大和のかくれ仏』（一九七六　創元社）
○33　十人会『遊歩4　奈良市街とその周辺』（一九八七　編集工房あゆみ）

○34　鈴木亨『大王の都』（一九七六　読売新聞社）
◎35　瀬戸内晴美『古都旅情』（一九七四　新潮社）
○36　帝塚山短期大学日本文芸研究室『奈良と文学　古代から現代まで』（一九八八　和泉書院）
◎37　寺尾勇『奈良散歩』（一九六八　創元社）
◎38　寺尾勇『ほろびゆく大和』（一九六八　創元社）
○39　仲秀和『文学散歩「奈良」』（刊行年不明、私家版）
○40　仲川明『子供のための大和の伝説』（一九七〇　大和タイムス社）
○41　仲川日月子『大和路句集』（一九六六　奈良県観光新聞社）
○42　中西進『万葉の歌2　奈良』（一九八六　保育社）
○43　中村直勝『奈良大和路の魅力』（一九六〇　淡交新社）
○44　奈良県『奈良県都市景観形成ガイドプラン』（一九九〇　奈良県）
△45　奈良県観光連盟『奈良大和路古社寺見学のしおり』（刊行年不明）
○46　奈良県史編集委員会『奈良県史9　文学—風土と文学』（一九八四　名著出版）
△47　奈良市「奈良　市勢要覧一九九〇」（一九九〇　奈良市役所）
△48　奈良市「奈良」（一九八八　奈良市）
△49　奈良市「奈良（英語版）」（刊行年不明　奈良市）
◎50　奈良市教育委員会『中学生　ふるさと奈良』（一九五八　奈良市教育委員会）
△51　奈良市教育委員会「奈良町—町なみ再発見—」（一九八八　奈良市教育委員会）
△52　奈良市教育委員会「奈良町—伝統的な建築様式参考図集—」（一九八九　奈良市教育委員会）
△53　奈良市経済部観光課「奈良町　その魅力を探る」（一九九〇　奈良市経済部観光課）
△54　奈良市経済部観光課「奈良の年中行事」（刊行年不明　奈良市経済部観光課）

○55　奈良市史編集審議会『奈良市史　建築編』（一九七六　吉川弘文館）
○56　奈良市史編集審議会『奈良市史　社寺編』（一九八五　吉川弘文館）
△57　奈良地方修学旅行受入対策委員会「新しい発見と感動のために　奈良」（一九八八　奈良地方修学旅行受入対策委員会）
○58　日本作文の会『子ども日本風土記〈奈良〉』（一九七一　岩崎書店）
△59　ＪＴＢ「奈良のりもの案内　奈良の散策詳細図」（刊行年不明　ＪＴＢ）
△60　ＪＴＢ「ＪＴＢのポケットガイド26　奈良」（一九七八　ＪＴＢ出版事業局）
◎61　堀辰雄『大和路・信濃路』（一九五五　新潮社）
○62　毎日新聞社奈良支局『大和の塔』（一九七三　創元社）
○63　前登志夫『歴史と名作　奈良紀行』（一九八八　主婦の友社）
◎64　前川佐美雄『大和まほろばの記』（一九八二　角川書店）
○65　前川佐美雄他『大和の祭り』（一九七四　朝日新聞社）
◎66　町田甲一『古寺辿歴』（一九八二　保育社）
○67　松本楢重『大和路塔影』（一九七八　奈良新聞社）
○68　山田熊夫他『大和の年中行事』（一九六八　大和タイムス社）
○69　山田熊夫他『増補　大和の年中行事』（一九七二　大和タイムス社）
○70　山本健吉『大和山河抄』（一九六九　角川書店）
○71　歴史教育者協議会『おはなし歴史風土記29』（一九八六　岩崎書店）
◎72　和辻哲郎『古寺巡礼』（一九一八　岩波書店）
○73　朝日新聞　朝日新聞朝刊切り抜き「大和し思ほゆ」１～23　（一九九一・一・四～二・一五）
△74　奈良市役所　奈良市民だより　一九九一年一月号（一九九一　奈良市役所）

△75　奈良市　奈良市民くらしのカレンダー（一九九一　奈良市）

注

（1）飛田多喜雄監修・芳野菊子編『新学習指導要領中学校国語科のキーワード4　情報化に対応する読書指導』（一九八九　明治図書）

（2）飛田多喜雄監修・金澤文教編『新学習指導要領中学校国語科のキーワード2　情報化に対応する作文指導』（一九八九　明治図書）

初出一覧

（原題と異なる場合のみ、原題を示した。）

第一部　「言語単元」の学習指導研究

第一章　「言語単元」基礎論

・「言語単元」の可能性（付・「言語単元」系統表）
日本国語教育学会編『豊かな言語活動が拓く国語単元学習の創造』二〇一〇　東洋館出版社

・「国語の特質」をどう教えるか――国語科教育学研究と日本語学研究との連携――
全国大学国語教育学会『国語科教育』第七三集　二〇一三

第二章　「言語単元」開発のための基礎論

・戦後中学校国語科教科書における「日本語の特質」に関する教材の史的展開
――「方言と共通語」に関する教材の場合――
『富山大学人間発達科学部紀要』第一一巻第一号　二〇一六

・「語感」指導のための基礎的研究――「国語科教育学」と「日本語学」との連携――
本書のための書き下ろし

第三章　「言語単元」開発のための研究論

・中学校国語科における言語単元の開発研究――「オノマトペ」を扱う単元の場合――
『富山大学人間発達科学部紀要』第九巻第一号　二〇一四

・中学校国語科における言語単元の開発研究――「方言」を扱う単元の場合――
『富山大学人間発達科学研究実践総合センター紀要　教育実践研究』第八号　二〇一四

第四章　「言語単元」の教材開発と実践的展開

・「ニギル」と「ツカム」はどう違う？――類義語の違いを説明する文章を書く――

奈良国語教育実践研究会編『課題条件法による作文指導　中学校編』一九九〇　明治図書
原題「類義語に関するレポートを書く（二年）」
・感情表現辞典を作る
益地憲一編『新学習指導要領中学校国語科のキーワード6　選択教科としての「国語」の指導』一九八九　明治図書
原題「感情表現語彙辞典を作る」
・作文指導に活かす語彙指導試論――感情表現の場合――
全国大学国語教育学会『国語科教育』第四二集　一九九五
・ちょっと気になるこんな日本語――わかりやすく話す――
高橋俊三編『講座音声言語の授業①　話すことの指導』一九九四　明治図書
原題「事実の報告や説明――正確な話（中学）７わかりやすく話す――ちょっと気になるこんな日本語――」
・擬音語・擬態語の不思議な世界――現代の文化を話し合う――
奈良県国語教育研究協議会編『音声言語授業の年間計画と展開　中学校編』一九九七　明治図書
原題「〔話し合い〕擬音語・擬態語の不思議な世界」
・「ら抜きことば」を考える――パネル・ディスカッションをする――
奈良県国語教育研究協議会編『音声言語授業の年間計画と展開　中学校編』一九九七　明治図書
原題「〔パネル・ディスカッション〕「ら抜きことば」を考える」

第二部　「言語文化」の学習指導研究

第一章　「言語文化」学習指導の基礎論

・中学校〔伝統的な言語文化と国語の特質に関する事項〕の指導

益地憲一編『中学校・高等学校国語科指導法』二〇〇九　建帛社
・〔伝統的な言語文化と国語の特質に関する事項〕指導研究の領域と課題
奈良県国語教育研究協議会編『「伝統的な言語文化」授業の研究と実践』二〇一六
・「言語文化」の継承・創造へ
『実践国語研究』第二九四号　二〇〇九　明治図書
・「言語文化」の指導で育てる国語学力
『教育科学国語教育』第七〇八号　二〇〇九　明治図書
・「伝統的な言語文化」の教材研究のポイント
国語教育実践理論研究会『新提案　教材再研究　循環し発展する教材研究〜子どもの読み・子どもの学びから始めよう〜』二〇一一　東洋館出版社
・「伝統的な言語文化」の特質を生かすアクティブ・ラーニング
『実践国語研究』第三四一号　二〇一七　明治図書

第二章　古典指導の研究的実践論

・「古典に親しませる」とはどうすることか
『月刊国語教育』第二六巻八号　二〇〇六　東京法令出版
原題「生徒をとらえる古典の授業」
・文章の展開に即して「人間像」をとらえる指導——徒然草・神無月のころ——
大矢武師・瀬戸仁編『新学習指導要領の指導事例集　中学校国語科2「理解」指導の実際』一九七九　明治図書
原題「文章の展開に即して『人間像』をとらえる指導」
・書くことを通して古典に親しませることの指導——徒然草・つれづれなるままに　堀池の僧正　高名の木のぼり——

瀬戸仁・須田実編『新学習指導要領の授業展開　中学校国語科指導細案2年』一九八一　明治図書
原題「古典教材（古文）の指導」

・教材解釈と授業――徒然草・仁和寺にある法師――
本書のための書き下ろし

・万葉びとのこころ――放送劇をつくる――
奈良県国語教育研究協議会編『音声言語授業の年間計画と展開　中学校編』一九九七　明治図書
原題「〔放送劇〕万葉びとのこころ」

・国語科教員のための古典指導基礎知識
奈良県国語教育研究協議会編『「伝統的な言語文化」授業の研究と実践』二〇一六

第三章　郷土の「言語文化」に関する教材開発と実践的展開

・郷土教材の開発と教材化論――連作「二上万葉」の場合――
奈良県北葛城郡當麻町立白鳳中学校『教育研究紀要』第八集　一九八三
原題「広く古典に親しませるために――郷土の古典教材を通して――」

・郷土教材の開発と授業論――「越中万葉」の場合――
『富山大学人間発達科学部紀要』第二巻第二号　二〇〇八

・国語科教科書に描かれた「奈良」――郷土教材開発試論――
奈良教育大学国文学会『奈良教育大学国文――研究と教育――』第四〇号　二〇一七

・郷土教材を生かした総合単元学習
――単元「ふるさとを見つめる―奈良　現在・過去そして未来―」の試み――
『奈良教育大学附属中学校研究集録』第二三集　一九九一

あとがき

私は、学生時代、国語学（現・日本語学）を専攻した。師事した奈良教育大学の鈴木一男先生は、国語学の中でも「訓点語学」の専門家であった。卒業論文は、東大寺図書館所蔵の訓点資料の解読という、およそ国語科教育とは縁のない学問ではあったが、学問の基礎をみっちりと仕込んでいただいた。一方で、先生は国語科教育にも造詣が深く、「子どもに読ませる教材として、ことばに関する内容のものがいいね。」とおっしゃっていた。

中学校教員として奉職し指導を受けたのは、奈良教育大学附属中学校の巳野欣一先生であった。巳野欣一先生の教材研究や授業は緻密を極め、その原点には、豊富な国語学的知識とそれを援用した解釈学的手法があった。（後に知ったことだが、巳野欣一先生は、鈴木一男先生の最初の弟子であり、私は鈴木一男先生ご退職前の最後の教え子であった。）

このような環境で学んだ私は、中学校に勤めてからも、「子どもたちに、何とかして、ことばのもつ魅力やおもしろさ、あるいは、限界や頼りなさ」を教えたいと考えていた。しかし、それはそんなにたやすいことではなく、鈴木一男先生が常におっしゃっていた学問における「ひらめき」と「実証」とができずにいた。その一方で、巳野欣一先生がいつもおっしゃっていた授業実践における「子どもに実際に教え、その手応えを得られることは何にも代え難い」ことも実践できずにいたわけである。

本書は、そのような問題意識のもとで、そのときどきに試みた授業実践とそれを支えている理論研究、歴史研究を集成したものである。教育における実践と理論とは車の両輪のようなもので、どちらかに片寄ってしまうと車はあらぬ方向に走ってしまう。教職人生の前半は日々の授業実践に明け暮れ、後半はその理論化にむけた格闘が続いたわけであるが、実践に基づく理論こそ、私の目指す教育研究の本質である。

なお、それぞれが執筆時の問題意識に基づいているので、考えの不統一や重複、また、表記上の不統一なども散見されるが、了とされたい。

ことばは、万人にとって生活の基盤である。しかしながら、水や空気と同じく「ことば」を意識することは、日常生活においてはあまりない。国語科教育は、そのような日常無意識のままに過ぎている「ことば」を子どもたちの意識に上らせ、子どもたちの言語生活、あるいは生活全般や人生を豊かで意義あるものにすることを目指す教育である。そして、国語科教育学は、その子どもたちの人生を支える授業を実践・理論の両面から解明する学問である。

本書は、右の問題意識に基づく私の拙い授業をともにしてくれた子どもたちがいたからこそ、世に問うことができたものである。ことばを見つめ、ことばを磨く子どもたちを見ていると、私の考えていたことは間違いではなかったと確信するのである。子どもたちに感謝である。

また、多くのご指導をいただいた先輩、同僚、研究仲間の皆様にも感謝申し上げたい。さらには、私の実践、研究生活を支えてくれた家族にも感謝したい。

二〇一八年九月一九日

米田　猛

索　引

著者略歴

米田　猛（こめだ　たけし）

富山大学人間発達科学部教授。1953年（昭和28年）奈良県生まれ。

1976年（昭和51年）奈良教育大学卒業。その後、奈良県北葛城郡當麻町立（現・葛城市立）白鳳中学校、奈良教育大学教育学部附属中学校、奈良県香芝市立香芝中学校、同大和高田市立高田中学校の各校で教諭として勤務する。1998年（平成10年）奈良県教育委員会事務局教職員課管理主事、2000年（平成12年）同学校教育課指導主事を経て、2003年（平成15年）富山大学教育学部教授、2005年（平成17年）改組により、富山大学人間発達科学部教授として現在に至る。

専攻は、国語科教育学。国語科授業実践と国語科教育理論とを結ぶ実践理論の構築を目指している。また、授業研究や教員研修の在り方と実際を模索、自らの研究的実践をも踏まえた実践的研究に取り組んでいる。

主な著書・論文に、

・『「説明力」を高める国語の授業』（2006　明治図書）

・「作文指導に活かす語彙指導試論―感情表現の場合―」

　全国大学国語教育学会『国語科教育』第42集　1995

・「『国語の特質』をどう教えるか―国語科教育学研究と日本語学研究との連携―」

　全国大学国語教育学会『国語科教育』第73集　2013

・「『説明文』の文章表現能力分析」

　日本国語教育学会『月刊国語教育研究』297　1997

・「情報化時代の読みを考える」

　『月刊国語教育』291　2004　東京法令

など多数。

「言語文化」の学習指導考究

平成30年9月23日　　発　行

著　者　米田　猛

発行所　株式会社　溪水社

広島市中区小町1-4（〒730-0041）

電　話（082）246-7909／FAX（082）246-7876

e-mail:info@keisui.co.jp

ISBN978-4-86327-454-9　C3081